Umschau

Stephan Kudert und Mathis Schuh — Seite 503

Der Dualismus des Teilwertkonzepts bei Handelswaren

Der Teilwert existiert im deutschen Steuerrecht seit etwa 100 Jahren. Trotz oder vielleicht gerade wegen der Figur des fiktiven Erwerbers steht seine Schätzung immer wieder im Fokus der Rechtsprechung und Literatur. In diesem Beitrag soll das betriebswirtschaftliche Fundament der Teilwertermittlung im Lichte der gesetzlichen Vorgaben herausgearbeitet und im Ergebnis damit der Rahmen für die Schätzung des Teilwerts nach der retrograden und progressiven Methode abgesteckt werden. Dabei plädieren die Autoren für ein dualistisches Teilwertkonzept, das die gesetzliche Erwerberfiktion und den Gedanken der Verlustantizipation miteinander verbindet. Hierfür richten sie den Fokus insbesondere auf den angemessenen Gewinnaufschlag des fiktiven Erwerbers.

The dualism of the partial value concept for merchandise

The partial value has existed in German tax law for about 100 years. Despite, or perhaps because of the figure of the fictitious acquirer, the estimation of the partial value has repeatedly been in focus of case law and literature. In this article, the business fundament of the determination of the partial value is to be elaborated in the light of legal requirements. As a result, the framework for the estimation of the partial value according to the retrograde and progressive method is to be defined. The authors propose a dualistic partial value concept, which combines the legal fiction of acquisition and the idea of loss anticipation. The focus is on the determination of the appropriate profit markup of the fictitious acquirer.

Maximilian Hubmann — Seite 519

Ist Deutschland von Steuervermeidung multinationaler Unternehmen betroffen?

In diesem Beitrag wird eine empirische Studie zu Steuervermeidung und Gewinnverlagerung multinationaler Unternehmen durchgeführt. Zu diesem Zweck wird anhand der Mikrodatenbank Direktinvestitionen der Deutschen Bundesbank die Korrelation der Kapitalrendite mit Steuersätzen gemessen. Es handelt sich um eine mikroökonometrische Studie, welche den handelsbilanziellen Ergebnisausweis auf Basis einer Cobb-Douglas Produktionsfunktion schätzt. Die Analyse erfolgt getrennt nach den Tochtergesellschaften ausländischer Unternehmen in Deutschland (Inboundsample) sowie den ausländischen Tochtergesellschaften deutscher Unternehmen (Outboundsample). Im Inboundsample sind bei Aufnahme von jahres- und tochterunternehmensfixen Effekten nur in Ausnahmefällen signifikante Ergebnisse festzustellen. Im Outboundsample werden hingegen Korrelationen zwischen Steuersatz und Rendite gemessen, die als Bestätigung für eine Gewinnverlagerung deutscher multinationaler Unternehmen gewertet werden können.

Multinational corporate tax avoidance: Is Germany affected?

In this paper, an empirical study on tax avoidance and profit shifting by multinational corporations is conducted. For this purpose, the correla... capital with tax rates is measured using the Microdatabase Di... Deutsche Bundesbank. It is a microeconometric study that es...

based on a Cobb-Douglas production function. The analysis is carried out separately for the subsidiaries of foreign companies in Germany (inbound sample) and the foreign subsidiaries of German companies (outbound sample). When year and subsidiary fixed effects are included in the inbound sample, significant results are only found in exceptional cases. In the outbound sample, on the other hand, correlations between tax rate and return are measured, which can be interpreted as confirmation of profit shifting by German multinationals.

Thomas Egner und Verena Drummer   Seite 545

Eine steuerliche Wirkungsanalyse zu § 4j EStG unter Einbeziehung von Aufwendungen auf Ebene der Patentverwertungsgesellschaften

Mit der fortschreitenden Internationalisierung von Unternehmenstätigkeiten nimmt auch die Diskussion über missbräuchliche Steuergestaltungen an Fahrt auf. So konnten und können die Steuerpflichtigen ihre Steuerlast insbesondere auch aufgrund steuerlicher Vorzugsregime mitunter erheblich reduzieren. Als attraktives Gestaltungsinstrument haben sich hierbei die sogenannten Patentboxen herausgebildet, die eine Niedrig- oder Nullbesteuerung von Erträgen aus immateriellen Werten ermöglichen. Neben internationalen Bestrebungen zur steuerunschädlichen Ausgestaltung derartiger Präferenzregelungen versuchen sich einzelne Staaten – z. B. Deutschland mit Hilfe von § 4j EStG sowie Österreich mit § 12 Abs. 1 Nr. 10 öKStG – mittels Abzugsbeschränkungen (auch) auf unilateralem Wege an der Bekämpfung der Patentboxen. In der konkreten Ausgestaltung der betreffenden Regelungen sind durchaus Unterschiede festzustellen, die bisweilen dazu führen, dass die Vorschriften über ihren eigentlichen Sinn und Zweck – die Kompensation des Patentbox-Vorteils – hinausgehen. Der Beitrag zeigt die Unterschiede zwischen der deutschen Lizenzschranke und dem österreichischen Abzugsverbot für Lizenzgebühren auf und untersucht deren Wirkungsweise im Hinblick auf beim Vergütungsgläubiger anfallende und mit den Lizenzerträgen in unmittelbarem wirtschaftlichem Zusammenhang stehende Aufwendungen.

A tax impact analysis of § 4j EStG in consideration of expenses incurred by IP companies

Due to the internationalization of business activities, more and more discussions about abusive tax arrangements can be observed. In this manner, tax-paying entities are able to reduce their tax burden especially because of preferential regimes. Patent boxes that allow royalty income to be taxed at a low or zero tax rate proved to be an attractive tax minimisation vehicle. In addition to measures for countering harmful tax practices at the international level, there are some countries that try to work against patent boxes via unilateral measures in the form of the prohibition of deductions, for instance Germany (§ 4j EStG) and Austria (§ 12 Abs. 1 Nr. 10 öKStG). In this regard, a wide range in the specific preconditions and legal consequences can be observed that occasionally results in additional tax burdens that are out of scale. The following article demonstrates the differences between the German and Austrian royalty deduction barrier and analyses the effectiveness in consideration of expenses that are incurred by the payment creditor and have a direct economic connection to the license income.

Jennifer Kunz und Alessandra Mur

Controlling als Business Partnering – Ein wichtiger Baustein organisationaler Resilienz?!

Der vorliegende Beitrag widmet sich der Frage, inwiefern die sich in Theorie und Praxis abzeichnende Entwicklung des Controllers zum Business Partner zu einer Verbesserung der organisationalen Resilienz in Form von Anpassungs- und Widerstandsfähigkeit von Unternehmen gegenüber negativen, unvorhersehbaren Ereignissen beitragen kann. Aufsetzend auf einer systematischen Literaturanalyse zeigt der Beitrag, dass das Business Partnering durch die Förderung komplexitätsabsorbierender Prozesse insbesondere zur Anpassungsfähigkeit beitragen kann, während die Widerstandsfähigkeit ergänzend durch die klassischen Controllerrollen des Zahlenlieferanten und der Kontrollinstanz gestärkt wird. Darüber hinaus legt die Analyse nahe, dass das Business Partnering gerade in Europa und hier besonders im deutschsprachigen Raum auf Grund struktureller Ausgangsbedingungen besonders gut umgesetzt werden kann. Da es gleichzeitig eine positive Wirkung auf die organisationale Resilienz hat, kann es somit als strategische Ressource zum Aufbau von Wettbewerbsvorteilen angesehen werden.

Controlling as Business Partnering – An Important Building Block of Organizational Resilience?!

This article is dedicated to the question of how the development of the management accountant into a business partner, which is emerging in theory and practice, can contribute to an improvement in organizational resilience in the form of companies' ability to adapt and resist negative, unforeseeable events. Based on a systematic literature review, the article shows that business partnering can contribute to adaptability by promoting complexity absorbing processes, while robustness is additionally strengthened by the classical roles of the bean-counter and the controlling authority. Furthermore, the analysis suggests that business partnering can be implemented particularly well in Europe, and especially in the German-speaking countries, due to structural conditions. Since it also has a positive effect on organizational resilience, it thus can be seen as a strategic resource for building competitive advantages.

Gedruckt auf 100 % Recyclingpapier.
Zertifiziert mit dem Umweltzeichen Blauer Engel.

Versand:
Erfolgt GoGreen mit unserem Versandpartner – Deutsche Post

Klimaneutral
Druckprodukt
ClimatePartner.com/16605-2105-1001

NWB Verlag GmbH & Co. KG · AG Bochum HRA 5124 · **Geschäftsführung:** Dr. Ludger Kleyboldt, Mark Liedtke · Eschstr. 22 · 44629 Herne, Fon 02323.141-900, Fax 02323.141-123, Internet: www.nwb.de. Bankverbindung: Postbank Dortmund (IBAN DE69 4401 0046 0064 0694 67, BIC PBNKDEFF). **Herausgeber:** Prof. Dr. Thomas Hering, Hagen/Westfalen; Prof. Dr. Manfred Jürgen Matschke, Greifswald; Prof. Dr. Michael Olbrich, Saarbrücken; Prof. Dr. Lutz Richter, Trier. Schriftleitung: AOR PD Dr. Christian Toll, FernUniversität in Hagen, Lehrstuhl für Betriebswirtschaftslehre, insbesondere Investitionstheorie und Unternehmensbewertung, Universitätsstr. 11, 58097 Hagen/Westfalen, Fon 02331.987-4024. **Verantwortlich für Anzeigen:** Andreas Reimann. Anzeigenabteilung: Nicole Bracke, Fon 02323.141-387; Rica Oberstelehn Fon 02323.141-179; Susanna Marazzotta, Fon 02323.141-378; Fax 02323.141-919, E-Mail: anzeigen@nwb.de. **Anzeigenpreisliste:** Nr. 33. **Erscheinungsweise:** jährlich 6 Hefte; Jahresbezugspreis (im Voraus fällig): € 205,79 (D) zzgl. gesetzl. MwSt. (€ 220,20 (D) inkl. MwSt.); für in Ausbildung befindliche Personen (ab Vorlage der Bescheinigung) € 134,02 (D) zzgl. gesetzl. MwSt. (€ 143,40 (D) inkl. MwSt.). Die Preise verstehen sich zzgl. € 10,80 Versandkosten im Jahr (inkl. MwSt.) im Inland; zzgl. € 21,60 Versandkosten im Jahr (inkl. MwSt.) im Ausland. Kündigung: vier Wochen zum Jahresende. Die Zeitschrift und alle in ihr enthaltenen Beiträge und Abbildungen sind urheberrechtlich geschützt. Mit Ausnahme der gesetzlich zugelassenen Fälle ist eine Verwertung ohne Einwilligung des Verlages unzulässig.

Besprechungsexemplare neu erschienener Werke sind unmittelbar dem NWB Verlag einzureichen. Die Auswahl der zu rezensierenden Exemplare behält sich die Schriftleitung vor. Annahme nur von Originalaufsätzen, die ausschließlich dem Verlag zur Alleinverwertung in allen Medien (einschließlich Datenbanken) angeboten werden. Alle Manuskripte werden „doppelt blind" begutachtet. Ein Informationsblatt mit Hinweisen für die Autoren kann bei der Schriftleitung angefordert oder unter www.bfup.de eingesehen werden.

Satz: Röser MEDIA GmbH & Co. KG, Karlsruhe
Druck: Druckerei Hachenburg PMS GmbH, Hachenburg

74. Jahrgang
ISSN 0340-5370

Abhandlungen

Der Dualismus des Teilwertkonzepts bei Handelswaren

Von Univ.-Prof. Dr. Stephan Kudert und Mathis Schuh, M.Sc., Europa-Universität Viadrina Frankfurt (Oder)*)

Der Teilwert existiert im deutschen Steuerrecht seit etwa 100 Jahren. Trotz oder vielleicht gerade wegen der Figur des fiktiven Erwerbers steht seine Schätzung immer wieder im Fokus der Rechtsprechung und Literatur. In diesem Beitrag soll das betriebswirtschaftliche Fundament der Teilwertermittlung im Lichte der gesetzlichen Vorgaben herausgearbeitet und im Ergebnis damit der Rahmen für die Schätzung des Teilwerts nach der retrograden und progressiven Methode abgesteckt werden. Dabei plädieren die Autoren für ein dualistisches Teilwertkonzept, das die gesetzliche Erwerberfiktion und den Gedanken der Verlustantizipation miteinander verbindet. Hierfür richten sie den Fokus insbesondere auf den angemessenen Gewinnaufschlag des fiktiven Erwerbers.

1 Die Teilwertabschreibung bei Handelswaren

1.1 Die Teilwertdefinition

Grundsätzlich kann eine steuerliche Abschreibung auf den Teilwert für Handelswaren nach § 6 Abs. 1 Nr. 2 Satz 2 EStG (Umlaufvermögen) vorgenommen werden, wenn dieser wegen einer dauerhaften Wertminderung unter den Anschaffungs- oder Herstellungskosten liegt. Der Teilwert ist gemäß § 6 Abs. 1 Nr. 1 Satz 3 EStG[1] der Betrag, „den ein Erwerber des ganzen Betriebs im Rahmen des Gesamtkaufpreises für das einzelne Wirtschaftsgut ansetzen würde; dabei ist davon auszugehen, dass der Erwerber den Betrieb fortführt". Zur Operationalisierung der Ermittlung des Werts wurden von der Rechtsprechung[2] die sogenannten Teilwertvermutungen entwickelt. Demnach entspricht der Teilwert im Umlaufvermögen zunächst den Anschaffungs- bzw. Herstellungskosten. Zu späteren Zeitpunkten entspricht nach der Vermutung des BFH der Teilwert im Umlaufvermögen den Wiederbeschaffungs- bzw. Reproduktionskosten.[3] Diese Vermutung kann der Steuerpflichtige entweder durch den Nachweis einer Fehlmaßnahme oder durch gesunkene Wiederbeschaffungskosten wider-

---

*) Univ.-Prof. Dr. *Stephan Kudert* ist Inhaber des Lehrstuhls für Allgemeine Betriebswirtschaftslehre, insbesondere Betriebswirtschaftliche Steuerlehre und Wirtschaftsprüfung an der Europa-Universität Viadrina und Direktor des I CEE Tax. E-Mail: kudert@europa-uni.de; M.Sc. *Mathis Schuh* ist wissenschaftlicher Mitarbeiter am Lehrstuhl für Allgemeine Betriebswirtschaftslehre, insbesondere Betriebswirtschaftliche Steuerlehre und Wirtschaftsprüfung an der Europa-Universität Viadrina in Kooperation mit Mazars (Berlin) und Doktorand am I CEE Tax. E-Mail: schuh@europa-uni.de.
1 Dies entspricht der Definition des § 10 Satz 2 BewG.
2 Vgl. BFH v. 28.10.1976 - IV R 76/72, BStBl 1977 II S. 73, (unter 1.); BFH v. 21.7.1982 - I R 177/77, BStBl 1982 II S. 758, (unter 4.); BFH v. 4.3.1998 - X R 151/94, BFH/NV 1998 S. 1086 (unter 2. a)).
3 Vgl. BFH v. 19.5.1972 - III R 21/71, BStBl 1972 II S. 748 (unter III. 1.); BFH v. 20.7.1973 - III R 100-101/72, BStBl 1973 II S. 794 (unter 2.); BFH v. 4.10.1989 - II R 72/86, BStBl 1989 II S. 962 (unter 2.).

legen.[4] Die Beweislast für das Absinken des Teilwerts unter die Anschaffungs- bzw. Herstellungskosten liegt folglich beim Steuerpflichtigen.

Während für die außerplanmäßige Abschreibung im Umlaufvermögen der Handelsbilanz gemäß § 253 Abs. 4 HGB das strenge Niederstwertprinzip und damit eine Abschreibungspflicht auch bei nur vorübergehenden Wertminderungen gilt, kann eine steuerliche Teilwertabschreibung im Umlaufvermögen nur bei dauerhaften Wertminderungen vorgenommen werden. Es kommt somit zu einer Durchbrechung der Maßgeblichkeit der Handelsbilanz für die Steuerbilanz.[5] Nach h. M.[6] folgt aus dem Maßgeblichkeitsprinzip zudem nicht, dass für die Vornahme einer Teilwertabschreibung immer eine handelsrechtliche Abschreibung vorgenommen werden muss. Dies ist bereits bedingt durch die bestehenden konzeptionellen Unterschiede[7] bei der Ermittlung der Werte (Abschnitt 2) und wurde durch die gesetzliche Änderung des § 5 Abs. 1 Satz 1 Halbsatz 2 EStG klargestellt.[8]

1.2 Der Teilwert als objektiv zu schätzender Wert

Die Ermittlung des Teilwerts stellt eine Schätzung dar.[9] Dabei liegt es in der Natur der Sache, dass durch diese nicht der „richtige" Wert ermittelt werden kann.[10] Dennoch darf eine Schätzung nicht auf der Grundlage von willkürlichen Annahmen oder Methoden durchgeführt werden, da der Teilwert einen objektiv feststellbaren Wert darstellt (R 6.7 EStR). Nach ständiger Rechtsprechung[11], Auffassung der Finanzverwaltung (R 6.8 EStR)[12] und h. M.[13] im Schrifttum kann der Teilwert dafür sowohl mit der progressiven am Beschaffungsmarkt orientierten als auch mit der retrograden auf den Absatzmarktpreisen basierenden Methode ermittelt werden.

Die Rechtsprechung hat einen Kriterienkatalog für Schätzungsprozesse und Schätzungsergebnisse entwickelt,[14] nach dem das Schätzungsergebnis schlüssig, wirtschaftlich möglich und vernünftig sein muss.[15] Diese wirtschaftliche Plausibilität des Ergebnisses erfordert, dass auch die einzelnen Schritte des Schätzungsprozesses nachvollziehbar sind. Dieser darf somit nicht gegen anerkannte Schätzungsgrundsätze, allgemeine Erfahrungssätze oder die Denkgesetze verstoßen[16] und daher

---

4 Vgl. BFH v. 9.12.2014 - X R 36/12, BFH/NV 2015 S. 821, Rn. 22; *Schindler* (2022), § 6 EStG, Rn. 100; *Gabert-Pipersberg* (2022), § 6 EStG, Rn. 452.
5 Vgl. BMF v. 12.3.2010 - IV C 6 - S 2133/09/10001, BStBl 2010 I S. 239, Rn. 15; *Ehmcke* (2022), § 6 EStG, Rn. 561b.
6 Vgl. BMF v. 12.3.2010 - IV C 6 - S 2133/09/10001, BStBl 2010 I S. 239, Rn. 15; *Richter/Anzinger/Tiedchen* (2022), § 5 EStG, Rn. 262; *Hartmann* (2022), 5. Vorräte, Rn. 201; *Ehmcke* (2022), § 6 EStG, Rn 35.
7 Vgl. *Groh* (1976), S. 37.
8 Vgl. Gesetz zur Modernisierung des Bilanzrechts (BilMoG), BGBl 2009 I S. 1102 (1120).
9 Vgl. BFH v. 25.8.1983 - IV R 218/80, BStBl 1984 II S. 33, (unter 2.); *Schindler* (2022), § 6 EStG, Rn. 92; *Gabert-Pipersberg* (2022), § 6 EStG, Rn. 446.
10 Vgl. *Frotscher* (2022), § 162 AO, Rz. 2 und 3.
11 Vgl. BFH v. 29.4.1999 - IV R 14/98, BStBl 1999 II S. 681 (unter 2.); BFH v. 25.7.2000 - VIII R 35/97, BStBl 2001 II S. 566 (unter 2. b)); BFH v. 9.12.2014 - X R 36/12, BFH/NV 2015 S. 821, Rn. 22.
12 Vgl. zudem BMF v. 2.9.2016 - IV C 6 - S 2171-b/09/10002 :002, BStBl 2016 I S. 995, Rn. 3.
13 *Kulosa* (2022), § 6 EStG, Rn. 252; *Dreixler* (2022), § 6 EStG, Rn. 571; *ADS* (2001), § 253 HGB, Rn. 524 f.; *Poll* (2022), § 253 HGB, Rn. 79; *Schubert/Berberich* (2022), § 253 HGB, Rn. 516.
14 Vgl. BFH v. 26.10.1995 - I B 20/95, BFH/NV 1996 S. 378, Rz. 4, m. w. N.
15 Vgl. hierzu *Kudert/Kudert* (2020), S. 332.
16 Vgl. BFH v. 20.12.2012 - IV B 12/12, BFH/NV 2013 S. 547, Rn. 7; BFH v. 19.8.2009 - III R 79/07, BFH/NV 2010 S. 610, Rn. 19.

keine gravierenden denklogischen, mathematischen oder methodischen Fehler aufweisen.[17]

1.3 Untersuchungsgegenstand und Stand der Literatur

Vor dem Hintergrund dieser Kriterien werden im ersten Schritt die beiden Ermittlungsmethoden des Teilwerts bei Handelswaren im Lichte der rechtlichen Vorgaben und aus der Sicht der Finanzverwaltung und Rechtsprechung dargestellt. Nachfolgend sollen methodische Anhaltspunkte aus betriebswirtschaftlichen Erkenntnissen gewonnen werden, die insbesondere auf der Erwerberfiktion der Teilwertdefinition basieren. Zusätzliche Erkenntnisse ergeben sich durch die i. R. d. Maßgeblichkeitsprinzips auch für die Steuerbilanz geltenden GoB, insbesondere das Imparitätsprinzip. Diese beiden teilweise zueinander im Konflikt stehenden Ausgangsbasen des Teilwertkonzepts sollen in einem methodisch stringenten Gesamtkonzept zusammengeführt werden. Dabei soll zunächst das bisher nicht vollumfänglich geklärte Anwendungsverhältnis der Ermittlungsmethoden zueinander geklärt werden.

Zudem steht die Ermittlung des bei der Teilwertermittlung zu berücksichtigenden Gewinnaufschlags im Mittelpunkt der Untersuchung. Dieser bildet den zentralen Unterschied zum handelsrechtlichen Zeitwert. Nach ständiger Rechtsprechung[18] und herrschender Meinung im Schrifttum[19] ist die Vergütung eines Gewinnaufschlags angesichts der gesetzlich vorgegebenen Erwerberfiktion dem Grunde nach unstrittig. Die Berücksichtigung des Gewinnaufschlags der Höhe nach erhielt u. E. im Schrifttum bisher allerdings zu wenig Beachtung. Um einen angemessenen, marktkonformen Gewinnaufschlag zu bestimmen, werden im Folgenden die progressive und retrograde Ermittlungsmethode systematisch miteinander verbunden.

Damit grenzt sich der Untersuchungsgegenstand deutlich von dem Beitrag *Kudert/Schuh*[20] ab. Die dortige Untersuchung fokussiert sich auf die Ermittlung und Korrektur eines in den Einkommensteuerrichtlinien (R 6.8 EStR) bestehenden Formelfehlers, der ausschließlich bei der retrograden Teilwertermittlung besteht. Das Ergebnis ist ein Änderungsvorschlag für die Einkommensteuerrichtlinien. Der vorliegende Beitrag diskutiert hingegen das Verhältnis zwischen progressiver und retrograder Ermittlungsmethode und stellt die Ermittlung des Gewinnaufschlags der Höhe nach in den Mittelpunkt.

2 Die progressive und retrograde Methode zur steuerlichen Tageswertermittlung bei Handelswaren

Sowohl die außerplanmäßige Abschreibung auf den beizulegenden Wert[21] als auch die Teilwertabschreibung[22] erfüllen grds. das Prinzip der verlustfreien Bewertung, das Ausfluss des Imparitätsprinzips ist. Demnach erfolgt die Bewertung zum Abschlussstichtag so, dass bei zukünftiger Veräußerung des Vermögensgegenstands bzw. Wirt-

---

17 Vgl. *Kudert/Kudert* (2020), S. 332; *Gabert-Pipersberg* (2022), § 6 EStG, Rn. 446.
18 Vgl. BFH v. 7.9.2005 - VIII R 1/03, BStBl 2006 II S. 298 (unter 2. a)); BFH v. 9.12.2014 - X R 36/12, BFH/NV 2015 S. 821, Rn. 22 f., m. w. N.
19 Vgl. *Velte* (2016), S. 35; *Wilke/Kesselmeier* (1996), S. 6; *Groh* (1976), S. 36.
20 StuW 2021, S. 162.
21 Vgl. *Schubert/Berberich* (2022), § 253 HGB, Rn. 521; *Marten/Köhler* (2001), S. 2521.
22 Vgl. BFH v. 7.9.2005 - VIII R 1/03, BStBl 2006 II, S. 298, Rn. 18 und 33.

schaftsguts in der Veräußerungsperiode kein Verlust ausgewiesen wird.[23] Kauft ein Handelsunternehmen Handelswaren, so sind diese zunächst mit den Anschaffungskosten (Zugangswert) im Umlaufvermögen zu erfassen. Durch die Aktivierung führen diese Ausgaben (noch) nicht zu Aufwand. Wird diese Ware verkauft, steht dem Ertrag der Aufwand aus der Ausbuchung (Wareneinsatz) gegenüber. Die Differenz ergibt den Warenrohgewinn. Wird auf aktivierte Waren hingegen eine Teilwertabschreibung vorgenommen, hat dies bilanziell zur Folge, dass genau dieser Wareneinsatz um die vorgenommene Teilwertabschreibung gemindert ist. Durch die Teilwertabschreibung wird also der Aufwand, der im Regelfall in der Realisationsperiode erfasst wird (Aufwandsrealisationsprinzip), antizipiert, also in eine vorangehende Periode verschoben (Imparitätsprinzip).

Sowohl der beizulegende Wert als auch der Teilwert von Handelswaren können nach h. M. mit zwei Methoden ermittelt werden: der progressiven am Beschaffungsmarkt orientierten und der retrograden am Absatzmarkt orientierten Ermittlungsmethode.[24]

2.1 Die progressive Ermittlung

Die progressive Ermittlungsmethode richtet sich nach dem Beschaffungsmarkt. Dabei entspricht der beizulegende Wert den Wiederbeschaffungskosten zum Bilanzstichtag (Anschaffungskosten am Abschlussstichtag). Diese ermitteln sich nach den Grundsätzen der Anschaffungskosten i. S. d. § 255 Abs. 1 HGB und enthalten entsprechend auch Anschaffungsnebenkosten, sofern dies Einzelkosten sind.[25]

Bei der progressiven Teilwertermittlung ist zu den Wiederbeschaffungskosten der bis zum Stichtag auf die Handelswaren angefallene und bereits gebuchte betriebliche Aufwand hinzuzuaddieren. Der Unterschied zum handelsrechtlichen Wert begründet sich in der für den Teilwert geltenden Erwerberfiktion. Für den fiktiven Erwerber ist entscheidend, welchen (angemessenen) Gewinn er mit den Handelswaren erzielen kann. Daher würde dieser dem Wirtschaftsgut keinen höheren Wert beimessen, als er Kosten tragen müsste, um das Wirtschaftsgut wiederzuerlangen, wenn es sich nicht im fiktiv erworbenen Unternehmen befände.[26] Die bereits angefallenen Ausgaben hätte er zudem ebenfalls zu tragen, wenn er das Wirtschaftsgut selbst wiederbeschaffte. Die Aktivierungsfähigkeit der Aufwendungen ist dabei unerheblich;[27] so z. B. bei Anschaffungsnebenkosten, die Gemeinkosten sind und folglich laufenden Aufwand darstellen.

Dies entspricht auch der ständigen Rechtsprechung für die Ermittlung der Wiederherstellungskosten bei der Teilwertermittlung von selbst hergestellten Waren. Demnach sind bei der Ermittlung von Wiederherstellungskosten sowohl die Kosten, für deren Ansatz als Herstellungskosten i. S. d. § 255 Abs. 2 HGB dem Steuerpflichtigen lediglich ein Wahlrecht eingeräumt wird, als auch die Ausgaben, die bei der

---

23 Vgl. *Kessler* (1994), S. 1293.
24 Vgl. BFH v. 29.4.1999 - IV R 14/98, BStBl 1999 II S. 681 (unter 2.); BFH v. 25.7.2000 - VIII R 35/97, BStBl 2001 II S. 566 (unter 2. b)); BFH v. 9.12.2014 - X R 36/12, BFH/NV 2015 S. 821, Rn. 22; *Kulosa* (2022), § 6 EStG, Rn. 252; *Dreixler* (2022), § 6 EStG, Rn. 571; *ADS* (2001), § 253 HGB, Rn. 524 f.; *Poll* (2022), § 253 HGB, Rn. 79; *Schubert/Berberich* (2022), § 253 HGB, Rn. 516.
25 Vgl. *ADS* (2001), § 253 HGB, Rn. 516; *Hartmann* (2022), 5. Vorräte, Rn. 103; *Schubert/Berberich* (2022), § 253 HGB, Rn. 515.
26 Vgl. BFH v. 12.3.2020 - IV R 9/17, BFH/NV 2020 S. 973, DStR 2020, S. 1421, Rn 33.
27 Vgl. *Hick* (2018), Rn. 4464.

Ermittlung der Herstellungskosten einem Ansatzverbot unterliegen, zu berücksichtigen.[28] Denn der fiktive Erwerber muss diese Aufwendungen leisten, um das Wirtschaftsgut in den Zustand zu versetzen, in dem es sich zum Abschlussstichtag befindet (Reproduktionswert).[29] Das Gleiche muss für die Ermittlung der Wiederanschaffungskosten gelten, denn der fiktive Erwerber kann sich diesen Aufwendungen nicht entziehen, sei es über die Selbstanschaffung oder die Vergütung an den fiktiven Veräußerer.

2.2 Die retrograde Ermittlung

Im Unterschied zur am Beschaffungsmarkt orientierten progressiven Methode richtet sich die retrograde Methode nach den zukünftig am Absatzmarkt erzielbaren Veräußerungserlösen.[30] Kann der Veräußerungspreis die Selbstkosten voraussichtlich[31] nicht decken, darf eine Abschreibung vorgenommen werden, sofern dadurch der Teilwert unter den Buchwert sinkt. Auslöser einer solchen Abschreibung sind somit zukünftig niedrigere Veräußerungspreise oder (z. B. durch die längere Lagerzeit von Saisonwaren) erhöhte Selbstkosten.[32]

Bei der handelsrechtlichen retrograden Wertermittlung werden nur pagatorische (!) Selbstkosten, die ausschließlich periodisierte Zahlungsströme erfassen, also gewissermaßen „Selbstaufwand"[33] darstellen, berücksichtigt.[34] Diese pagatorischen Selbstkosten sind i. d. R. allgemeine Verwaltungs- und Vertriebsausgaben.[35] Der Sache nach geht es um die Periodisierung von Ausgaben. Kalkulatorische Kosten sind im Handelsrecht Teil des Gewinns und entsprechend nicht mit einzubeziehen.[36] Im Unterschied dazu sind bei der Ermittlung des Teilwerts wertmäßige (!) Selbstkosten[37] zu ermitteln. Der fiktive Erwerber würde unter dem Grundsatz der Unternehmensfortführung in seiner Kalkulation nicht nur die pagatorischen Kosten, sondern die wertmäßigen Kosten berücksichtigen.[38] Denn der Veräußerungspreis eines Kos-

---

28 Vgl. BFH v. 20.7.1973 - III R 100-101/72, BStBl 1973 II S. 794 (unter 2.); BFH v. 17.5.1974 - III R 50/73, BStBl 1974 II S. 508 (unter 1.); BFH v. 29.4.1970 - III 217/63, BStBl 1970 II S. 614 (unter II.); BFH v. 4.10.1989 - II R 72/86, BStBl 1989 II S. 962 (unter 2.); *Ehmcke* (2022), § 6 EStG, Rn. 646 f., m. w. N.
29 Vgl. BFH v. 20.7.1973 - III R 100-101/72, BStBl 1973 II S. 794 (unter 2).
30 Abzüglich Erlösschmälerungen, wie z. B. Rabatte und Skonti.
31 Bei der Ermittlung des Teilwerts ist entsprechend eine voraussichtlich dauerhafte Wertminderung erforderlich. Diese wird Handelswaren aber regelmäßig vorliegen.
32 Vgl. BFH v. 24.2.1994 - IV R 18/92, BFH/NV 1994 S. 55 (unter 3. d)); FG Münster v. 21.11.2018 - 13 K 444/16 K G F, EFG 201, S. 464, Rn. 53.
33 Vgl. *Kudert/Kudert* (2020), S. 342.
34 Vgl. *Winnefeld* (2015), Kapitel E, Rn. 255; a. A. *Dreixler* (2022), § 6 EStG, Rn. 582.
35 Vgl. *Ehmcke* (2022), § 6 EStG, Rn. 667. In der Praxis sind dies i. d. R. Lager- und Logistikkosten, vgl. BFH v. 24.2.1994 - IV R 18/92, BFH/NV 1994 S. 55, aber auch Personal- und Finanzierungskosten. Vgl. FG Münster v. 21.11.2018 - 13 K 444/16 K, G, F, EFG 2019 S. 464.
36 Vgl. ADS (2001) § 253 HGB, Rn. 526; *Groh* (1976), S. 34.
37 In der Kostenrechnung werden die durch einen Kostenträger verursachten Selbstkosten standardmäßig im Rahmen der Divisions- oder Zuschlagskalkulation ermittelt. Dabei werden die Gemeinkosten so verursachungsgerecht wie möglich auf die Kostenträger aufgeteilt. Vgl. *Coenenberg/Fischer* (2016), S. 136. Die in der Kostenrechnung kalkulierten wertmäßigen Selbstkosten geben den monetär bewerteten Verbrauch von betrieblichen Einsatzfaktoren an. Sch*malenbach*, (1956), S. 6.
38 Vgl. *Groh* (1976), S. 36; *Hick* (2018), Rn. 4464. *Maaßen* bezeichnet diese Erwerberfiktion als Angelpunkt der Teilwertlehre. Vgl. *Maaßen* (1968), S. 27.

tenträgers soll aus betriebswirtschaftlicher Sicht dessen Selbstkosten decken, die auch einen angemessenen Gewinn enthalten.

Sowohl für die pagatorischen als auch die wertmäßigen Selbstkosten ist zu beachten, dass ausschließlich die nach dem Abschlussstichtag voraussichtlich noch anfallenden Selbstkosten, die noch nicht als laufender Aufwand gebucht wurden, vom voraussichtlichen Veräußerungspreis abzuziehen sind. Ein gedachter Erwerber würde für die bereits als laufenden Aufwand gebuchten Kosten keinen Abschlag auf den Kaufpreis fordern, weil diese bereits vom fiktiven Veräußerer (dem bilanzierenden Unternehmen) getragen wurden.[39] Eine Berücksichtigung würde, abweichend zu der teilweise in der Rechtsprechung konstatierten Gefahr der doppelten Aufwandsberücksichtigung,[40] zwar nicht zur doppelten Gewinnminderung führen,[41] aber die Anschaffungsausgaben des nämlichen Wirtschaftsguts falsch periodisieren. Der ermittelte Wert wäre zu niedrig. Die Abschreibung würde, obwohl der laufende Aufwand bereits gebucht wurde, diesen nochmals in der Abschreibungsperiode (insofern temporär doppelt) in der GuV erfassen, dafür aber später (über den niedrigeren Wareneinsatz) in der GuV des Veräußerungsjahres einen geringeren Aufwand ausweisen.

Die bei der retrograden Teilwertermittlung zu subtrahierenden wertmäßigen Selbstkosten stellen aus pagatorischer Sicht einen Rohgewinnaufschlag[42] dar, der sich wiederum in zwei Bestandteile aufteilen lässt: die noch anfallenden pagatorischen Selbstkosten (betrieblicher Aufwand[43]) und einen angemessenen Gewinnaufschlag. Der Gewinnaufschlag stellt den zentralen Unterschied zwischen dem im Handelsrecht gebräuchlichen pagatorischen und dem für die Teilwertermittlung relevanten wertmäßigen Kostenbegriff dar (Abbildung 1). Die Differenz zwischen wertmäßigen und pagatorischen Kosten ergibt sich im Wesentlichen durch die in der Kostenrechnung zu berücksichtigenden Anders- und Zusatzkosten.[44]

Beizulegender Wert	Teilwert
Veräußerungspreis	Veräußerungspreis
./. noch anfallender Aufwand	./. noch anfallender Aufwand
	./. angemessener Gewinnaufschlag
= beizulegender Wert	= Teilwert

Abbildung 1: Retrograde Ermittlung des beizulegenden Werts und des Teilwerts

---

39 Die Finanzverwaltung berücksichtigt dies in der Formelmethode der R 6.8 EStR durch den Faktor W als anteilig zu berücksichtigende Aufwendungen. Vgl. BFH v. 29.4.1999 - IV R 14/98, DStR 1999 S. 1479 (unter 2.); *Weindel* (2008), S. 95.
40 Vgl. BFH v. 9.11.1994 - I R 68/92, DStR 1995 S. 449 (unter 1. b)).
41 Siehe Abschnitt 2.
42 Vgl. BFH v. 29.4.1999 – IV R 14-98, DStR 1999, S. 1479 m. Anm. MK; *Velte* (2016), S. 36.
43 Der betriebliche Aufwand wird in der Rechtsprechung regelmäßig als kalkulatorischer Unkostenaufschlag bezeichnet, ein Begriff, der der betriebswirtschaftlichen Begriffswelt fremd ist. Vgl. BFH v. 13.3.1964 - IV 236/63 S, BStBl 1964 II S. 426 (unter 1.); BFH v. 6.11.1975 - IV R 205/71, BStBl 1977 II S. 377 (unter 1.); BFH v. 9.12.2014 - X R/12, BFH/NV 2015 S. 821, Rn. 23.
44 Der Gewinnaufschlag muss somit den angemessenen Gewinn, der für die Zurverfügungstellung des Eigenkapitals erwartet werden kann (kalkulatorische Eigenkapitalkosten), die angemessene Vergütung für Arbeitsleistungen eines Gesellschafters, sofern diese nicht bereits als Aufwand erfasst wurden (kalkulatorischer Unternehmerlohn), die angemessene Vergütung für die Überlassung von Wirtschaftsgütern eines Gesellschafters, sofern diese nicht bereits als Aufwand erfasst wurden (kalkulatorische Miete) sowie die Differenz zwischen pagatorischer und kalkulatorischer Abschreibung enthalten.

Für die Berechnung des Teilwerts ist die Berücksichtigung eines Gewinnaufschlags dem Grunde nach unumstritten. Die Ermittlung des Gewinnaufschlags der Höhe nach wird im Schrifttum ebenfalls nicht kritisch diskutiert. Nach den EStR (R 6.8 EStR) und herrschender Meinung[45] wird bei der Ermittlung der Höhe nach ein durchschnittlicher Unternehmergewinn berücksichtigt. Dieser ergibt sich i. d. R. als prozentualer (Roh-)Gewinnaufschlagssatz (H 6.8 EStR), der als Durchschnittswert aus vergangenen Jahresabschlüssen gebildet und mit dem zukünftigen Veräußerungspreis multipliziert wird.[46] Ein durchschnittlicher Branchenwert wird explizit abgelehnt.[47]

2.3 Das Anwendungsverhältnis zwischen der progressiven und retrograden Methode

Im Schrifttum, in der Rechtsprechung und Finanzverwaltung existieren unterschiedliche Ansichten für das Anwendungsverhältnis der Methoden auf Wirtschaftsgüter des Umlaufvermögens, die sich insbesondere aus der Praxis heraus gebildet haben.[48] Dabei wird handelsrechtlich überwiegend die Auffassung vertreten, dass das Verhältnis beider Methoden für Handelswaren durch die sogenannte doppelte Maßgeblichkeit geregelt wird.[49] Nach dieser sollen beide Ermittlungsmethoden unabhängig voneinander angewandt und dann der niedrigere Wert angesetzt werden.[50] Dieser Grundsatz impliziert, dass die beiden Methoden zu unterschiedlichen Ergebnissen kommen können, denn ansonsten wäre es nicht möglich, zwischen den zwei Werten, den niedrigeren zu wählen. Steuerrechtlich wird die doppelte Maßgeblichkeit hingegen nach ganz h. M. nicht gefordert.[51]

Nach anderer Ansicht müssen beide Methoden zwingend zum gleichen Teilwert führen.[52] Diese Auffassung wird von der Rechtsprechung zum Teilwert von selbst erstellten Waren gestützt.[53] Denn „der Teilwert ist ein objektiver Wert, der von der Marktlage am Bilanzstichtag bestimmt wird" (H 6.7 EStR).[54] Dieser Wert ergibt sich aus den Kosten, die der fiktive Erwerber aufbringen müsste, um die Wirtschaftsgüter „in der Lage, in der sie sich am Bewertungsstichtag befinden, wiederbeschaffen zu können."[55] Diese Ansicht basiert also zunächst auf der progressiven Teilwertermitt-

---

45 Vgl. *Schubert/Berberich* (2022), § 253 HGB, Rn. 544 ff.; *Ehmcke* (2022), § 6 EStG, Rn. 669.
46 Vgl. FG Münster v. 21.11.2018 - 13 K 444/16 K, G, F, EFG 2019, S. 464, Rn 59; BFH v. 9.12.2012 - X R 36/12, BFH/NV 2015, S. 821, Rn. 23, m. w. N
47 Vgl. FG Münster v. 21.11.2018 - 13 K 444/16 K, G, F, EFG 2019 S. 464, Rn 59; *Dreixler* (2022), § 6 EStG, Rn. 582; *Ehmcke* (2022), § 6 EStG, Rn. 669.
48 Vgl. *Knobbe-Keuk* (1993), S. 198.
49 Für andersartige Vermögensgegenstände des Umlaufvermögens gelten andere Grundsätze. Zum Beispiel soll die Wertermittlung für fertige und unfertige Erzeugnisse retrograd ermittelt werden, während diese für Roh- Hilfs- und Betriebsstoffe wahlweise progressiv oder retrograd erfolgen kann. Vgl. *ADS* (2001), § 253 HGB, Rn. 488; *Schubert/Berberich* (2022), § 253 HGB, Rn. 519.
50 Vgl. *ADS* (2001), § 253 HGB, Rn. 488 u. 514; *Schubert/Berberich* (2022), § 253 HGB, Rn. 519; *Tiedchen* (2021), § 253 HGB, Rn. 178; a. A. *Böcking/Gros/Wirth* (2020), § 253 HGB, Rn. 101.
51 Vgl. jedoch *Dreixler* (2022), § 6 EStG, Rn. 571.
52 Vgl. *Lange* (2011), S. 249; *Hartman* ist der Auffassung, dass die Werte in der Praxis i. d. R. übereinstimmen. Vgl. *Hartmann* (2022), 5. Vorräte, Rn. 105; a. A. *Groh* (1976), S. 33.
53 Vgl. BFH v. 29.4.1970 - III 217/63, BStBl 1970 II S. 614 (unter III.); BFH v. 20.7.1973 - III R 100-101/72, BStBl 1973 II S. 794 (unter 2.).
54 Vgl. BFH v. 7.11.1990 - I R 116/86, DStR 1991 S. 377.
55 BFH v. 20.7.1973 - III R 100-101/72, BStBl 1973 II S. 794 (unter 2.)).

lung. Auch die Teilwertvermutungen des BFH gehen bei Handelswaren im Anschaffungszeitpunkt von den Anschaffungskosten und in späteren Zeitpunkten von den Wiederbeschaffungskosten aus.[56] Der so ermittelte Teilwert entspricht nach dieser Ansicht aber auch dem voraussichtlichen Veräußerungspreis abzüglich der nach diesem Bewertungsstichtag anfallenden wertmäßigen Selbstkosten.

In der Literatur wird aber auch die Ansicht vertreten, der Teilwert sei ausschließlich vom Beschaffungsmarkt aus zu ermitteln.[57] Dagegen lassen die Ausführungen der Finanzverwaltung (R 6.8 EStR) den Schluss zu, dass beide Methoden als Alternativen nebeneinander anwendbar sind. In der Folge stünde dem Steuerpflichtigen frei, ob er den Teilwert beschaffungs- oder absatzmarktorientiert ermittelt.[58] Diese Ansicht kann auch aus der Rechtsprechung des BFH zu Handelswaren herausgelesen werden. Ihr ist zu entnehmen, dass der Teilwert sowohl von den Wiederbeschaffungskosten als auch vom zukünftigen Veräußerungserlös abhängt. Dabei könne eine Teilwertabschreibung vorgenommen werden, wenn die Wiederbeschaffungskosten gesunken sind. Unabhängig davon sei eine Teilwertabschreibung zudem möglich, wenn die Selbstkosten den künftigen Veräußerungspreis nicht mehr decken können.[59] Ein Anwendungsvorrang einer der beiden Methoden, oder ob i. S. d. doppelten Maßgeblichkeit der niedrigere ermittelte Wert angesetzt wird, lässt sich dieser Rechtsprechung nicht entnehmen.

2.4 Zwischenergebnis: Berücksichtigung des angemessenen Gewinnaufschlags

In der Rechtsprechung und Finanzverwaltung hat sich die Meinung durchgesetzt, dass der Teilwert progressiv oder retrograd ermittelt werden kann. Ob beide Methoden zum selben Ergebnis führen müssen, ist umstritten. Um das Anwendungsverhältnis der Ermittlungsmethoden aufzuklären sollte zunächst die Frage diskutiert werden, welche Ziele der Gesetzgeber mit der Teilwertdefinition verfolgt. Dabei sind i. R. d. juristischen Auslegungsmethoden bei der Anwendung der teleologischen Auslegung auch betriebswirtschaftliche Aspekte mit einzubeziehen, denn die Bilanz ist zunächst einmal die modellhafte Abbildung der betrieblichen Realität. Allerdings ist die Bilanz im Rechtssinne auch keine Kostenrechnung. Daher sind die GoB zu berücksichtigen. Die Ermittlung des Teilwerts hat u. E. daher zwei methodische Ausgangspunkte, die man zunächst getrennt analysieren und dann zusammenführen sollte:

- Der eine ist ein kostenrechnerischer (Kalkulation),
- der andere ist ein bilanzieller (Verlustantizipation).

U. E. erschließt sich das Teilwertkonzept des Gesetzgebers nur, wenn beide berücksichtigt werden. Dieses dualistische Konzept soll in Abschnitt 3 entwickelt werden.

---

56 Vgl. BFH v. 25.7.2000 - VIII R 35/97, BStBl 2001 II S. 566 (unter 2. aa)); BFH v. 24.7.2003 - I B 107/02, BFH/NV 2004 S. 34 (unter 2.).
57 Vgl. *Schult/Richter* (1991), S. 1265.
58 So auch *Dreixler* (2022), § 6 EStG, Rn. 571.
59 Vgl. BFH v. 5.5.1996 - IV 252/60, BStBl 1966 III S. 370; BFH v. 13.10.1976 - I R 79/74, BStBl 1977 II S. 540 (unter 1. a)); BFH v. 27.10.1983 - IV R 143/80, BStBl 1984 II S. 35 (unter 1.); BFH v. 24.2.1994 - IV R 18/92, BStBl 1994 II S. 514 (unter 2.); BFH v. 9.12.2014 - X R 36/12, BFH/NV 2015 S. 821 (unter II 1. b)).

3 Kostenrechnung und Verlustantizipation als Ausgangspunkte der Teilwertermittlung

3.1 Erwerberfiktion als kostenrechnerischer Ausgangspunkt

Der kostenrechnerische Ausgangspunkt für die Teilwertermittlung ergibt sich aus der Teilwertdefinition (§ 6 Abs. 1 Nr. 1 Satz 3 EStG). Demnach hat der fiktive Erwerber den Wert des nämlichen Wirtschaftsguts zu bemessen, wenn er das Unternehmen kauft (Asset Deal). Dabei geht es, wie *Doralt* überzeugend begründet, nicht darum, den Gesamtkaufpreis als Ertragswert auf die einzelnen Wirtschaftsgüter zu verteilen.[60] Vielmehr hat der fiktive Erwerber beim Kauf des Gesamtunternehmens zu kalkulieren, welchen (angemessenen, marktkonformen) Gewinn er mit dem einzelnen nämlichen Wirtschaftsgut des Umlaufvermögens generieren würde.[61] Diese getrennte Betrachtung[62] des Einzelwerts des Wirtschaftsguts und des Ertragswerts des Unternehmens ergibt sich bereits aus dem Grundsatz der Einzelbewertung, der handelsrechtlich (§ 252 Abs. 1 Nr. 3 HGB) und steuerrechtlich (§ 6 Abs. 1 Satz 1 EStG) kodifiziert ist. Bereits vor 30 Jahren wiesen *Schult/Richter* darauf hin, dass für eine solche Einzelbewertung „nur Kosten- und Preisgesichtspunkte maßgeblich sein"[63] können. Der fiktive Erwerber würde somit zum Abschlussstichtag eine aktuelle Preisbeurteilung[64] für das nämliche Wirtschaftsgut durchführen, um zu überprüfen, ob die auf das Wirtschaftsgut entfallenden Selbstkosten gedeckt werden. Dazu gehört auch der aktuell angemessene, d. h. am Bewertungsstichtag (!) marktübliche Gewinn, der für die retrograde Ermittlung des Teilwerts erforderlich ist.

Nach Auffassung der Finanzverwaltung (H 6.8 EStR) und Rechtsprechung[65] wird zur Ermittlung dieses marktüblichen Gewinns ein Gewinnaufschlagssatz [in %] kalkuliert. Dieser wird als Durchschnittswert aus Jahresabschlüssen der Vorjahre ermittelt und basiert somit auf betrieblichen Ist-Daten der Vergangenheit (Abschnitt 2.2).[66] Ein fiktiver Erwerber bewertet die Handelswaren in einem fortzuführenden Unternehmen allerdings nicht unter Beachtung des ursprünglich in der Vergangenheit erzielten oder geplanten Warenrohgewinns des Verkäufers. Dessen historische Anschaffungskosten und damals geplanten Veräußerungspreise spielen für den fiktiven Erwerber keine Rolle, denn diese Vergangenheitswerte sind für das aktuelle Marktgeschehen nicht relevant. Vielmehr beurteilt er den Wert anhand des gegenwärtig erzielbaren Warenrohgewinns, der maßgeblich durch die aktuellen Wiederbeschaffungskosten und gegenwärtig erzielbaren Veräußerungspreise der Handelswaren bestimmt wird. Diese aktuelle Gewinnerwartung muss folglich nicht mit der

---

60 Vgl. *Doralt* (1989), S. 65 ff.; ebenso *Schult/Richter* (1991), S. 1265; *Lange* (2011), S. 126. Zur Gegenansicht vgl. insbesondere *Schneider* (1978), S. 147 (Hauptschalterbeispiel).
61 Vgl. *Lange* (2011), S. 127.
62 So verweisen *Schult/Richter* (1991), S. 1261 darauf, dass schon der historische Gesetzgeber im damaligen § 19 Abs. 1 Satz 2 EStG 1925 von einer Einzelbewertung unter dem Gesichtspunkt der Unternehmensfortführung ausging, auch wenn er damals noch den Begriff des gemeinen Werts gebrauchte. Die von Mirre geprägte Begrifflichkeit „Teilwert" wurde von der RFH-Rechtsprechung aufgegriffen und mit der Steuerreform 1934 im EStG und BewG kodifiziert, Diese Definition gilt bis heute fort.
63 *Schult/Richter* (1991), S. 1265. Allerdings denken Sie diesen Ansatz nicht konsequent weiter, sondern sehen die Wiederbeschaffungswerte als allein richtige Teilwerte.
64 Vgl. *Kosiol* (1979), S. 84 f.
65 Vgl. FG Münster v. 21.11.2018 - 13 K 444/16 K, G, F, EFG 2019 S. 464, Rn. 44; BFH v. 9.12.2012 - X R 36/12, BFH/NV 2015 S. 821, Rn. 23, m. w. N.
66 Vgl. FG Münster v. 21.11.2018 - 13 K 444/16 K, G, F, EFG 2019 S. 464, Rn. 59; BFH v. 9.12.2012 - X R 36/12, BFH/NV 2015 S. 821, Rn. 23, m. w. N.

ursprünglichen Gewinnerwartung des tatsächlich Bilanzierenden übereinstimmen, da sie dynamisch ist und mit den Marktpreisänderungen schwankt. Die Vorgehensweise der Finanzverwaltung und Rechtsprechung widerspricht u. E. somit der Erwerberfiktion i. S. d. Teilwertdefinition und ist daher abzulehnen. Frühere durchschnittliche Gewinnaufschlagsätze für gleichartige Wirtschaftsgüter können vielleicht noch gewisse Indizien für aktuell realisierbare Gewinnaufschläge sein; durchschnittliche historische Gewinnaufschlagsätze auf Gesamtunternehmensebene, die aus dem Jahresabschluss entnommen werden, aber ganz sicher nicht.

Für eine Preisbeurteilung der Handelsware erstellt der fiktive Erwerber somit zunächst die folgende Kalkulation nach den Grundsätzen der Kostenrechnung:

$$WBK + A_1 + A_2 + GA = VP_{neu} \tag{1}$$

Dabei entspricht der aktuelle Veräußerungspreis des fiktiven Erwerbers VP_{neu} seinen Kosten.[67] Diese setzen sich aus den aktuellen Wiederbeschaffungskosten (WBK) und den weiteren Selbstkosten, die ihm bis zur Veräußerung des Wirtschaftsguts entstehen, zusammen. Diese bestehen aus den vor (A_1) und nach (A_2) dem Stichtag angefallenen bzw. anfallenden Ausgaben und auch dem angemessenen Gewinnaufschlag GA (Abschnitt 2.2.2). Der Veräußerungspreis ist jedoch regelmäßig nicht das Ergebnis der Kalkulation des fiktiven Erwerbers (sog. Preiskalkulation), sondern wird wie auch die Wiederbeschaffungskosten vom Markt vorgegeben. Beide sind also Ausgangspunkt für seine Preisbeurteilung. D. h. durch Abzug der Wiederbeschaffungskosten und laufenden Aufwendungen vom voraussichtlichen Veräußerungspreis erhält er den am Markt zurzeit durchsetzbaren Gewinnaufschlag. So kann er prüfen, ob der voraussichtlich erzielbare Preis auskömmlich ist (Preisbeurteilung)[68]:

$$GA = VP_{neu} - (WBK + A_1 + A_2) \tag{2}$$

Der Gewinnaufschlag ist somit sowohl vom künftigen Veräußerungspreis als auch von den Wiederbeschaffungskosten und den weiteren pagatorischen Selbstkosten ($A_1 + A_2$) abhängig. Sinken oder steigen etwa der Veräußerungspreis oder die noch zu erwartenden Ausgaben (A_2), während alle anderen Summanden in Gleichung (1) ident bleiben, wird diese Änderung durch die Anpassung des Gewinnaufschlags ausgeglichen („gepuffert"). Denn während eine Preisveränderung unter Annahme der Vollkostenrechnung[69] regelmäßig keinen kausalen Zusammenhang mit der Höhe der anfallenden Ausgaben (A_1 und A_2) hat,[70] sollte sich der zu erwartende Gewinn verändern. Intuitiv ist dies naheliegend: Wurde bezüglich der Handelsware (z. B. Sommermoden) ein Gewinn kalkuliert, so scheint es realitätsnah zu sein, dass bei überlagerter bzw. nunmehr weniger nachgefragter Ware (im Herbst) der Gewinn in dieser Höhe nicht mehr realisierbar ist. D. h. der fiktive Erwerber des Unternehmens muss einen geringeren Gewinnaufschlag für diese Handelsware akzeptieren.

Einen ähnlichen Effekt haben steigende Wiederbeschaffungskosten, die c. p. ebenfalls zu einer niedrigeren marktüblichen Gewinnmarge führen. Nicht auszuschließen ist auch eine Veränderung der nach dem Bilanzstichtag anfallenden Ausgaben (A_2),

---

[67] Dieser Preis entspricht auch der durch den Leistungsempfänger vorgegebenen Obergrenze für den hypothetischen Fremdvergleichspreis. Vgl. *Prangenberg/Stahl/Topp* (2011), S. 73.
[68] Vgl. zur Preisbeurteilung in Abgrenzung zur Preiskalkulation *Kudert/Sorg* (2019), S. 111.
[69] Nach h. M. ist grds. die Vollkostenrechnung anzuwenden. Vgl. *Schubert/Berberich* (2022), § 253 HGB, Rn. 549; *Dreixler* (2022), § 6 EStG, Rn. 582.
[70] Aus diesem Grund wird das Kostentragfähigkeitsprinzip in der BWL abgelehnt. Vgl. *Schmidt* (2017), S. 36; *Kudert/Schuh* (2021), S. 166.

deren Erhöhung c. p. ebenfalls einen sinkenden zu erwartenden Gewinn zur Folge hat. Dabei ist zu fragen, in welcher Höhe der angemessene Gewinnaufschlag sinkt. Klar sollte jedenfalls sein, dass der Gewinnaufschlag nicht über einen fixen prozentualen Gewinnaufschlagssatz auf den Veräußerungspreis, der auf Vergangenheitsdaten beruht, ermittelt werden kann. Genau dieses Vorgehen der Finanzverwaltung ist aber in R 6.8 Abs. 2 EStR dokumentiert. Wettbewerber würden, unter unterstellt identen Aufwandsstrukturen, ihren Gewinnaufschlag durch Subtraktion der gegenwärtigen Ausgaben vom erzielbaren Veräußerungspreis kalkulieren. Somit erklärt sich die Berechnung des Gewinnaufschlags nach Gleichung (2). Sofern $GA \geq 0$ ist, gilt dann für den Teilwert:

$$WBK + A_1 = TW = VP_{neu} - A_2 - GA \qquad (3)$$

Die Teilwertobergrenze befindet sich somit bei $WBK + A_1$, weil jede Erhöhung des Veräußerungspreises (oder Minderung von A_2) durch den damit steigenden zu erwartenden, marktkonformen Gewinnaufschlag ausgeglichen wird. Progressiv zeigt sich das, indem eine Erhöhung des Veräußerungspreises (oder A_2) keine Auswirkung auf den Teilwert hat. Diese Obergrenze entspricht nicht dem nach R 6.8 Abs. 2 EStR retrograd ermittelten Teilwert, weil der Gewinnaufschlag nach den EStR bei steigenden Veräußerungspreisen nur prozentual steigt.

Unter der Bedingung $GA \geq 0$ entspricht der progressiv ermittelte Teilwert ($WBK + A_1$) folglich immer dem retrograd ermittelten ($VP_{neu} - A_2 - GA$). Dies soll Abbildung 2 verdeutlichen:

Progressive Methode	**Retrograde Methode**
Wiederbeschaffungskosten (WBK)	Veräußerungspreis (VP_{neu})
+ bereits zum Stichtag gebuchter Aufwand (A_1)	./. angemessener Gewinnaufschlag (GA)
	./. noch anfallender Aufwand (A_2)
= Teilwert	**= Teilwert**
+ noch anfallender Aufwand (A_2)	./. bereits zum Stichtag gebuchter Aufwand (A_1)
+ angemessener Gewinnaufschlag (GA)	
= Veräußerungspreis (VP_{neu})	= Wiederbeschaffungskosten (WBK)

Abbildung 2: Die progressive und retrograde Teilwertermittlung für $GA \geq 0$

Aus Abbildung 2 wird auch die methodische Logik der Vermutung des BFH, dass der Teilwert im Zugangszeitpunkt den Anschaffungskosten entspricht,[71] später jedoch den Wiederbeschaffungsausgaben plus der weiteren Aufwendungen, die bis zum Bewertungsstichtag anfallen, ersichtlich. Damit ist die Teilwertdefinition in § 6 Abs. 1 Nr. 1 Satz 3 EStG betriebswirtschaftlich geprägt und zielt auf die Wertermittlung des einzelnen Wirtschaftsguts durch den fiktiven Käufer des Gesamtunternehmens auf Basis einer wertorientierten Kalkulation ab, bei der die gegenwärtige Marktlage berücksichtigt wird. Der Gesetzgeber hat also als Ausgangspunkt für die tagesaktuelle Bewertung der Wirtschaftsgüter das interne Rechnungswesen des fiktiven Erwerbers gewählt.

---

71 Siehe Fn. 2.

3.2 Verlustantizipation als handelsrechtlicher Ausgangspunkt

Der zweite, nunmehr bilanzielle Ausgangspunkt ergibt sich aus der Maßgeblichkeit der handelsrechtlichen GoB (§ 5 Abs. 1 EStG). Das damit auch für den Teilwert geltende Imparitätsprinzip erfordert in den Fällen, in denen der fiktive Erwerber bei seiner Kalkulation (Gleichung (2)) einen Verlust erwarten muss (GA < 0), eine Verlustantizipation,[72] sofern der Teilwert unter den Buchwert sinkt.

Mathematisch folgerichtig sollte Gleichung (3) auch im Verlustfall gelten. Verändert sich nur der Veräußerungspreis, würde der Teilwert aber, obwohl ein Verlust droht, nicht sinken, da nunmehr der drohende Verlust (V) den gesunkenen Veräußerungspreis „puffert":

$$WBK + A_1 = TW = VP_{neu} - A_2 + V \qquad (4)$$

Gleichung (4) entspricht formal der Gleichung (3), weil ein Verlust als negativer Gewinn interpretiert werden kann. Aus allein kostenrechnerischer Sicht wäre dieses Ergebnis nachvollziehbar. Allerdings ist die Bilanz im Rechtssinne eben keine kostenrechnerische, sondern greift nur partiell auf die Methoden der Kostenrechnung zurück. In der Folge kann unter Berücksichtigung des Imparitätsprinzips das in Gleichung (4) dargestellte Ergebnis nicht überzeugen. Sinkt der Veräußerungspreis so stark, dass ein (pagatorischer) Verlust droht, sollte dieser, sofern das Steuerrecht keine expliziten anderen Normen enthält,[73] dem Imparitätsprinzip entsprechend antizipiert werden. Das ist der Fall, wenn der Veräußerungspreis die Ausgaben für das Wirtschaftsgut (WBK + A_1 + A_2) nicht mehr decken kann. In der Folge wäre eine Abschreibung auf den niedrigeren Teilwert nach dem Imparitätsprinzip konsequent, sofern dieser unter dem Buchwert liegt. Dies ist nicht unmittelbar aus der Teilwertdefinition ersichtlich, sondern ergibt sich aus dem Bewertungsgerüst des EStG für Wirtschaftsgüter des Umlaufvermögens; § 6 Abs. 1 Satz 1 Nr. 2 EStG und aufgrund des § 5 Abs. 1 EStG im Zusammenspiel mit den §§ 252 Abs. 1 Nr. 4 und 253 Abs. 4 HGB.

Damit ist u. E. zwischen der Teilwertermittlung in Gewinnsituationen und der Ermittlung des verlustantizipierenden Teilwerts zu differenzieren. Für die Ermittlung des verlustantizipierenden Teilwerts ist Gleichung (4) um (– V) zu erweitern.

$$WBK + A_1 = VP_{neu} - A_2 + V \qquad |-V \qquad (5)$$

Dieser verlustantizipierende Teilwert beträgt dann:

$$WBK + A_1 - V = TW = VP_{neu} - A_2 \qquad (6)$$

Durch die Erweiterung von Gleichung (4) wird ersichtlich, dass unter der Bedingung GA < 0 der Teilwert durch $VP_{neu} - A_2$ beschrieben wird (rechter Term in Gleichung (6)). Aus bilanzieller Sicht ist dies leicht nachvollziehbar: Sinkt der voraussichtliche Veräußerungspreis oder steigen die voraussichtlichen Ausgaben so stark, dass ein Verlust droht, sollte dieser durch eine Teilwertabschreibung antizipiert werden, soweit der Teilwert dadurch unter den Buchwert sinkt. Unter der Bedingung GA < 0 kann der Teilwert dann aber auch durch WBK + A_1 – V beschrieben werden (linker Term in Gleichung (6)). Aus betriebswirtschaftlicher Sicht kann dieses Ergebnis wie folgt interpretiert werden: Der fiktive Erwerber des Unternehmens würde das Wirtschaftsgut nicht einmal mit WBK + A_1 bewerten, weil ihm ein Verlust droht. Dieser wirkt

---

72 Vgl. *Moxter* (2007), S. 273.
73 So wird die Antizipation drohender Verlust aus schwebenden Geschäften steuerlich durch § 5 Abs. 4a EStG ausgeschlossen.

sich entsprechend wertmindernd aus. Damit entspricht auch unter Berücksichtigung des Imparitätsprinzips der retrograd ermittelte dem progressiv ermittelten Teilwert.

3.3 Ergebnis: Das dualistische Teilwertkonzept

In Abschnitt 3.1 und 3.2 konnten die zwei unterschiedlichen methodischen Ausgangspunkte des Teilwerts aufgezeigt werden. Zum einen soll der Teilwert den Wert darstellen, den ein fiktiver Erwerber des Unternehmens ihm auf Basis seiner eigenen, aktuellen Kalkulation und unter Berücksichtigung eines angemessenen Gewinns beimessen würde. Zum anderen dient er (wie der beizulegende Wert in der Handelsbilanz) der Antizipation drohender Verluste. Um diesen beiden methodischen Ausgangspunkten gerecht zu werden, wurde bei der Formalisierung zwischen Gewinn- und Verlustsituationen unterschieden (Gleichungen (3) und (6)).

Da der angemessene Gewinn keine vergangenheitsbezogene, sondern eine dynamische, vom aktuellen Markt abhängige Größe ist, ist u. E. eine retrograde Ermittlung des Teilwerts ohne Berücksichtigung der Preisverhältnisse am Beschaffungsmarkt methodisch nicht möglich. Denn in Abschnitt 3.1 wurde gezeigt, dass für die Ermittlung des aktuellen, angemessenen, marktkonformen Gewinnaufschlags sowohl die Wertentwicklung auf dem Beschaffungsmarkt (Entwicklung der Wiederbeschaffungskosten) als auch auf dem Absatzmarkt (Entwicklung des Veräußerungspreises) berücksichtigt werden muss (Gleichung (2)). Scheinbar hätten damit jene Vertreter Recht behalten, die die Teilwertermittlung ausschließlich vom Beschaffungsmarkt aus befürworten, denn für die Anwendung der progressiven Methode ist die Ermittlung des angemessenen Gewinnaufschlags nicht erforderlich. Allerdings konnte im Abschnitt 3.2 gezeigt werden, dass eine progressive Ermittlung im Falle eines zukünftig zu erwartenden Verlusts zu einem zu hohen Teilwert führt. Dieser drohende Verlust ist u. E. daher bei der progressiven Methode zum Abzug zu bringen (Gleichung (6)).

Im Unterschied zum Grundsatz der doppelten Maßgeblichkeit sollten nach dem hier entwickelten dualistischen Konzept die Wertermittlungsmethoden nicht separat voneinander angewandt und der niedrigere Wert gewählt werden. Vielmehr ist u. E. eine gleichzeitige Betrachtung des aktuellen Absatz- und Beschaffungsmarktpreises notwendig, um in einem ersten Schritt zu bestimmen, ob die Ermittlung des Teilwerts in einer Gewinn- oder Verlustsituation vorzunehmen ist. Erst dann kann der Steuerpflichtige in einem zweiten Schritt zwischen der progressiven und retrograden Methode frei wählen, da beim dualistischen Konzept immer beide zum gleichen Teilwert führen.

Die Schritte zu einer schätzungskonformen Teilwertermittlung in einem dualistischen Konzept können somit wie folgt zusammengefasst werden (Abbildung 3):

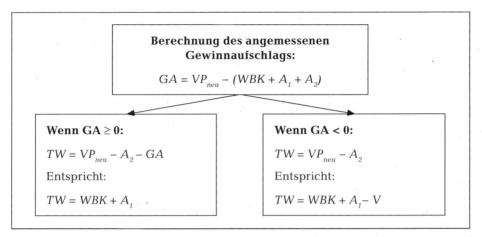

Abbildung 3: Schritte der Teilwertermittlung in einem dualistischen Konzept

In einem ersten Schritt wird vom fiktiven Erwerber unter Berücksichtigung der aktuellen Beschaffungs- und Absatzmarktpreise geprüft, ob sich aus den aktuellen Marktdaten ein Gewinn oder Verlust erzielen lässt (Berechnung des angemessenen Gewinnaufschlags). In einem zweiten Schritt wird dann der Teilwert für die Gewinn- oder Verlustsituation ermittelt. Zum Anwendungsverhältnis zwischen den beiden Methoden kann daraus deduziert werden: Eine sog. doppelte Maßgeblichkeit kann es nach dem hier dargestellten dualistischen Konzept nicht geben, weil der retrograd oder progressiv ermittelte Teilwert immer ident ist.

Der nach dem hier entwickelten dualistischen Konzept ermittelte Teilwert entspricht dem progressiv ermittelten Teilwert nach R 6.8 Abs. 2 EStR, sofern der fiktive Erwerber am Abschlussstichtag mit einem angemessenen Gewinn rechnen darf. Allerdings ist er um den drohenden Verlust geringer als der progressiv ermittelte Teilwert nach R 6.8 Abs. 2 EStR, sofern der fiktive Erwerber am Abschlussstichtag mit einem drohenden Verlust kalkulieren muss. Die Ermittlung des Gewinnaufschlags weicht nach R 6.8 Abs. 2 EStR bei der retrograden Methode i. d. R. von der nach dem dualistischen Konzept ab. Ursächlich ist, dass der Gewinnaufschlag dort nicht dynamisch und marktkonform, sondern statisch vergangenheitsbezogen ermittelt wird. Zudem ist der dualistische Teilwert auf Grund der Pufferung durch den Gewinnaufschlag nach oben hin begrenzt, wohingegen der nach den EStR ermittelte retrograde Teilwert wegen der ausschließlich prozentualen Berücksichtigung unbegrenzt steigen kann.

4 Fazit

Ausschlaggebend für die unterschiedliche Ermittlung des beizulegenden Werts und des Teilwerts ist die in § 6 Abs. 1 Nr. 1 Satz 3 EStG verankerte Erwerberfiktion unter dem Grundsatz der Unternehmensfortführung, die dazu führt, dass bei der Teilwertermittlung nicht nur zukünftig drohende pagatorische Verluste antizipiert, sondern auch der angemessene, am Abschlussstichtag vom Absatz- und Beschaffungsmarkt abhängige Gewinnaufschlag berücksichtigt wird. Während die handelsrechtliche außerordentliche Abschreibung ausschließlich der Verlustantizipation dient, ist steuerlich aufgrund der Erwerberfiktion zusätzlich zwingend die betriebswirtschaftliche Sicht des fiktiven Erwerbers zu berücksichtigen (Abschnitt 2).

Daher wurde in Abschnitt 3 ein Konzept entwickelt, das diesem Dualismus Rechnung trägt und sich im Ergebnis von der Ermittlung des Teilwerts nach den EStR unterscheidet. Wie aus Abbildung 3 ersichtlich, sollte im Rahmen der Teilwertermittlung zweistufig vorgegangen werden.

In einem ersten Schritt wird vom fiktiven Erwerber unter Berücksichtigung der aktuellen Beschaffungs- und Absatzmarktpreise geprüft, ob sich aus den Marktdaten am Abschlussstichtag ein Gewinn oder Verlust erzielen lässt (Berechnung des aktuell angemessenen Gewinnaufschlags). Der aktuelle, marktkonforme Gewinnaufschlag stellt damit u. E. zwingend eine dynamische Größe dar, die sich im Zeitablauf und unter Berücksichtigung der Verhältnisse auf beiden Märkten verändert.

In einem zweiten Schritt wird dann der Teilwert für die Gewinnsituation entsprechend Gleichung (3) oder für die Verlustsituation entsprechend Gleichung (6) ermittelt. Dabei entspricht für jede der beiden Ausgangssituationen der retrograd ermittelte Teilwert dem progressiv ermittelten. Für eine doppelte Maßgeblichkeit gibt es damit keinen Anwendungsraum.

Dieses dualistische Teilwertkonzept ist „gewöhnungsbedürftig". Es stellt jedoch ein geschlossenes System dar, das formal abgeleitet, betriebswirtschaftlich begründbar und im Lichte des Imparitätsprinzips entwickelt wurde. Dass es nicht kompatibel mit der handelsrechtlichen Ermittlung des am Abschlussstichtag beizulegenden Werts ist, liegt an der gesetzlich kodifizierten Figur des fiktiven Erwerbers.

Symbolverzeichnis

WBK	Wiederbeschaffungskosten
A_1	vor dem Bilanzstichtag gebuchter Aufwand
A_2	nach dem Bilanzstichtag voraussichtlich anfallender Aufwand
GA	Gewinnaufschlag
VP_{neu}	zukünftiger Veräußerungspreis
TW	Teilwert
V	Verlust

Literaturverzeichnis

Adler/Düring/Schmalz (2001), in: Rechnungslegung und Prüfung der Unternehmen, § 253 HGB, Stuttgart.
Böcking, H.-J./Gros, M./Wirth, W. (2020), in: *Ebenroth/Boujong/Joost/Strohn*, Handelsgesetzbuch, § 253 HGB, München.
Coenenberg, A. G./Fischer, T. M. (2016), Kostenrechnung und Kostenanalyse, 9. Aufl., Stuttgart.
Doralt, W. (1989), Der Teilwert als Anwendungsfall des Going-Concern-Prinzips – Eine Kritik an der Teilwertkritik, Österreichische Steuer-Zeitung, H. 6, S. 63–68.
Dreixler, T. (2022), in: *Herrmann/Heuer/Raupach*, Einkommensteuerkommentar, § 6 EStG, Köln.
Ehmcke, T. (2022), in: *Blümich*, Einkommensteuerkommentar, § 6 EStG, München.
Frotscher, G. (2022), in: *Schwarz/Pahlke* (Hrsg.), Kommentar zur Abgabenordnung/Finanzgerichtsordnung, § 162 AO, Freiburg.
Gabert-Pipersberg, I. (2022), in: *Herrmann/Heuer/Raupach*, Einkommensteuerkommentar, § 6 EStG, Köln.
Groh, M. (1976), Künftige Verluste in der Handels- und Steuerbilanz, zugleich ein Beitrag zur Teilwertdiskussion, Steuer und Wirtschaft, H. 1, S. 32–42.
Hartmann, T. (2022), in: *Schulze-Osterloh/Hennrichs/Wüstemann* (Hrsg.), Handbuch des Jahresabschlusses – Bilanzrecht nach HGB, EStG und IFRS, Köln.

Hick, C. (2018), Umlaufvermögen, in: *Prinz/Kanzler* (Hrsg.), Handbuch Bilanzsteuerrecht, Herne.
Kessler, H. (1994), Verabschiedet sich der Bundesfinanzhof vom Imparitätsprinzip? – Gedanken zur jüngeren Rechtsprechung und zur Rechtsposition von Heinrich Weber – Grellet, Deutsches Steuerrecht, H. 36, S.1289–1296.
Knobbe-Keuk, B. (1993), Bilanz- und Unternehmenssteuerrecht, 9. Aufl., Köln.
Kosiol, E. (1979), Kostenrechnung der Unternehmung, 2. Aufl., Wiesbaden.
Kudert, K. M./Kudert, St. (2020), Die Anwendung der Kostenaufschlagsmethode beim steuerlichen Fremdvergleich der Leistungen einer Finanzierungsgesellschaft – Eine betriebswirtschaftliche Analyse, Steuer und Wirtschaft, H. 4, S. 330–346.
Kudert, St./Schuh, M. (2021), Betriebswirtschaftliche und mathematische Anmerkungen zur retrograden Ermittlung des Teilwerts anhand der Subtraktions- und der Formelmethode, Steuer und Wirtschaft – Ein Vorschlag zur Änderung der Einkommensteuerrichtlinien, H. 2, S. 162–170.
Kudert, St./Sorg, P. (2019), Kosten- und Leistungsrechnung – leicht gemacht, 2. Aufl., Berlin.
Kulosa, E. (2022), in: Schmidt, Einkommensteuerkommentar, § 6 EStG, München.
Lange, C. (2011), 75 Jahre Teilwert – Gegenwart und Zukunft des Teilwertbegriffs vor dem Hintergrund seiner Geschichte, Berlin.
Maaßen, K. (1968), Der Teilwert im Steuerrecht, Köln.
Marten, K.-U./Köhler, A. G. (2001), Möglichkeiten und Grenzen nach HGB, IAS und US-GAAP am Beispiel der Vorratsbewertung, Betriebs-Berater, H. 49, S. 2520–2525.
Moxter, A. (2007), Bilanzrechtsprechung, 6. Aufl., Heidelberg.
Prangenberg, A./Stahl, M./Topp, J. (2011), Verrechnungspreise in Konzernen, Düsseldorf.
Poll, J. (2022), in: *Häublein/Hoffmann-Theinert* (Hrsg.), Beck'scher Online-Kommentar, München.
Richter, H./Anziger, H. M./Tiedchen, S. (2022), in: *Herrmann/Heuer/Raupach*, Einkommensteuerkommentar, § 5 EStG, Köln.
Schindler, F. (2022), in: *Kirchhof/Seer* (Hrsg.), Einkommensteuerkommentar, § 6 EStG, Köln.
Schmalenbach, E. (1956), Kostenrechnung und Preispolitik, 7. Aufl., Köln.
Schmidt, A. (2017), Kostenrechnung, 8. Aufl., Stuttgart.
Schneider, D. (1978), Steuerbilanzen, Wiesbaden.
Schubert, W. J./Berberich, J. (2022), in: Beck'scher Bilanz-Kommentar, § 253 HGB, München.
Schult, E./Richter, H. (1991), Wider den Teilwert – eine Schimäre des Steuerrechts, Deutsches Steuerrecht, H. 38, S. 1261–1265.
Tiedchen, S. (2021), in: *Henssler* (Hrsg.), Beck.online.Grosskommentar, § 253 HGB, München.
Velte, P. (2016), Perspektiven der Teilwertabschreibung bei voraussichtlich dauernder Wertminderung – Kritische Betrachtungen vor dem Hintergrund des BMF-Schreibens vom 16.7.2014, Steuer und Wirtschaft, H. 1, S. 33–49.
Weber-Grellet, H. (1996), Steuerbilanzrecht, München.
Weindel, M. (2008), Grundsätze ordnungsmäßiger Verlustabschreibungen – Objektivierungskonzeptionen der Verlustantizipation durch außerplanmäßige Abschreibungen nach GoB und IFRS, Wiesbaden.
Wilke, H./Kesselmeier, U. (1996), Die Teilwertermittlung von Handelswaren bei gesunkenen Verkaufspreisen, Deutsches Steuerrecht, H. 1, S. 6–8.
Winnefeld, R. (2015), in: Bilanz-Handbuch, 5. Aufl., München.

The dualism of the partial value concept for merchandise

The partial value has existed in German tax law for about 100 years. Despite, or perhaps because of the figure of the fictitious acquirer, the estimation of the partial value has repeatedly been in focus of case law and literature. In this article, the business fundament of the determination of the partial value is to be elaborated in the light of legal requirements. As a result, the framework for the estimation of the partial value according to the retrograde and progressive method is to be defined. The authors propose a dualistic partial value concept, which combines the legal fiction of acquisition and the idea of loss anticipation. The focus is on the determination of the appropriate profit markup of the fictitious acquirer.

JEL-Kennziffern: H25, K34, M41

Ist Deutschland von Steuervermeidung multinationaler Unternehmen betroffen?

Von Maximilian Hubmann, M.Sc., Würzburg*)

In diesem Beitrag wird eine empirische Studie zu Steuervermeidung und Gewinnverlagerung multinationaler Unternehmen durchgeführt. Zu diesem Zweck wird anhand der Mikrodatenbank Direktinvestitionen der Deutschen Bundesbank die Korrelation der Kapitalrendite mit Steuersätzen gemessen. Es handelt sich um eine mikroökonometrische Studie, welche den handelsbilanziellen Ergebnisausweis auf Basis einer Cobb-Douglas Produktionsfunktion schätzt. Die Analyse erfolgt getrennt nach den Tochtergesellschaften ausländischer Unternehmen in Deutschland (Inboundsample) sowie den ausländischen Tochtergesellschaften deutscher Unternehmen (Outboundsample). Im Inboundsample sind bei Aufnahme von jahres- und tochterunternehmensfixen Effekten nur in Ausnahmefällen signifikante Ergebnisse festzustellen. Im Outboundsample werden hingegen Korrelationen zwischen Steuersatz und Rendite gemessen, die als Bestätigung für eine Gewinnverlagerung deutscher multinationaler Unternehmen gewertet werden können.

1 Einleitung

Empirische Studien zur Steuervermeidung und Gewinnverlagerung multinationaler Unternehmen sind ein etabliertes wissenschaftliches Forschungsgebiet. Seit der Finanzkrise im Jahr 2008 und der darauffolgenden Staatsschuldenkrise sind Steuerzahlungen von multinationalen Unternehmen zudem in den Blickpunkt vieler Bürger gerückt. Insbesondere US-Unternehmen wird vorgeworfen, dass sie Gewinnverlagerung betreiben, um Steuerzahlungen zu vermeiden.[1]

Empirische Untersuchungen bestätigen überwiegend unabhängig vom untersuchten Zeitraum und der Region, dass Steuern vermieden werden.[2] Aus der Literatur ist bekannt, dass Tochterunternehmen in Niedrigsteuerländern eine höhere Vorsteuerrendite aufweisen als solche in Hochsteuerländern. Darüber hinaus wird gezeigt, dass die Vorsteuergewinne in Niedrigsteuerländern im Vergleich zu den eingesetzten Produktionsfaktoren überproportional hoch sind.[3] Die regelmäßig gemessene signifikante Korrelation der Vorsteuerergebnisse mit Steuersätzen wird als Indiz für Gewinnverlagerung angesehen.[4]

Deutschland ist die größte Volkswirtschaft in Europa und daher ein attraktiver Standort für ausländische Direktinvestitionen. Zudem ist die deutsche Wirtschaft export-

---

*) Maximilian Hubmann, M.Sc., ist Bediensteter im höheren Dienst der bayerischen Finanzverwaltung und externer Doktorand am Lehrstuhl für BWL und Betriebswirtschaftliche Steuerlehre der Universität Würzburg. Der Beitrag ist nicht in dienstlicher Eigenschaft verfasst und gibt nur die wissenschaftliche Erkenntnis des Autors wieder. E-Mail: maxhubmann@gmx.de. Der Autor dankt den Herausgebern, einem anonymen Gutachter sowie *Dirk Kiesewetter, Hansrudi Lenz, Dominik Katzer* und *Jacob Leidner* für wertvolle Hinweise, die wesentlich zur Weiterentwicklung und Verbesserung des Artikels beigetragen haben. Gedankt wird auch der Deutschen Bundesbank für die Bereitstellung der Mikrodatenbank Direktinvestitionen.

1 Vgl. *Overesch* (2016); *Overesch/Strueder/Wamser* (2020).
2 Vgl. *Hines/Rice* (1994); *Huizinga/Laeven* (2008); *Dharmapala* (2014); *Dyreng* et al. (2017).
3 Vgl. *Hines/Rice* (1994) S. 152; *Fuest/Hugger/Neumeier* (2022).
4 Vgl. *Riedel* (2018), S. 172.

orientiert, so dass sich grundsätzlich zahlreiche Möglichkeiten zu grenzüberschreitender Steuervermeidung bieten. Angesichts eines Unternehmenssteuersatzes im oberen Mittelfeld besteht vor allem ein Anreiz zur *Gewinnverlagerung aus Deutschland heraus*. Auf der anderen Seite gibt es zahlreiche Maßnahmen gegen multinationale Steuervermeidung, wie der begrenzte Abzug von Zinsaufwendungen (§ 4h EStG) oder die Regelungen zur Hinzurechnungsbesteuerung (§§ 7 ff. AStG). Das deutsche Steuerrecht enthält folglich umfangreiche Abwehrmechanismen. Daher waren nur geringe Anpassungen erforderlich, um beispielsweise die grundlegenden Anforderungen von BEPS oder von darüberhinausgehenden europäischen Vereinbarungen zu erfüllen.[5] In diesem Aufsatz wird empirisch untersucht, ob Deutschland von Steuervermeidung und insbesondere Gewinnverlagerung multinationaler Unternehmen betroffen ist.

Die Datengrundlage der empirischen Untersuchung ist die Mikrodatenbank Direktinvestitionen (1999–2018) der Deutschen Bundesbank.[6] Diese Daten enthalten detaillierte Informationen zu ausländischen Direktinvestitionen in Deutschland (Inboundsample) und deutschen Direktinvestitionen im Ausland (Outboundsample).

Als Maßgröße für die Gewinnverlagerung dient die Korrelation der Kapitalrendite der Tochtergesellschaften mit dem gesetzlichen ausländischen Unternehmenssteuersatz im Zeitraum von 1999–2018.

(i) Im Inboundsample wird die Korrelation des ausländischen Steuersatzes mit der Kapitalrendite der inländischen Tochtergesellschaften gemessen.

(ii) Im Outboundsample wird die Korrelation des ausländischen Steuersatzes mit der Kapitalrendite der ausländischen Tochtergesellschaften gemessen.

Der Beitrag ist folgendermaßen strukturiert:

Zunächst erfolgt eine knappe Darstellung der empirischen Evidenz zu Gewinnverlagerung multinationaler Unternehmen. Darauf aufbauend wird der vorliegende Beitrag in die bestehende Literatur eingeordnet. Im Anschluss wird der Datensatz vorgestellt und es werden die Hypothesen entwickelt (Abschnitt 3). In den Abschnitten 4 und 5 erfolgt die empirische Analyse der Steuersatzsensitivität der Kapitalrendite im Inbound- und Outboundsample. Im Inboundsample sind bei Aufnahme von jahres- und tochterunternehmensfixen Effekten nur in Ausnahmefällen signifikante Ergebnisse festzustellen. Die Korrelation zwischen Steuersatz und Rendite im Outboundsample kann hingegen als Bestätigung für die Gewinnverlagerung deutscher

---

5 Vgl. *Schanz/Feller* (2015); *Fehling/Kampermann* (2017); *Frotscher* (2020), Rz. 1144 und 1147. Die genannten Regelungen sind ab dem 1.1.2020 durch die ATAD in allen EU-Staaten verpflichtend einzuführen, so dass für alle Mitgliedsstaaten ein strengerer Maßstab angelegt wird. Für den Untersuchungszeitraum von 1999–2018 bestand jedoch noch keine Verpflichtung.

6 Die Bereitstellung der Mikrodatenbank Direktinvestitionen (1999–2018) mit der DOI 10.12757/BBk.MiDi.9918.06.07 erfolgte durch das Forschungsdaten- und Servicezentrum (FDSZ) der Deutschen Bundesbank. Weitere Dateninformationen können bei *Blank/Lipponer/Schild/Scholz* (2020), Microdatabase Direct Investment (MiDi) – A full survey of German inward and outward investment, German Economic Review, 21(3), S. 273–311 nachgelesen werden. Die Projektnummer lautet 2017_0118. Im Rahmen von Gastforscheraufenthalten bei der Bundesbank in Frankfurt am Main sowie mittels kontrollierter Datenfernverarbeitung erfolgte die Datenauswertung im Zeitraum von 2017 bis 2021. Quelle zusätzlich verwendeter externer Daten: Steuersätze: EY, KPMG, taxfoundation.org sowie *Mintz/Weichenrieder* (2010); Landesspezifische Kontrollvariablen: Weltbank Daten.

multinationaler Unternehmen gewertet werden. In Abschnitt 6 werden die Ergebnisse zusammengefasst und diskutiert.

2 Empirische Evidenz zu Steuervermeidung multinationaler Unternehmen

2.1 Stand der Forschung

Die Unternehmensbesteuerung kann sowohl einen Einfluss auf die Standortwahl haben als auch Anreize zu Gewinnverlagerung von Hoch- in Niedrigsteuerländer auslösen. Einen umfangreichen Überblick bieten die Metastudien von *Heckemeyer/Overesch* sowie *Beer/de Mooij/Liu*.[7] Es wird dargelegt, dass die Ergebnisse einer hohen Varianz unterliegen. Um die Resultate unterschiedlicher Studien zu multinationaler Gewinnverlagerung zu vergleichen, wird die Semi-Elastizität berechnet. Diese gibt an, wie die Profitabilität bezogen auf den Mittelwert reagiert, wenn sich das Steuersatzdifferenzial um einen Prozentpunkt ändert.[8] In der Studie von *Heckemeyer/Overesch* wird anhand von 27 Studien, die zwischen den Jahren 1994 und 2014 erschienenen sind, eine Konsens-Semi-Elastizität von 0,8 ermittelt. Somit reagieren multinationale Unternehmen mit durchschnittlich 0,8 % deklariertem Gewinn, wenn sich das Steuersatzdifferenzial um einen Prozentpunkt ändert. Die Metastudie von *Beer/de Mooij/Liu* fasst den Forschungsstand zu multinationaler Gewinnverlagerung anhand 37 wissenschaftlicher Studien zusammen, die im Zeitraum vom 1994 bis 2017 veröffentlicht wurden. Die durchschnittliche Semi-Elastizität liegt mit 1,0 oberhalb von *Heckemeyer/Overesch*, was auf die Inklusion zusätzlicher Studien, die Aufnahme weiterer Kontrollvariablen sowie veränderte Schätzmethoden zurückzuführen ist.[9] Beide Metastudien zeigen, dass die Gewinnverlagerungshypothese zwar überwiegend bestätigt werden kann, das Ausmaß aber einer hohen Varianz unterliegt. Deutliche quantitative Unterschiede bestehen insbesondere zwischen makro- und mikroökonometrischen Studien, da letztere auf eine geringere Steuersensitivität multinationaler Gewinne hindeuten. Neben der variierenden Spezifikation von Schätzgleichungen, Datensätzen und Zeiträumen können regionale Differenzen bestehen. Zudem ist die Besteuerung in der Regel so komplex, dass auch Steuerexperten nicht immer in der Lage sind, alle Regelungen vollumfänglich zu berücksichtigen.[10] Im Folgenden werden einige Studien aufgrund der thematischen Nähe zur vorliegenden Untersuchung gesondert hervorgeben.

Anhand der Mikrodatenbank Direktinvestitionen (MiDi) wird gezeigt, dass jedes fünfte deutsche Mutterunternehmen mindestens eine Tochtergesellschaft in einem Land besitzt, welches als Steueroase definiert ist. Diese Tatsache ist im Vergleich zu den Ergebnissen für US-Unternehmen deutlich geringer, im Vergleich zu österreichischen multinationalen Unternehmen jedoch höher.[11]

---

7 Vgl. *Heckemeyer/Overesch* (2017); *Beer/de Mooij/Liu* (2020).
8 Vgl. *Heckemeyer/Overesch* (2017), S. 969:

$$\text{Semi-Elastizität} = \frac{\frac{\Delta \text{ Steuersatzdifferenzial}}{\text{Durchschnittliche Profitabilität}}}{\Delta \text{ Steuersatzdifferenzial}}$$

9 Vgl. *Beer/de Mooij/Liu* (2020), S. 675.
10 Vgl. *Treisch* (2019), S. 210 f.
11 Vgl. *Gumpert/Hines/Schnitzer* (2016), S. 713 und *Herbst/Niemann/Rünger* (2017), S. 439.

In einer der ältesten und bekanntesten Studien aus dem Jahr 1994 wird gezeigt, dass der auf Länderebene aggregierte Vorsteuergewinn negativ mit dem Steuersatz korreliert.[12] Während diese Schätzung einerseits auf die auf Länderebene aggregierten Daten Bezug nimmt und andererseits nur das Jahr 1982 betrifft, verwenden spätere Studien vorwiegend Panel-Datensätze und Einzelabschlüsse von Tochtergesellschaften multinationaler Unternehmen. Für die grundlegende empirische Spezifikation wird regelmäßig auf den Ansatz von *Hines/Rice* zurückgegriffen und um Kontrollvariablen auf Ebene der individuellen Tochtergesellschaft erweitert.

Fuest/Hugger/Neumeier nutzen die von der deutschen Finanzverwaltung seit 2016 erhobenen Daten im Rahmen des Country-by-Country Reporting (CbCR). Diese Daten weisen für große multinationale Unternehmen die Umsätze, Mitarbeiterzahlen sowie Gewinne und Steuerzahlungen für jedes Land aggregiert aus. Insgesamt werden 9 % der globalen Gewinne in Steueroasen deklariert. Davon entfallen 87 % auf europäische Steueroasen.[13] Die geschätzte Semi-Elastizität der Vorsteuergewinne beträgt 0,5.[14]

Weichenrieder verwendet die Mikrodatenbank Direktinvestitionen der Deutschen Bundesbank für die Jahre 1996 bis 2003 und führt eine mikroökonometrische Studie auf Basis von Einzelabschlüssen durch. Als abhängige Variable dient die Gesamtkapitalrendite.[15] In der Studie wird, wie im vorliegenden Aufsatz, zwischen einem Inboundsample ausländischer multinationaler Unternehmen mit Tochtergesellschaften in Deutschland sowie einem Outboundsample mit ausländischen Tochtergesellschaften deutscher Konzerne unterschieden. Der Effekt der Steuersatzdifferenz auf die Gesamtkapitalrendite ist im Inboundsample stärker ausgeprägt als im Outboundsample.[16] *Godar* untersucht das Inboundsample der Mikrodatenbank Direktinvestitionen von 1999 bis 2017 mit einem vergleichbaren Ansatz wie *Weichenrieder*. Anstatt der Profitabilität, gemessen als Gesamtkapitalrendite, wird der logarithmierte Nachsteuergewinn geschätzt.[17] Im Ergebnis wird in allen Spezifikationen eine signifikante Korrelation zwischen dem Steuersatz des ausländischen Investors und dem inländischen Nachsteuergewinn gemessen, was konsistent mit der Gewinnverlagerungshypothese ist.[18] Die Effekte sind, gemessen an der Semi-Elastizität, mit 3,6 deutlich höher als die Konsens-Schätzung aus der Literatur. Eine Kritik an diesem Vorgehen erfolgt im nächsten Abschnitt, da Godar nicht berücksichtigt, dass indirekte Beteiligungen aufgrund von Organschaften für diese Analyse nicht geeignet sind.

2.2 Einordnung des Beitrags in die bestehende Literatur

Im vorliegenden Aufsatz wird der MiDi-Datensatz von 1999 bis 2018 untersucht, um

(i) Gewinnverlagerung von ausländischen Unternehmen in Deutschland (Inboundsample) und

(iI) Gewinnverlagerung von deutschen Unternehmen im Ausland (Outboundsample)

---

12 Vgl. *Hines/Rice* (1994), S. 167 f.
13 Vgl. *Fuest/Hugger/Neumeier* (2022), S. 459.
14 Vgl. *Fuest/Hugger/Neumeier* (2022), S. 462.
15 Die Gesamtkapitalrendite ist definiert als der Quotient aus handelsrechtlichem Jahresüberschuss nach Steuern und der Bilanzsumme.
16 Vgl. *Weichenrieder* (2009).
17 Vgl. *Godar* (2021), S. 359.
18 Vgl. *Godar* (2021), S. 361 ff. Zum Verständnis der Korrelationsmessung vgl. Abschnitt 3.

zu messen. Für das Outboundsample erfolgt zusätzlich eine deskriptive Analyse der Tochtergesellschaften in Steueroasen. Es handelt sich um eine mikroökonometrische Studie, die auf Grundlage handelsbilanzieller Einzelabschlüsse die Gewinnverlagerung multinationaler Unternehmen schätzt. Im Gegensatz zu vergleichbaren Studien wird eine sehr breite Datengrundlage verwendet. Bei der Mikrodatenbank Direktinvestitionen handelt es sich annähernd um eine Vollerhebung ausländischer Direktinvestitionen in Deutschland und deutscher Direktinvestitionen im Ausland. Damit werden die Ergebnisse von *Weichenrieder* und *Godar* für einen längeren Zeitraum untersucht sowie um zusätzliche Analysen und Variablen erweitert. Hierbei konnten die Ergebnisse von *Weichenrieder* bei einem längeren Untersuchungszeitraum nur im Outboundsample bestätigt werden. Die signifikanten Ergebnisse von *Godar* für das Inboundsample sind nicht aussagekräftig, da das im Datensatz quantitativ wichtige Auftreten von Organgesellschaften nicht berücksichtigt wurde und diese Beobachtungen die Ergebnisse verzerren. Auf diesen Umstand hatte *Weichenrieder* bereits hingewiesen.[19] Im Vergleich zum aktuellen Beitrag von *Fuest/Hugger/Neumeier* werden zusätzlich kleinere Unternehmen betrachtet. Der hier verwendete Datensatz ist detailreicher, so dass steuerliche Besonderheiten berücksichtigt werden wie der Ausschluss von Tochtergesellschaften, die einem steuerliches Sonderregime unterliegen (z. B. Holdings, Immobiliengesellschaften).[20] Im folgenden Abschnitt werden anhand des Modells von *Weichenrieder* die Hypothesen formuliert.

3 Datensatz und Hypothesen

3.1 *Datensatzbeschreibung und Vorüberlegungen*

Das Gewinnoptimierungsproblem multinationaler Unternehmen unter Berücksichtigung von Steuersatzdifferenzen wurde von *Hines/Rice* erstmals formal beschrieben.[21] Für die vorliegende empirische Untersuchung wird die Mikrodatenbank Direktinvestitionen der Deutschen Bundesbank (1999–2018) verwendet.[22] Dieser nicht-kommerzielle, vertrauliche Datensatz enthält Mikrodaten zu Direktinvestitionen, die seit 1976 auf Grundlage der Außenwirtschaftsverordnung erhoben werden. In diesem Beitrag wird der für externe Wissenschaftler zugängliche Zeitraum von 1999 bis 2018 untersucht.[23] Ausländische Konzerne mit inländischen Tochtergesellschaften (Inboundsample) und deutsche Konzerne mit ausländischen Tochtergesellschaften (Outboundsample) sind aufgrund der §§ 64, 65 AWV verpflichtet, über ihre Aktivitäten im In- bzw. Ausland zu berichten, wenn grundlegende Größenanforderungen erfüllt sind. Dazu zählt unter anderem eine Bilanzsumme größer als 3 Mio. €.[24] Da die Schwellenwerte für die Berichtspflicht vergleichsweise gering sind, handelt es sich um eine annähernd vollständige Erhebung aller mittelgroßen und großen Toch-

---

19 Vgl. *Weichenrieder* (2009), S. 292, Fn. 13.
20 Die Berücksichtigung steuerlicher Besonderheiten ist essenziell, um aussagefähige empirische Ergebnisse zu erzielen. Vgl. dazu *Huber/Maiterth* (2020), die zeigen, dass die Studie von *Janský* (2019) verzerrte Ergebnisse darstellt, da die Spezifika des deutschen Steuerrechts nicht beachtet wurden.
21 Vgl. *Hines/Rice* (1994), S. 160 f.
22 Vgl. *Blank/Lipponer/Schild/Scholz* (2020); *Friederich/Schild/Scholz/Schumacher* (2020).
23 Vgl. *Blank/Lipponer/Schild/Scholz* (2020), S. 274. Die relevanten Daten werden von einer Fachstelle innerhalb der Bundesbank gesammelt und verwaltet. Eine weitere Abteilung stellt die Daten für externe Wissenschaftler bereit und fungiert als Schnittstelle zwischen Datenverwaltung und -auswertung (Forschungsdaten- und Servicezentrum, FDSZ).
24 Vgl. *Friederich/Schild/Scholz/Schumacher* (2020), S. 5 ff.

terunternehmen sowohl privater als auch börsennotierter multinationaler Konzernunternehmen.[25] Die gemeldeten Daten bestehen aus Basisinformationen über die jeweilige Muttergesellschaft des Tochterunternehmens wie beispielsweise das Herkunftsland und die Beteiligungsquote. Die Tochterunternehmen müssen detaillierte Bilanzposten sowie ausgewählte Posten der Gewinn- und Verlustrechnung wie den Umsatz und den Gewinn nach Steuern ausweisen. Zudem ist die Anzahl der Mitarbeiter anzugeben.[26] Die MiDi-Datenbank hat gegenüber kommerziellen Datenbanken wie beispielsweise Amadeus, Orbis oder Compustat den Vorteil, dass sie eine primäre Datenquelle darstellt. Durch die behördliche Verwaltung der Bundesbank wird eine professionelle und hohe Datenqualität sichergestellt.[27] In dieser Datenbank werden neben großen und börsennotierten Unternehmen auch private und mittelgroße Unternehmen jeweils mit identischem Detaillierungsgrad erfasst. Aufgrund der Quasi-Vollerhebung können die Schlussfolgerungen aus einer breiten Datenbasis gezogen werden.[28] Die Datenaufbereitung erfolgt ähnlich zu *Weichenrieder* sowie *Gumpert/Hines/Schnitzer*.[29] Trotz der Einschränkung, dass die Daten keinen Vorsteuergewinn enthalten, kann das von *Weichenrieder* entwickelte Modell zum Testen der Gewinnverlagerungshypothese verwendet werden.[30] Im Folgenden wird das Modell in Ausschnitten erläutert, für eine vollständige analytische Herleitung sei auf die Ursprungspublikation verwiesen.

Betrachtet wird ein multinationales Unternehmen mit einer Muttergesellschaft im Heimatland h und einer Tochtergesellschaft in einem Fremdland f. Das Heimatland

---

25 Vgl. *Blank/Lipponer/Schild/Scholz* (2020), S. 279 f.
26 Vgl. *Friederich/Schild/Scholz/Schumacher* (2020), S. 13 ff.
27 Vgl. *Blank/Lipponer/Schild/Scholz* (2020), S. 289 f.
28 Die Tochterunternehmen großer multinationaler Konzerne sind verglichen mit amtlichen Daten nur zu 35 % in der Datenbank „Orbis" enthalten. Dies gilt insbesondere für kleine, steuerattraktive Länder außerhalb der EU, da dort nur geringe Anforderungen an die Offenlegung gestellt werden, vgl. *Fuest/Hugger/Neumeier* (2022). Zu einem ähnlichen Schluss kommen auch *Tørsløv/Wier/Zucman* (2020), S. 6 ff. bei Verwendung eines makroökonometrischen Ansatzes.
29 Der Datensatz wird zunächst um geänderte Anforderungen an die Berichterstattung bereinigt, da vor 2002 Unternehmen mit einer Bilanzsumme von mehr als 0,5 Mio. € bereits berichtspflichtig waren und dieser Schwellenwert ab 2002 auf 3,0 Mio. € angehoben wurde, vgl. *Blank/Lipponer/Schild/Scholz* (2020), S. 29 f. Dadurch entfällt für die Jahre ab 2002 die Berichtspflicht für kleinere Unternehmen, weshalb diese aus dem Sample herausgenommen wurden. Daneben werden die Sektoren der Tochterunternehmen aufgrund spezieller Rechnungslegungsmethoden oder steuerlicher Sondervorschriften eingeschränkt. Dazu zählen beispielsweise Banken, Finanzdienstleister und Versicherungen sowie Holdings und Staatsunternehmen. Im Hauptmodell wurden, in Übereinstimmung mit *Weichenrieder*, Tochterunternehmen nicht berücksichtigt, wenn sie im Durchschnitt über alle Jahre Verluste erleiden. Hier ist fraglich, ob Steuervermeidung ausschlaggebend für diese dauerhaften Verluste sein kann, da die Finanzbehörde in solchen Fällen genau prüft und im Zweifelsfall Liebhaberei annehmen kann (H 15.3 EStH). Da nicht für alle Länder in allen Jahren Steuerdaten und Kontrollvariablen verfügbar waren, hat dies die Anzahl der Beobachtungen verringert. Insgesamt unterscheidet der MiDi-Datensatz 254 unterschiedliche Länder. Darunter sind kleine Inselstaaten oder Territorien, die in dieser Form heute nicht mehr existieren. Soweit für diese Länderkodierungen keine Steuervariablen in mindestens drei Zeitpunkten vorhanden sind, werden diese nicht in die Analyse einbezogen. Dadurch wird der Datensatz um 38 Territorien auf 216 verkleinert. Die Anzahl der in einem Jahr verfügbaren Steuersätze schwankt zwischen 147 im Jahr 1999 und 215 in den Jahren 2017 und 2018. Eine exakte Darstellung der Beobachtungen, die aufgrund der einzelnen Bereinigungsschritte herausgefallen sind, ist aufgrund der Datenschutzbestimmungen der Bundesbank nicht möglich.
30 Vgl. *Weichenrieder* (2009), S. 284–288.

der Tochtergesellschaft wendet eine Freistellung für Dividenden an. Die Gewinnfunktion beschreibt den *Netto*-Gewinn π_{total} dieses multinationalen Unternehmens.

$$\pi_{total} = (1-\lambda)(1-t_f)\underbrace{[P_f - S - C_f(S, \lambda)]}_{\pi_f,\ \text{deklarierter Vorsteuergewinn im Ausland}} + (1-t_h)\underbrace{[P_h + S - C_h(S)]}_{\pi_h,\ \text{deklarierter Vorsteuergewinn im Inland}} \quad (1)$$

Der tatsächliche Vorsteuergewinn vor Gewinnverlagerung ist P_f (in der Tochtergesellschaft im Fremdland) und P_h (im Heimatland), während der deklarierte Gewinn durch die Höhe des verlagerten Einkommens S bestimmt wird. Per Definition wird das Einkommen in das Heimatland h verlagert, wenn S > 0 und in die fremdländische Tochtergesellschaft f, wenn S < 0. Sind die Steuersätze im Heimat- und Fremdland gleich hoch, wird in beiden Ländern der tatsächliche, auf Basis der Produktionsfaktoren erwirtschaftete, Gewinn P_h und P_f deklariert. Die durch die Gewinnverlagerung entstehenden Kosten C trägt diejenige Gesellschaft, aus welcher der Gewinn herausverlagert wird.[31] Zu den Kosten der Gewinnverlagerung zählen beispielsweise Beratungs- und Verwaltungskosten, realökonomisch ineffizienter innerbetrieblicher Handel sowie ein höherer Verschuldungsgrad.[32] Seit der Aufdeckung von Steuerskandalen nach der Finanzkrise kommen dazu potenzielle Reputationskosten.[33] Daneben könnten Miteigentümer Widerstand leisten, wenn nur der Mehrheitsgesellschafter von Gewinnverlagerung aus dem gemeinsamen Unternehmen profitiert (Prozesskosten). In der Literatur wird angenommen, dass die Kostenfunktion konvex ist, so dass die Kosten überproportional zum verlagerten Gewinn steigen.[34] Die Höhe der Steuervermeidungskosten kann zwischen Unternehmen und Branchen variieren, wodurch sich unterschiedliche Optima ergeben.[35] Empirisch wird dies durch Hinzunahme von branchen-, mutter-, oder tochterunternehmensfixen Effekten berücksichtigt.[36]

Sofern eine fremdländische Tochtergesellschaft Miteigentümer oder Minderheitsgesellschafter hat, muss der ausgewiesene Reingewinn mit dem Bruchteil λ geteilt werden. Miteigentümer können zu unterschiedlichen Anreizen führen.[37] Unter dem Gesichtspunkt der Steuerplanung sind Tochtergesellschaften multinationaler Unternehmen im Eigenbesitz, wenn sie von internationalen Steuervermeidungsstrategien profitieren.[38] Wenn die Tochtergesellschaft höher besteuert wird als das Mutterunternehmen ($t_f > t_h$), führt dies bei Optimierung des Nettogewinns zu einer Verschiebung der Steuerbemessungsgrundlage in das Heimatland. Sofern es Miteigentümer gibt, erhöht Gewinnverlagerung den finanziellen Nutzen, da der Gewinn nicht mit Minderheitsgesellschaftern geteilt werden muss ((i), direkter Effekt). Andererseits könnten Minderheitsgesellschafter Widerstand leisten, wenn der Mehrheitsgesellschafter Gewinne aus einer im Miteigentum stehenden Tochtergesellschaften herausverlagert. Dies spiegelt sich in erhöhten Kosten der Steuervermeidung wider ((ii), indirekter Effekt). Analytisch lässt sich nicht eindeutig herleiten, welchen Einfluss

---

31 Vgl. *Hines/Rice* (1994), S. 159. Somit ist $C_f = 0$, wenn $t_h = > t_f$ und $C_h = 0$, wenn $t_h = < t_f$.
32 Vgl. *Huizinga/Laeven/Nicodème* (2008), S. 94.
33 Vgl. *Graham/Hanlon/Shevlin/Shroff* (2014), S. 1002.
34 Vgl. *Graham/Hanlon/Shevlin/Shroff* (2014); *Hines/Rice* (1994), S. 159; *Huizinga/Laeven* (2008), S. 94; *Weichenrieder* (2009), S. 285; *De Simone/Klassen/Seidman* (2017), S. 118.
35 Vgl. *Gumpert/Hines/Schnitzer* (2016), S. 717.
36 Vgl. *Beer/de Mooij/Liu* (2020), S. 669.
37 Für eine weitergehende Diskussion vgl. beispielsweise *Gabrielsen/Schjelderup* (1999), *Edwards/Weichenrieder* (2004) sowie *Raff* (2009).
38 Vgl. *Desai/Foley/Hines* (2004), S. 341.

Miteigentümer auf den verlagerten Gewinn haben, wenn der Steuersatz im Heimatland niedriger ist.[39]

Wenn andererseits die Muttergesellschaft höher besteuert wird als die Tochtergesellschaft $(t_f < t_h)$, besteht ein Anreiz zur Gewinnverlagerung in die Tochtergesellschaft. Zwar sind die Kosten der Gewinnverlagerung keine Funktion der Eigentümerstruktur, jedoch muss der verlagerte Gewinn mit Minderheitsgesellschaftern geteilt werden. Der Steuervorteil ist mit dem Nachteil der Aufteilung dieser zusätzlichen Gewinne abzuwiegen. Daher wird angenommen, dass eine steuerlich induzierte Gewinnverlagerung in Tochtergesellschaften bei vollständigem Besitz ausgeprägter ist als bei solchen, die im Miteigentum von Minderheitsaktionären stehen.[40] Diese Überlegung wird bei der Hypothesenentwicklung im Outboundsample verwendet.

3.2 Hypothesenentwicklung Inboundsample

Das Inboundsample besteht aus inländischen Tochterunternehmen ausländischer multinationaler Konzerne. Es können zwei Fälle unterschieden werden. Wenn der inländische Steuersatz *höher* als im Ausland ist, wird grundsätzlich Gewinn aus Deutschland herausverlagert:

Eine Erhöhung des ausländischen Steuersatzes führt zu weniger Gewinnverlagerung ins Ausland. Dadurch steigt die Rendite der deutschen Tochtergesellschaft. Umgekehrt wird erwartet, dass verringerte Steuersätze im Ausland zu einer niedrigeren inländischen Profitabilität führen, da dann mehr Gewinn ins Ausland verlagert wird.[41]

Wenn der Steuersatz im Inland hingegen *niedriger* ist als im Ausland, wird Gewinn nach Deutschland hineinverlagert:

Eine Erhöhung des ausländischen Steuersatzes führt zu mehr Gewinnverlagerung ins Inland. Dadurch steigt die Rendite der deutschen Tochtergesellschaft.[42]

In beiden Fällen (Anreiz zu Gewinnverlagerung ins Inland/Ausland) entsteht eine *positive* Korrelation zwischen ausländischem Steuersatz und inländischer Rendite.

Für das Inboundsample resultiert daraus die folgende gerichtete, in ihrer alternativen Form formulierte, Hypothese:

H1: *Die Nachsteuerrendite einer inländischen Tochtergesellschaft korreliert positiv mit dem gesetzlichen Unternehmenssteuersatz ihres ausländischen Konzerns.*

---

39 Vgl. *Weichenrieder* (2009), S. 285.
40 Vgl. *Desai/Foley/Hines* (2004), S. 341; *Weichenrieder* (2009), S. 287.
41 Dies wird mit folgendem Beispiel verdeutlicht: Im Jahr 2018 beträgt der irische Steuersatz 12,5 %, der deutsche Steuersatz liegt bei 30 %. Eine irische Konzernmutter mit deutschem Tochterunternehmen wird versuchen, den Gewinn der deutschen Tochtergesellschaft gering zu halten und diesen stattdessen in Irland auszuweisen. Die Steuerersparnis ist gegenüber den Kosten der Gewinnverlagerung abzuwägen. Wenn die Verteilung des Gewinns zwischen Deutschland und Irland optimal ist und anschließend der irische Steuersatz erhöht wird, ist die Gewinnverlagerung nach Irland weniger vorteilhaft. Eine Steuersatzerhöhung in Irland führt dazu, dass weniger Gewinn aus Deutschland herausverlagert wird.
42 In diesem Fall senken Miteigentümer den Anreiz zur Gewinnverlagerung. Da das Ergebnis nicht signifikant war und es sich um eine relativ kleine Stichprobe handelt, wird dieser Fall nur im Rahmen der Sensitivitätsanalyse mitgeprüft und keine formale Hypothese formuliert.

Die Wirkung der deutschen Steuerbelastung wird aufgrund jahresfixer Effekte im Hauptmodell eliminiert, Profitabilitätsniveauunterschiede individueller Gesellschaften werden durch tochterunternehmensfixe Effekte herausgefiltert.

3.3 Hypothesenentwicklung Outboundsample

Das Outboundsample besteht aus den ausländischen Tochtergesellschaften deutscher Konzerne. Eine Änderung des gesetzlichen Unternehmenssteuersatzes im Ausland hat daher einen *mechanischen* Einfluss auf die Nachsteuerrendite dieser Tochtergesellschaften. Wird der ausländische Steuersatz erhöht, sinkt bei konstantem ausländischem Vorsteuergewinn der ausländische Nachsteuergewinn. Eine unmittelbare Korrelationsmessung von Steuersatz und Rendite scheidet somit aus.

Stattdessen wird eine indirekte Identifikationsstrategie mit der Eigentümervariablen verwendet. Soweit ein Anreiz zur Gewinnverlagerung von der ausländischen Tochtergesellschaft ins Inland besteht $(t_f > t_h)$, lässt sich aus der Eigentümervariable kein eindeutiger Schluss in Bezug auf den Anreiz zu Gewinnverlagerung deduzieren (Abschnitt 3.1). Die Teilstichprobe mit Anreiz zu Gewinnverlagerung in Richtung des Inlands kann aufgrund der Datensatzstruktur nicht untersucht werden.

Sofern hingegen ein Anreiz zur Gewinnverlagerung von Deutschland in die ausländische Tochtergesellschaft besteht $(t_f < t_h)$, ist Gewinnverlagerung in diese ausländische Tochtergesellschaft finanziell weniger vorteilhaft, wenn der Gewinn mit Minderheitsgesellschaftern geteilt werden muss. Die Kapitalrendite der im Alleineigentum stehenden ausländischen Tochterunternehmen wird stärker auf eine ausländische Steuersatzänderung reagieren. Neben der mechanischen Änderung ist eine zusätzliche Reaktion der Nachsteuerkapitalrendite aufgrund von Gewinnverlagerung zu erwarten. Dies wird im Regressionsmodell durch die Interaktion von Steuersatz*100%Besitz gemessen (Bezeichnung: „Steuersatz*100%"). Der Interaktionsterm nimmt bei ausländischen Tochtergesellschaften im vollständigen Besitz den Steuersatz an und 0 sonst. Soweit im Alleineigentum stehende Tochterunternehmen per se keine systematisch abweichende Rendite im Vergleich zu Joint Ventures haben und der Steuersatz im Ausland niedriger ist, lässt sich die folgende gerichtete Hypothese in ihrer alternativen Form aufstellen:

H2: *Die Nachsteuerrendite einer im Alleineigentum stehenden ausländischen Tochtergesellschaft eines deutschen Konzerns korreliert stärker negativ mit dem gesetzlichen ausländischen Unternehmenssteuersatz als die Nachsteuerrendite eines Joint Ventures.*

Neben dem Nachsteuergewinn ist in Verlustfällen der Verlust sowie der Verlustvortrag in der Datenbank vorhanden. Diese werden genutzt, um das Vorsteuerergebnis zu approximieren.[43] Damit kann die Gewinnverlagerungshypothese direkt getestet werden. Hypothese 3 lautet in ihrer alternativen Form:

---

43 Dieses Vorgehen kann das Vorsteuerergebnis nur näherungsweise bestimmen, da Bemessungsgrundlageneffekte sowie die zweistufige Berechnung des zu versteuernden Einkommens unberücksichtigt bleiben. Das Vorsteuerergebnis wird ermittelt, indem das Nachsteuerergebnis durch (1-Steuersatz) geteilt wird. Sofern ein Verlust erzielt wird oder ein Verlustvortrag besteht, entspricht das Vorsteuerergebnis per Annahme dem Nachsteuerergebnis.

H3: *Die Vorsteuerrendite einer ausländischen Tochtergesellschaft eines deutschen Konzerns korreliert negativ mit dem gesetzlichen ausländischen Unternehmenssteuersatz.*

4 Inboundsample: Deutsche Tochterunternehmen ausländischer Investoren

4.1 Daten und Methodik Inboundsample

4.1.1 Datenaufbereitung Inboundsample

Das Inboundsample besteht aus deutschen Tochterunternehmen ausländischer Investoren. Hierbei ist grundlegend zwischen direkten und indirekten Investitionsbeziehungen zu unterscheiden. Ein Tochterunternehmen in Deutschland wird *direkt* gehalten, wenn sich der nächste Investor in der Investitionskette im Ausland befindet. Unternehmen werden als *indirekt* klassifiziert, wenn zwar der unmittelbare Investor ein Inländer ist, dieser aber durch einen ausländischen Mehrheitsgesellschafter beherrscht wird. Für die folgende Analyse werden nur als direkt klassifizierte Beobachtungen für die Analyse verwendet, da bei den indirekten Beteiligungen 70 % der Beobachtungen einen Gewinn von genau 0 aufweisen. Dies deutet auf Organgesellschaften hin.[44] Der Gewinn von Organgesellschaften lässt sich nicht anhand der Produktionsfaktoren erklären und scheidet daher für die Korrelationsanalyse aus. Bei den direkten Beteiligungen könnten Beobachtungen enthalten sein, die als Holding für indirekte Beteiligungen fungieren und selbst keine oder eine geringfügige operative Tätigkeit ausführen. In diesem Fall wäre die Nachsteuerrendite höher, weil Dividendenerträge aufgrund des § 8b KStG im Wesentlichen steuerfrei bleiben. Bei der Datenbereinigung werden reine Holdings ausgeschlossen und in der empirischen Analyse wird für Finanzanlagevermögen kontrolliert.[45]

Es werden ausschließlich Kapitalgesellschaften betrachtet, um Verzerrungen aufgrund der unterschiedlichen Besteuerung von Kapital- und Personengesellschaften zu vermeiden. Bei der Erstellung des Paneldatensatz wurde im Falle mehrerer Miteigentümer jeweils nur die Beobachtung mit dem größten Investor beibehalten, da der Steuersatz dieses Investors den maßgeblichen Einfluss auf die Rendite der Tochtergesellschaft haben müsste, sofern Gewinne verlagert werden.[46] Das vollständige Inboundsample umfasst 61.837 direkte Beteiligungen im Zeitraum von 1999 bis 2018 (20 Jahre).

---

44 Vgl. dazu *Wobbe* (2019), S. 1206, Rz. 210. Abweichungen können sich lediglich in Sonderfällen ergeben, wie beispielsweise einer nicht vollständig dotierten gesetzlichen Rücklage, vorvertraglicher Verlustvorträge oder im Falle nicht werthaltiger Ansprüche auf Verlustübernahme, vgl. *Schmidt/Kliem* (2020), § 275, Rz. 262.
45 Damit werden gleichzeitig Verzerrungen aufgrund von Organträgerschaft eliminiert. Sowohl im Falle steuerfreier Dividenden als auch bei Organschaften müsste Finanzanlagevermögen vorliegen. Es wird daher eine Indikatorvariable verwendet, welche 1 ist, falls Finanzanlagevermögen existiert und 0 sonst.
46 Vgl. *Weichenrieder* (2009), S. 292, Fn. 13.

4.1.2 Methodik Inboundsample

In empirischen Studien zu Gewinnverlagerung wird geprüft, ob Vorsteuergewinne oder Vorsteuerrenditen mit Steuersätzen korrelieren. Der Vorsteuergewinn oder die Kapitalrendite vor Steuern lässt sich annahmegemäß durch eine Funktion tochterunternehmensbezogener Kontrollvariablen in Anlehnung an eine Cobb-Douglas Produktionsfunktion erklären.[47] Sofern der Steuersatz in Land i einen signifikanten Einfluss auf die Vorsteuerrendite oder die Vorsteuergewinne eines Unternehmens in Land i hat, wird dies als Indiz für Gewinnverlagerung gewertet. Dieser Ansatz wird in veränderter Form auf die Besonderheiten des Datensatzes angepasst, da in der MiDi die Nachsteuergewinne ausgewiesen sind. Im Inboundsample wird der Steuersatz der ausländischen Muttergesellschaft als erklärende Variable verwendet, um damit steuersatzinduzierte bidirektionale Gewinnverlagerung zwischen dem ausländischen Konzern und der inländischen Tochtergesellschaft zu messen.

Es wird eine Paneldatenregression mit fixen Effekten auf Ebene der Tochterunternehmen und der Jahre durchgeführt. Für die Analyse des Inboundsamples mit der Hypothese H_1 lautet die Regressionsgleichung wie folgt, wobei γ_t jahresfixe Effekte und δ_k tochterunternehmensfixe Effekte darstellen.

$$KR_{k,t} = \beta_0 + \beta_1 \cdot \text{Steuersatz}_{i,t} + \beta_n \cdot \text{Firmenkontrollvariablen}_{k,t} + \gamma_t + \delta_k + \varepsilon_{k,i,t} \qquad (2)$$

Die erklärende Variable ist der Steuersatz des ausländischen Investors in Land i zum Zeitpunkt t.[48] Dieser müsste signifikant positiv sein, sofern die Gewinnverlagerungshypothese zutreffen sollte. Dann würde c. p. die Kapitalrendite KR eines deutschen Tochterunternehmens positiv mit dem Steuersatz der ausländischen Konzernmutter korrelieren.

Als Approximation für den Arbeitseinsatz wird die Anzahl der Beschäftigten verwendet („Beschäftigung"). Das Kapital wird durch die Summe aus Sachanlagevermögen und immateriellen Vermögensgegenständen abgebildet („Anlagevermögen"). Im Inboundsample ist eine Kontrolle für das landesspezifische Effizienzniveau nicht notwendig, da sich alle Tochtergesellschaften in Deutschland befinden und dieser Einflussfaktor daher für alle Beobachtungen invariant ist.[49] Analog zu *Weichenrieder* wird die Schätzgleichung um die Umsätze sowie die Fremdkapitalquote (W_FKQ) ergänzt. Aufgrund der Verwendung der Kapitalrendite anstatt logarithmierter Gewinne werden Verlustjahre beibehalten.[50] Eine Indikatorvariable „Verlust" kontrolliert, ob in einem Jahr ein Verlust erzielt wurde. Daneben werden aufgrund der Nachsteuerergebnisse Verlustvorträge berücksichtigt, da diese die laufende Steuerbelastung verringern. Es wird ein positiver Einfluss auf die Kapitalrendite erwartet. Dies wird wie beim Verlust über eine Indikatorvariable operationalisiert.

Aufgrund von steuerfreien Dividenden könnte die Nachsteuerkapitalrendite von Unternehmen mit Finanzanlagevermögen systematisch höher sein. Es wird eine Indikatorvariable gebildet, welche 1 ist für Unternehmen mit Finanzanlagevermögen und 0 sonst. Da die Eigentümervariable im Outboundsample eine wichtige Rolle spielt, wird im Inboundsample mitgeprüft, ob diese einen systematischen Einfluss

---

47 Vgl. *Cobb/Douglas* (1928); *Hines/Rice* (1994), S. 160 f.
48 Anstelle der häufig in der Literatur verwendeten Steuersatzdifferenz wird hier der Steuersatz verwendet, da alle Investitionsbeziehungen im Verhältnis zu Deutschland bestehen und durch jahresfixe Effekte die Differenzenbildung nicht notwendig ist.
49 Bei Hinzunahme zeitfixer Effekte wird diese Variable automatisch entfernt.
50 Auch Verlustgesellschaften können eine wichtige Rolle bei der Gewinnverlagerung spielen, vgl. *De Simone/Klassen/Seidman* (2017).

auf die Kapitalrendite hat. Die Indikatorvariable „100%Besitz" ist 1, wenn das Tochterunternehmen im vollständigen Besitz der Muttergesellschaft ist und 0 sonst. Es wird kein bestimmter Einfluss erwartet.

4.2 Deskriptive Statistik Inboundsample

Die durchschnittliche Rentabilität nach Steuern im Inboundsample beträgt 5,9 %. Der durchschnittliche Steuersatz beträgt rund 29 %. Die Kontrollvariablen auf Ebene der Tochtergesellschaft (Anlagevermögen, Umsatz, Beschäftigung) werden in der Einheit von 1.000 € dargestellt, während sie in logarithmierter Form in die Regressionsanalyse eingehen.[51] Der Mittelwert von Umsatz, Beschäftigung und Anlagevermögen liegt jeweils deutlich oberhalb des Medians. In der Stichprobe sind 69 % der Beobachtungen im vollständigen Besitz der Muttergesellschaft, 14 % erleiden einen Verlust und 20 % bilanzieren einen Verlustvortrag. Von der Gesamtzahl der Beobachtungen besitzen 20 % eine Konzernmutter, die in einem anderen Land ansässig ist als der unmittelbare Investor. Insgesamt weisen 49 % der betrachteten Unternehmen Finanzanlagevermögen auf und könnten als Organträger in Frage kommen.

	N	Mittelwert	Std.Abw.	5 %-Perzentil	50 %-Perzentil	95 %-Perzentil
Kapitalrendite	61.837	5,9 %	14,0 %	-6,0 %	4,1 %	24,0 %
Steuersatz	61.837	29,1 %	8,0 %	17,9 %	29,2 %	40,7 %
Umsatz	61.837	117.971	969.699	1.000	22.000	346.000
Beschäftigung	61.837	219	1.106	0	58	657
Anlagevermögen	61.837	13.749	88.805	4	1.439	43.908
W_FKQ	61.837	47,5 %	30,4 %	3,7 %	46,2 %	94,7 %
Verlust	61.837	13,8 %	34,5 %	0,0 %	0,0 %	100,0 %
Verlustvortrag	61.837	20,1 %	40,1 %	0,0 %	0,0 %	100,0 %
Finanzanlagev.	61.837	49,1 %	50,0 %	0,0 %	0,0 %	100,0 %
100%Besitz	61.837	69,4 %	46,1 %	0,0 %	100,0 %	100,0 %
And.KonzMu	61.837	19,8 %	39,8 %	0,0 %	0,0 %	100,0 %

Quelle: Forschungsdaten- und Servicezentrum der Deutschen Bundesbank, Mikrodatenbank Direktinvestitionen (MiDi) 1999–2018, DOI: 10.12757/BBk.MiDi.9918.06.07, eigene Berechnungen.

Tabelle 1: Deskriptive Statistik, Inboundsample

Wird die Stichprobe anhand des steuersatzinduzierten Anreizes zur Gewinnverlagerung geteilt, zeigt sich im Mittel eine um 0,5 Prozentpunkte geringere Profitabilität bei den Unternehmen mit Anreiz zur Gewinnverlagerung aus Deutschland heraus. Die Aufteilung der Stichprobe *vor* und *nach* der Steuerreform 2007/2008 führt zu keinen wesentlichen Änderungen der Regressionskoeffizienten. Die Netto-Kapitalrendite ist in der Stichprobe nach 2008 um 1,2 Prozentpunkte höher, was den nied-

---

51 Aufgrund der Datenschutzbestimmungen der Deutschen Bundesbank, ist die Verwendung des Logarithmus bei Variablen für die deskriptive Statistik nicht zulässig. Der Logarithmus wurde im Regressionsmodell gebildet, um den nicht-linearen Verlauf der Produktionsfunktion im Sinne abnehmender Grenzerträge abzubilden. Analog zu *Weichenrieder* (2009) wurde jeweils eine Einheit addiert, um nicht aufgrund einer Null-Angabe Beobachtungen zu verlieren.

rigeren durchschnittlichen Steuersatz in Deutschland nach 2007 widerspiegelt. In der multivariaten Analyse wird für den Einfluss des inländischen Steuersatzes auf die Kapitalrendite kontrolliert oder durch jahresfixe Effekte eliminiert. Der nach der Anzahl von Tochterunternehmen gewichtete durchschnittliche Steuersatz im Ausland beträgt 32,5 % vor 2008 und 26,9 % in der zweiten Teilstichprobe nach 2007. Die Fremdkapitalquote sinkt von 54 % auf 43 %. Dies könnte eine Reaktion auf die Begrenzung des Abzugs von Zinsaufwendungen im Rahmen der Steuerreform sein (§ 4h EStG, § 8a KStG).

4.3 Ergebnisse Inboundsample

In der vorliegenden Hauptanalyse wird eine Panelregression mit fixen Effekten auf Ebene der Tochterunternehmen für direkte Beteiligungen durchgeführt.[52] Aufgrund der anzunehmenden Heteroskedastizität kommen robuste Standardfehler zum Einsatz.[53] Bei Berechnung des Regressionsmodells mit tochterunternehmensfixen Effekten und Hinzunahme von Kontrollvariablen zeigt sich wie erwartet ein signifikant positives Vorzeichen der Steuersatzvariablen (Spezifikationen (1) und (2)). Diese sind in der Größenordnung oberhalb der von *Weichenrieder* gemessenen Korrelation und indizieren eine Semi-Elastizität, bezogen auf die durchschnittliche Kapitalrendite, zwischen 1,4 und 1,9.[54] Dies könnte auf eine Verringerung des deutschen Unternehmenssteuersatzes zurückzuführen sein. In den Spezifikationen (3) und (4) wird zusätzlich der deutsche Unternehmenssteuersatz kontrolliert. Der Einfluss ist signifikant und verringert die Effektstärke des ausländischen Steuersatzes. Die Semi-Elastizität sinkt auf 1,0. Bei Hinzunahme von jahresfixen Effekten lassen sich für die Steuersatzvariable keine Signifikanzen mehr feststellen, obwohl die Kontrollvariablen in Größe und Signifikanz weitestgehend stabil bleiben (Spezifikationen (5) und (6)).

---

52 Begonnen wurde zunächst mit einer Replikation des Ansatzes von *Weichenrieder* (2009), welcher die MiDi im Zeitraum von 1996–2003 analysiert hat. Aktuell steht der Datensatz für Forschungszwecke aufgrund veränderter Datenschutzanforderungen nur noch für Jahre ab 1999 zur Verfügung, vgl. *Blank/Lipponer/Schild/Scholz* (2020), S. 274. Somit entfallen drei von acht Jahren für Analysezwecke. Das in der Publikation beschriebene Vorgehen der Datenaufbereitung wurde nachvollzogen. Während die deskriptive Statistik auf eine gelungene Replikation hindeutet, werden in der multivariaten Analyse keine signifikanten Ergebnisse gefunden. Somit waren die fehlenden Jahre von 1996 bis 1998 möglicherweise für die Ergebnisse ausschlaggebend. Darüber hinaus könnte eine abweichende Auswahl von Steuersätzen für die Signifikanzen ausschlaggebend sein.
53 Es wurde vorab mittels Varianzinflationsfaktoren sowie eines Korrelogramms auf Mulikollinearität geprüft. Die Homoskedastizität der Residuen wurde mittels Breusch-Pagan-Test abgelehnt. Die Verwendung von Random Effects anstatt von Fixed Effects wurde mittels eines Hausman-Tests abgelehnt, vgl. *Wooldridge* (2010), S. 328–334.
54 Die Semi-Elastizität wird verwendet, um verschiedene Studienergebnisse durch Skalierung vergleichbar zu machen, vgl. dazu Fußnote 8. Hier: 0,113/0,059 bzw. 0,080/0,059.

Spezifikation	(1)	(2)	(3)	(4)	(5)	(6)
Abhängige Variable	KR	KR	KR	KR	KR	KR
Steuersatz	0,113***	0,080***	0,059**	0,057***	0,008	0,014
	(0,000)	(0,000)	(0,006)	(0,005)	(0,378)	(0,286)
Dt.Steuersatz			0,077***	0,034***		
			(0,000)	(0,017)		
LN_Umsatz	0,413***	0,202***	0,415***	0,203***	0,416***	0,207***
	(0,000)	(0,004)	(0,000)	(0,004)	(0,000)	(0,003)
LN_Beschäftigung	-0,325**	-0,201	-0,321**	-0,200	-0,296**	-0,183
	(0,013)	(0,105)	(0,014)	(0,106)	(0,023)	(0,139)
LN_Anlagevermögen	-0,017	-0,031	0,019	-0,032	-0,022	-0,035
	(0,831)	(0,681)	(0,811)	(0,670)	(0,790)	(0,644)
W_FKQ	-0,186***	-0,145***	-0,191***	-0,147***	-0,195***	-0,150***
	(0,000)	(0,000)	(0,000)	(0,000)	(0,000)	(0,000)
Verlust		-0,147***		-0,147***		-0,146***
		(0,000)		(0,000)		(0,000)
Verlustvortrag		0,035***		0,035***		0,034***
		(0,000)		(0,000)		(0,000)
Finanzanlagev.		-0,001		-0,001		-0,001
		(0,800)		(0,773)		(0,640)
100%Besitz		-0,005		-0,005		-0,003
		(0,119)		(0,164)		(0,325)
Konstante	0,088***	0,112***	0,080***	0,108***	0,136***	0,140***
	(0,000)	(0,000)	(0,000)	(0,000)	(0,000)	(0,000)
Fixe Effekte	TU	TU	TU	TU	TU, Jahr	TU, Jahr
N	61.837	61.837	61.837	61.837	61.837	61.837
Adj. R^2	0,074	0,227	0,075	0,227	0,078	0,229
Prob > F	0,0000	0,0000	0,0000	0,0000	0,0000	0,0000
Semi-Elastizität	1,9	1,4	1,0	1,0	n.s.	n.s.

Hinweise zur Tabelle: In allen Spezifikationen wurden robuste Standardfehler verwendet. In Klammern sind die p-Werte angegeben. Aufgrund der gerichteten Hypothese für die erklärende Variable Steuersatz erfolgt für diese ein einseitiger t-Test, ansonsten wird zweiseitig getestet. Die Kennzeichnung mit Sternen ist folgendermaßen zu interpretieren: * p<0,10, ** p<0,05, *** p<0,01. Die Koeffizienten LN_Umsatz, LN_Beschäftigung und LN_Anlagevermögen wurden für die Darstellung nachträglich mit dem Faktor 100 multipliziert.

Erläuterung zu den Spezifikationen:

Spezifikation (1)	Hauptanalyse; vollständige direkte Stichprobe mit tochterunternehmensfixen Effekten
Spezifikation (2)	Hauptanalyse; wie Spezifikation (1), aber Erweiterung der Kontrollvariablen
Spezifikation (3)	Hauptanalyse; wie Spezifikation (1), aber zusätzliche Kontrolle für deutschen Unternehmenssteuersatz
Spezifikation (4)	Hauptanalyse; wie Spezifikation (2), aber zusätzliche Kontrolle für deutschen Unternehmenssteuersatz
Spezifikation (5)	Hauptanalyse; wie Spezifikation (1), aber zusätzlich jahresfixe Effekte
Spezifikation (6)	Hauptanalyse; wie Spezifikation (2), aber zusätzlich jahresfixe Effekte

Quelle: Forschungsdaten- und Servicezentrum der Deutschen Bundesbank, Mikrodatenbank Direktinvestitionen (MiDi) 1999–2018, DOI: 10.12757/BBk.MiDi.9918.06.07, eigene Berechnungen.

Tabelle 2: Regression, Inboundsample, Hauptanalyse[55]

---

[55] Die Variablen Kapitalrendite bzw. KR, Umsatz, Beschäftigung, Anlagevermögen, W_FKQ, Verlust, Verlustvortrag, Finanzanlagev., 100%Besitz wurden unmittelbar aus der MiDi generiert. Die Steuersätze (Variablen: Steuersatz, Dt. Steuersatz) stammen von EY, KPMG, taxfoundation.org sowie *Mintz/Weichenrieder* (2010).

Die Höhe der Umsätze wirkt sich positiv auf die Kapitalrendite aus. Hingegen wirkt sich die Anzahl der Beschäftigten negativ aus; das Anlagevermögen ist nicht signifikant. Die Fremdkapitalquote hat genauso wie ein Verlust einen negativen Einfluss auf die Kapitalrendite. Ein bestehender Verlustvortrag führt erwartungsgemäß zu einer höheren Kapitalrendite nach Steuern, da die Steuerlast in den Gewinnjahren verringert wird. Die Kontrollvariablen „Verlust" und „Verlustvortrag" verbessern die Aussagekraft des Modells gemessen am Bestimmtheitsmaß deutlich (Spezifikation (1) vs. (2); (3) vs. (4) und (5) vs. (6)). Das Finanzanlagevermögen hat keinen signifikanten Einfluss. Die Kapitalrendite von vollständigen Tochterunternehmen weicht nicht systematisch von der von Joint Ventures ab (Variable „100%Besitz", Spezifikationen (2), (4) und (6)).

Verglichen mit den Ergebnissen von *Weichenrieder* bleibt das Bestimmtheitsmaß in allen Spezifikationen geringer. Im Rahmen der Sensitivitätsanalyse ist zu erkennen, dass dies auf die Winsorisierung zurückzuführen ist. Bei Hinzunahme von jahresfixen Effekten konnte keine signifikant positive Korrelation zwischen Steuersätzen des Investors und der Kapitalrendite der Tochtergesellschaft gefunden werden. Die Nullhypothese H_1 kann daher in der Hauptanalyse *nicht* abgelehnt werden.

4.4 Sensitivitätsanalyse Inboundsample

Da die Sensitivitätsanalysen das Hauptmodell bestätigen, erfolgt nur eine knappe verbale Beschreibung.[56] Die Aufnahme der hoch korrelierten Interaktionsterme aus der Publikation von *Weichenrieder* beeinflussen das Ergebnis nicht. Eine Winsorisierung der abhängigen Variable erhöht zwar das Bestimmtheitsmaß, führt aber nicht zur Signifikanz der Experimentalvariable. Als alternative erklärende Variablen werden effektive und marginale Steuersätze des ZEW getestet, diese sind jedoch nicht signifikant.[57]

Daneben werden als alternative abhängige Variablen die Umsatz- und Eigenkapitalrendite sowie der logarithmierte Gewinn verwendet. In Analogie zur Kapitalrendite wird erwartet, dass diese positiv mit den Steuersätzen im Ausland korrelieren, wenn Unternehmen Gewinne verlagern.[58] Keine der alternativen abhängigen Variablen führt zu signifikanten Ergebnissen.

Die Beschränkung in Teilstichproben mit Anreiz zu Gewinnverlagerung nach Deutschland hinein oder aus Deutschland heraus führt nicht zu signifikanten Ergebnissen. Dasselbe gilt für eine zeitraumbezogene Teilung der Stichprobe in vor und nach der Steuerreform 2007/2008. Separat betrachtet werden Unternehmen mit Konzernmutter in der EU. Diese Unternehmen haben bessere Gewinnverlagerungsmöglichkeiten aufgrund verschiedener Antidiskriminierungsvorschriften, die in der Europäischen Union bestehen. Innerhalb der EU ist es beispielsweise nicht erlaubt, Quellensteuern zu erheben (Mutter-/Tochter-Richtlinie, 2003/48/EG), und die Regeln zur Hinzurechnungsbesteuerung sind weniger streng auszulegen (EuGH v. 12.9.2006 „Cadbury Schweppes" - C-196/04). Auch für EU-Unternehmen hat der Steuersatz keinen signifikanten Einfluss auf die Kapitalrendite. Daneben wird eine Ländergruppe mit hoher Steuersatzvarianz gebildet. Auch innerhalb dieser Gruppe wird der Steuersatzkoeffizient nicht signifikant.

---

56 Bei Interesse an den Regressionstabellen stellt der Autor diese gerne bereit.
57 Vgl. *Fuest/Hugger/Neumeier* (2022).
58 Vgl. *Collins/Kemsley/Lang* (1998); *Klassen/Laplante* (2012); *Hines/Rice* (1994) und *Godar* (2021).

5 Outboundsample: Ausländische Tochterunternehmen deutscher Investoren

5.1 Daten und Methodik Outboundsample

Das Outboundsample besteht aus ausländischen Tochterunternehmen deutscher Konzerne. Analog zum Inboundsample kann zwischen direkten und indirekten Beteiligungen unterschieden werden. Im Outboundsample gelten diejenigen Tochtergesellschaften als direkt gehalten, deren *direkter* Investor in Deutschland domiziliert.[59] Bei *indirekten* Beteiligungen ist der direkte Investor hingegen im Ausland. Die Renditen von direkten und indirekten Beteiligungen unterscheiden sich im Outboundsample nicht systematisch, so dass diese gemeinsam analysiert werden. Für die empirische Analyse wird wie im Inboundsample die von *Weichenrieder* (2009) entwickelte Identifikationsstrategie verwendet. Da die Nachsteuergewinne ausländischer Tochterunternehmen deutscher Investoren mechanisch mit den ausländischen Steuersätzen korrelieren, wird ein Interaktionsterm als erklärende Variable herangezogen. Bei Gewinnverlagerung vom Inland in eine ausländische Tochtergesellschaft muss der zusätzliche Gewinn mit vorhandenen Minderheitsgesellschaftern geteilt werden. Daher wird die Kapitalrendite von im Alleineigentum stehenden Tochterunternehmen aufgrund des Anreizes zur Gewinnverlagerung stärker auf Steuersatzänderungen reagieren. Im Modell wird dies durch den Interaktionsterm aus Steuersatz und 100%Besitz gemessen („Steuersatz*100%"). Der Interaktionsterm entspricht dem Steuersatz, wenn ein Tochterunternehmen im vollständigen Besitz der Mutter ist und 0 sonst. Zum Einsatz kommt eine Paneldatenregression mit jahres- und tochterunternehmensfixen Effekten. Zusätzlich zu den tochterunternehmensbezogenen Kontrollvariablen werden länderspezifische Unterschiede berücksichtigt.[60]

Für die Hypothese H_2 lautet die Regressionsgleichung folgendermaßen.

$$KR_{k,t} = \beta_0 + \beta_1 \cdot (\text{Steuersatz}_{i,t} \cdot 100\%\text{Besitz}_{k,t}) + \beta_2 \cdot \text{Steuersatz}_{i,t} + \beta_m \cdot \text{Firmenkontrollvariablen}_{k,t} + \beta_n \cdot \text{Landeskontrollvariablen}_{k,t} + \gamma_t + \delta_k + \varepsilon_{k,i,t} \quad (3)$$

Für das Testen der Hypothese H_3 kann aufgrund der geschätzten Vorsteuergewinne bzw. Vorsteuerrenditen auf den Interaktionsterm verzichtet werden. Der Steuersatz dient dann unmittelbar als erklärende Variable.

Als Vorlage für die Regressionsgleichung dient eine Cobb-Douglas Produktionsfunktion, daher wird das Bruttoinlandsprodukt pro Kopf („BIPproKopf") zur Berücksichtigung landesspezifische Produktivitätsunterschiede aufgenommen. Analog zu *Weichenrieder* wird das reale Wachstum des Bruttoinlandsprodukts („BIP-Wachstum") sowie der Inflator des Bruttoinlandsprodukts („Inflation") in der Schätzgleichung berücksichtigt. Bei diesen drei landesspezifischen Kontrollvariablen ist davon auszugehen, dass sie einen positiven Einfluss auf die Kapitalrendite haben. Zusätzlich wird mit einem Korruptionsindex für die Korruption im jeweiligen Land kontrolliert.[61] Der Index nimmt Werte zwischen -2,5 (sehr korrupt) und +2,5 an. Einerseits könnte Korruption mit einem höheren Risiko einhergehen, so dass höhere Renditen von den Investoren gefordert werden. Andererseits könnten die durch die Korruption ent-

---

59 Die Definition von direkt bzw. indirekt gehaltenen Tochtergesellschaften unterscheidet sich zum Inboundsample: Im Inboundsample werden diejenigen Beobachtungen als direkt klassifiziert, deren direkter Investor sich im Ausland befindet.
60 Die landesspezifischen Kontrollvariablen stammen von der Weltbank.
61 Vgl. *Fuest/Hugger/Neumeier* (2022).

stehenden Ineffizienzen zu einer niedrigeren Kapitalrendite führen. Aufgrund der gegenläufigen Effekte wird kein besonderes Vorzeichen erwartet.

5.2 Tochtergesellschaften in Steueroasen

Neben der multivariaten Schätzung werden die Tochtergesellschaften deutscher Konzerne in Steueroasen analysiert. In einer früheren Untersuchung der MiDi wurde festgestellt, dass 20 % der deutschen Konzerne Tochtergesellschaften in Ländern besitzen, die von *Hines/Rice* als Steueroasen definiert wurden.[62] Für die folgende Analyse wird die Definitionsliste von *Fuest/Hugger/Neumeier* verwendet, um die Ergebnisse mit einer aktuellen Studie vergleichen zu können.[63]

Im Datensatz gehören 12 % der Beobachtungen zu Steueroasen. Der durchschnittliche Steuersatz der Steueroasen ist 6,6 Prozentpunkte niedriger als in den Nicht-Steueroasen.[64] Dies zeigt, dass für die Klassifikation als Steueroase nicht nur der gewöhnliche gesetzliche Unternehmenssteuersatz relevant ist, sondern weitere Faktoren eine Rolle spielen. Neben einer höheren Kapitalrendite in Steueroasen befinden sich dort mehr Tochtergesellschaften im vollständigen Besitz der Muttergesellschaft.[65] Die Korruption in Steueroasen ist niedriger als in den anderen Ländern der Stichprobe. Dies lässt sich darauf zurückzuführen, dass die Mehrzahl der als Steueroasen klassifizierten Beobachtungen zur EU gehören. Die Inflationsrate in Steueroasen ist niedriger.

Vergleich Nicht-Steueroase, Steueroase	N		Mittelwert		50%-Perzentil	
	Nicht-Steueroase	Steueroase	Nicht-Steueroase	Steueroase	Nicht-Steueroase	Steueroase
Kapitalrendite	312.245	44.054	4,5 %	7,6 %	4,2 %	5,7 %
Vorsteuer-KR	312.245	44.054	6,8 %	9,9 %	5,5 %	7,1 %
Steuersatz	312.245	44.054	28,7 %	22,1 %	30,0 %	22,0 %
100%Besitz	312.245	44.054	75,4 %	79,4 %	100,0 %	100,0 %
Umsatz	312.245	44.054	94.452	73.126	17.000	16.000
Beschäftigung	312.245	44.054	297	128	74	39
Anlagevermögen	312.245	44.054	26.228	15.928	2.280	1.124
W_FKQ	312.245	44.054	52,3 %	47,4 %	49,9 %	42,8 %
Verlust	312.245	44.054	22,8 %	17,2 %	0,0 %	0,0 %
Verlustvortrag	312.245	44.054	28,1 %	19,0 %	0,0 %	0,0 %
BIP-Wachstum	312.245	44.054	2,8 %	2,6 %	2,6 %	2,2 %
Inflation	312.245	44.054	3,3 %	1,2 %	2,1 %	1,1 %
Korruptionsindex	312.245	44.054	0,793	1,970	0,870	2,070

Quelle: Forschungsdaten- und Servicezentrum der Deutschen Bundesbank, Mikrodatenbank Direktinvestitionen (MiDi) 1999–2018, DOI: 10.12757/BBk.MiDi.9918.06.07, eigene Berechnungen.

Tabelle 3: Vergleich Nicht-Steueroasen und Steueroasen

---

[62] Vgl. *Gumpert/Hines/Schnitzer* (2016), S. 713.
[63] Vgl. *Fuest/Hugger/Neumeier* (2022), S. 470.
[64] Der Durchschnitt ist in der Berechnung der nach Beobachtungen gewichtete Durchschnitt, so dass Länder mit mehreren Beobachtungen entsprechend stärker gewichtet werden.
[65] Steuervermeidung bzw. Gewinnverlagerung multinationaler Unternehmen ist grundsätzlich einfacher, wenn die beteiligten Tochterunternehmen im vollständigen Besitz der Muttergesellschaft stehen, vgl. *Desai/Foley/Hines* (2004), S. 371.

In nachfolgender Tabelle sind verschiedene Multiplikatoren im Verhältnis von Steueroasen zu Nicht-Steueroasen abgebildet. Soweit diese Kennziffern aus der Publikation von *Fuest/Hugger/Neumeier* zu berechnen waren, erfolgt zudem ein Vergleich für die Jahre 2016 und 2017. Die Faktorproduktivität in Steueroasen ist deutlich höher als in Nicht-Steueroasen. In der Stichprobe resultieren die Daten zu Steueroasen vor allem aus den europäischen Steueroasen; dies deckt sich mit den Befunden von *Fuest/ Hugger/Neumeier*. Da die europäischen Steueroasen hoch entwickelte Länder sind, kann dies grundsätzlich zu einer erhöhten Faktorproduktivität ohne Zusammenhang mit Steuervermeidung führen. Dies wird in der multivariaten Analyse durch das Bruttoinlandsprodukt pro Kopf berücksichtigt.

Multiplikator Steueroase	1999–2018	Mittelwert, 2016 & 2017	Vergleich *Fuest* u. a. (2022)
Umsatz/Angestellte	1,7	2,0	k.A.
Nachsteuergewinn/Angestellte	3,4	2,9	k.A.
Vorsteuergewinn/Angestellte	2,7	2,7	k.A.
Vorsteuergewinn/Angestellte, EU	2,7	2,6	3,3
Vorsteuergewinn/Angestellte, Welt	2,5	2,8	1,8
Kapitalrendite nach Steuern	2,3	1,5	k.A.
Kapitalrendite vor Steuern	1,7	1,3	k.A.
Umsatzrendite nach Steuern	2,1	1,5	k.A.
Umsatzrendite vor Steuern	1,6	1,3	k.A.

Quelle: Forschungsdaten- und Servicezentrum der Deutschen Bundesbank, Mikrodatenbank Direktinvestitionen (MiDi) 1999–2018, DOI: 10.12757/BBk.MiDi.9918.06.07, eigene Berechnungen; *Fuest/ Hugger/Neumeier* (2022).

Tabelle 4: Multiplikatoren in Steueroasen und Nicht-Steueroasen

Ein Vergleich der berechneten Multiplikatoren mit *Fuest/Hugger/Neumeier* zeigt Abweichungen auch in den Jahren 2016 und 2017. Dies könnte an einer anderen Sampleselektion liegen, da *Fuest/Hugger/Neumeier* die konsolidierten Zahlen pro Konzernmutter und Land verwenden, während in der vorliegenden Analyse beispielsweise dauerhaft verlustbringende Gesellschaften sowie als Holdings klassifizierte Tochtergesellschaften von der Analyse ausgeschlossen wurden.[66] Der vorliegende Datensatz enthält auch mittelgroße Unternehmen, während die Daten des Country-by-Country Reportings nur Konzerne mit mehr als 750 Mio. € konsolidiertem Jahresumsatz erfassen.

5.3 *Deskriptive Statistik Outboundsample*

Die empirische Identifikationsstrategie bezieht sich nur auf Länder mit niedrigeren Steuersätzen (Anreiz zu Gewinnverlagerung ins Ausland), so dass die Beobachtungszahl der Basisstichprobe auf 266.516 sinkt.[67] Die durchschnittliche Kapitalrendite nach Steuern ist mit 5,5 % niedriger als im Inboundsample. Aufgrund der im Vergleich zum Inboundsample höheren Standardabweichung, wird die Kapitalren-

---

66 Dadurch soll der ggf. verzerrende Einfluss außerbilanziell abzurechnender Dividenden eliminiert werden.
67 Zur Begründung vgl. Abschnitt 3.3.

dite mit 1 % winsorisiert. Dadurch steigt die durchschnittliche Kapitalrendite auf 5,6 %. Der durchschnittliche Steuersatz im Ausland liegt bei 25,5 %. Knapp 75 % der Tochtergesellschaften befinden sich im vollständigen Besitz der Muttergesellschaft. Einen Verlust weisen 21 % der Beobachtungen auf und 26 % bilanzieren einen Verlustvortrag. Das durchschnittliche reale Wachstum des Bruttoinlandsprodukts beträgt 3,2 % und die Inflationsrate 3,1 %. In der Teilstichprobe vor 2008 beträgt die winsorisierte Kapitalrendite 4,9 % und ist somit um 1,2 Prozentpunkte niedriger als nach 2007. Dies reflektiert die international abnehmenden Steuersätze im Zeitverlauf. Während der gewichtete Durchschnittssteuersatz vor 2008 noch 30,5 % beträgt, liegt er nach 2007 bei 21,6 %.

	N	Mittelwert	Std.Abw.	5 %-Perzentil	50 %-Perzentil	95 %-Perzentil
Kapitalrendite (KR)	266.516	5,5 %	24,8 %	-13,7 %	4,7 %	27,0 %
W_KR01	266.516	5,6 %	13,2 %	13,7 %	4,7 %	27,0 %
W_VKR01	266.516	7,7 %	15,4 %	13,7 %	6,0 %	34,5 %
Gewinn	266.516	3.507	43.852	-2.216	532	13.057
VGewinn	266.516	3.265	10.859	-2.216	678	16.646
Steuersatz*100 %	266.516	12,1 %	13,5 %	0,0 %	0,0 %	35,0 %
Steuersatz	266.516	25,5 %	7,2 %	16,0 %	25,0 %	37,5 %
Dt.Steuersatz	266.516	34,8 %	6,8 %	29,4 %	30,0 %	51,6 %
Dt.Steuersatz*100 %	266.516	16,7 %	17,9 %	0,0 %	0,0 %	39,6 %
100 %Besitz	266.516	74,8 %	43,4 %	0,0 %	100,0 %	100,0 %
BIPproKopf	266.516	28.562	21.239	2.965	24.673	66.189
Umsatz	266.516	81.454	558.997	1.000	17.000	248.000
Beschäftigung	266.516	262	1.087	1	70	940
Anlagevermögen	266.516	21.176	204.498	9	2.094	58.719
W_FKQ	266.516	51,0 %	32,1 %	5,6 %	48,6 %	99,9 %
Verlust	266.516	20,9 %	40,7 %	0,0 %	0,0 %	100,0 %
Verlustvortrag	266.516	26,0 %	43,9 %	0,0 %	0,0 %	100,0 %
Direkt	266.516	66,8 %	47,1 %	0,0 %	100,0 %	100,0 %
BIP-Wachstum	266.516	3,2 %	3,1 %	-0,9 %	2,9 %	8,5 %
Inflation	266.516	3,1 %	4,7 %	-0,3 %	2,1 %	9,6 %
Korruptionsindex	266.516	0,956	0,985	-0,590	1,159	2,199

Quelle: Forschungsdaten- und Servicezentrum der Deutschen Bundesbank, Mikrodatenbank Direktinvestitionen (MiDi) 1999–2018, DOI: 10.12757/BBk.MiDi.9918.06.07, eigene Berechnungen.

Tabelle 5: Deskriptive Statistik, Outboundsample

5.4 Ergebnisse Outboundsample

Die Hauptanalyse betrachtet aufgrund der Nachsteuerkapitalrendite bzw. des Nachsteuergewinns als abhängige Variablen ausschließlich diejenigen ausländischen Staaten, welche einen *niedrigeren* Steuersatz als das deutsche Inland aufweisen.[68] Dort besteht ein Anreiz zur Gewinnverlagerung vom Inland in die ausländische Tochtergesellschaft und gemäß dem analytischen Modell besitzt der Interaktionsterm (Steuersatz*100%) in diesem Fall einen Erklärungsgehalt für die Gewinnverla-

---

68 Wie im Inboundsample erfolgt zunächst eine Replikation des Untersuchungszeitraum von *Weichenrieder* (2009). In diesem Fall können auch die multivariaten Ergebnisse repliziert und signifikante Koeffizienten in Übereinstimmung mit Gewinnverlagerung gefunden werden.

gerung aus Deutschland heraus. In allen Spezifikationen werden sowohl tochterunternehmens- als auch jahresfixe Effekte sowie robuste Standardfehler verwendet.[69]

Die Spezifikation (1) ist ähnlich zu *Weichenrieder*. Der erklärende Interaktionsterm (Steuersatz*100%) hat zwar das korrekte Vorzeichen, ist aber nicht signifikant. In Spezifikation (2) wird der von *Weichenrieder* eingesetzte hoch korrelierte Interaktionsterm (Dt.Steuersatz*100%) hinzugefügt, wodurch die erklärende Variable signifikant wird. Aufgrund der deutlichen Reduktion des deutschen Unternehmenssteuersatzes von 2007 auf 2008 hat dies im Verhältnis zu einigen Ländern zu einer Trendumkehr geführt. Die Gewinnverlagerung aus Deutschland heraus lohnt sich nicht mehr gegenüber allen Ländern. Diese partielle Trendumkehr kann möglicherweise trotz jahresfixer Effekte nicht vollständig eliminiert werden. Daher wird die Stichprobe zwischen den Jahren 1999 bis 2007 (Spezifikation (3)) und 2008 bis 2018 (Spezifikation (4)) geteilt. In beiden Teilstichproben besitzt der erklärende Interaktionsterm (Steuersatz*100%) einen Erklärungsgehalt. Eine Umrechnung des Koeffizienten in Semi-Elastizitäten führt zu einer Elastizität von 0,5 über den gesamten Zeitraum, 0,2 vor 2008 und 0,5 nach 2007.

Bei den Kontrollvariablen ist der Koeffizient des Bruttoinlandsprodukts pro Kopf positiv, aber nicht signifikant (Spezifikationen (1) bis (5)). Die Beschäftigung ist in allen Spezifikationen signifikant positiv, das Anlagevermögen ist signifikant, jedoch mit wechselndem Vorzeichen. Die Fremdkapitalquote und der Verlust sind signifikant negativ und in einer ähnlichen Größenordnung wie im Inboundsample. Der Verlustvortrag ist signifikant positiv. Die landesspezifischen Kontrollvariablen weisen ebenfalls die erwarteten Vorzeichen auf. Eine reale Steigerung des Bruttoinlandsproduktes wirkt sich signifikant positiv auf die Kapitalrendite aus. Dasselbe gilt für die Inflationsrate, hier ist der Effekt allerdings quantitativ schwächer ausgeprägt. Der Steuersatz ist signifikant negativ, da eine Steuererhöhung im Ausland den ausländischen Nachsteuergewinn mechanisch verringert.

Die Stärke des Effektes hat in Übereinstimmung mit der Literatur zwar zugenommen, ist im Vergleich mit der aktuellen Konsensschätzung von 1,0 aber niedriger.[70] Die Nullhypothese kann abgelehnt werden (H_2).

---

[69] Eine im Korrelogramm ersichtliche hohe Korrelation der Interaktionsterme bestätigt sich auch bei Berechnung des Varianzinflationsfaktors sowohl für (Steuersatz*100%) als auch für (Dt.Steuersatz*100%). Da (Steuersatz*100%) die erklärende Variable im Modell darstellt, wird diese beibehalten, der andere Interaktionsterm wird herausgenommen. Dadurch sinkt der Varianzinflationsfaktor deutlich. Wie im Inboundsample werden in allen Spezifikationen robuste Standardfehler sowie Modelle mit fixen Effekten verwendet.

[70] Vgl. *Beer/de Mooij/Liu* (2020), S. 673.

Spezifikation Abhängige Variable	(1) W_KR01	(2) W_KR01	(3) W_KR01	(4) W_KR01	(5) W_VKR01	(6) LN_V Gewinn
Steuersatz*100 %	-0,003 (0,311)	-0,027** (0,018)	-0,011* (0,53)	-0,032*** (0,002)		
Steuersatz	-0,088*** (0,000)	-0,076*** (0,000)	-0,047*** (0,002)	-0,069*** (0,002)	-0,010 (0,232)	-0,314** (0,036)
LN_BIPproKopf	0,073 (0,702)	0,067 (0,727)	-0,295 (0,410)	-0,411 (0,160)	-0,048 (0,839)	0,526*** (0,000)
LN_Beschäftigung	0,214*** (0,000)	0,214*** (0,000)	0,204*** (0,000)	0,136*** (0,000)	0,277*** (0,000)	0,097*** (0,000)
LN_Anlagevermögen	-0,052** (0,011)	-0,052** (0,011)	-0,066* (0,065)	0,017 (0,536)	-0,094*** (0,000)	0,042*** (0,000)
W_FKQ	-0,134*** (0,000)	-0,134*** (0,000)	-0,157*** (0,000)	-0,145*** (0,000)	-0,153*** (0,000)	-1,12*** (0,000)
Verlust	-0,149*** (0,000)	-0,149*** (0,000)	-0,136*** (0,000)	-0,148*** (0,000)	-0,164*** (0,000)	
Verlustvortrag	0,025*** (0,000)	0,025*** (0,000)	0,024*** (0,000)	0,032*** (0,000)	0,008*** (0,000)	-0,240*** (0,000)
100 %Besitz	0,001 (0,504)	0,000 (0,761)	0,003 (0,219)	0,003 (0,149)	0,001 (0,485)	-0,002 (0,928)
Dt.Steuersatz*100 %		0,019** (0,046)				
BIP-Wachstum	0,140*** (0,000)	0,140*** (0,000)	0,190*** (0,000)	0,114*** (0,000)	0,156*** (0,000)	1,50*** (0,000)
Inflation	0,024*** (0,003)	0,024*** (0,003)	0,013 (0,257)	0,019* (0,067)	0,036*** (0,000)	0,180 0,120
Korruptionsindex	0,001 (0,628)	0,001 (0,607)	-0,002 (0,594)	0,001 (0,832)	0,001 (0,679)	0,102*** (0,000)
Konstante	0,160*** (0,000)	0,156*** (0,000)	0,190*** (0,000)	0,213*** (0,000)	0,191*** (0,000)	1,59*** (0,000)
Fixe Effekte	TU, Jahr	TU, Jahr	TU, Jahr	TU, Jahr	TU, Jahr	TU, Jahr
N	266.516	266.516	117.532	148.984	266.516	200.161
Adj. R^2	0,365	0,365	0,365	0,354	0,341	0,120
Prob > F	0,0000	0,0000	0,0000	0,0000	0,0000	0,0000
Semi-Elastizität	n.s.	0,5	0,2	0,5	n.s.	0,3

Hinweise zur Tabelle: In allen Spezifikationen wurden robuste Standardfehler verwendet. In Klammern sind die p-Werte angegeben. Aufgrund der gerichteten Hypothese für den erklärenden Interaktionsterm (Steuersatz*100%) erfolgt für diesen ein einseitiger t-Test, ansonsten wird zweiseitig getestet. Die Kennzeichnung mit Sternen ist folgendermaßen zu interpretieren: * p<0,10, ** p<0,05, *** p<0,01. Die Koeffizienten LN_Umsatz, LN_Beschäftigung und LN_Anlagevermögen wurden nachträglich mit dem Faktor 100 multipliziert, außer in Spezifikation (6) mit dem logarithmierten Vorsteuergewinn als abhängige Variable.

Erläuterung zu den Spezifikationen:

Spezifikation (1)	Positive Steuersatzdifferenz, jahres- und tochterunternehmensfixe Effekte
Spezifikation (2)	Wie Spezifikation (1), aber Aufnahme des hoch korrelierten Interaktionsterms (Dt.Steuersatz*100%Besitz)
Spezifikation (3)	Wie Spezifikation (1), vor 2008
Spezifikation (4)	Wie Spezifikation (1), nach 2007
Spezifikation (5)	Wie Spezifikation (1), aber mit der geschätzten Vorsteuerrendite als abhängige Variable
Spezifikation (6)	Logarithmierte Vorsteuergewinne als abhängige Variable

Quelle: Forschungsdaten- und Servicezentrum der Deutschen Bundesbank, Mikrodatenbank Direktinvestitionen (MiDi) 1999–2018, DOI: 10.12757/BBk.MiDi.9918.06.07, eigene Berechnungen.

Tabelle 6: Regression, Outboundsample, Hauptanalyse[71]

---

[71] Die Variablen W_KR, Umsatz, Beschäftigung, Anlagevermögen, W_FKQ, Verlust, Verlustvortrag, 100%Besitz wurden unmittelbar aus der MiDi generiert. Die Variable Steuersatz stammt von KPMG, taxfoundation.org sowie *Mintz/Weichenrieder* (2010). Die Variablen W_VKR01, LN_Vorsteuergewinn sowie die Interaktionsterme Steuersatz*100%, Dt.Steuersatz*100% wurden aus der Interaktion von aus der MiDi entnommenen Variablen mit Steuersatzvariablen generiert. Die Variablen BIPproKopf, BIP-Wachstum, Inflation und Korruptionsindex stammen von der Weltbank.

Als Alternative zur Kapitalrendite nach Steuern werden die Vorsteuerkapitalrendite sowie der Vorsteuergewinn geschätzt. Hierdurch kann auf den Interaktionsterm (Steuersatz*100%) verzichtet und stattdessen unmittelbar der Steuersatz als erklärende Variable herangezogen werden. Für die Vorsteuerkapitalrendite (Spezifikation (5)) ergibt sich ein negatives Vorzeichen, dieses ist aber nicht signifikant. Für den logarithmierten Vorsteuergewinn entfallen die Verlustjahre, wodurch die Stichprobe kleiner ist. Aufgrund der log-log-Spezifikation entspricht der Koeffizient des Steuersatzes bereits der Semi-Elastizität von 0,3 für die gesamte Stichprobe. Dieser ist signifikant auf dem 5 %-Niveau. Die Nullhypothese H_3 bezieht sich auf die Vorsteuerergebnisse und kann in einem von zwei Fällen abgelehnt werden.

5.5 Sensitivitätsanalyse Outboundsample

Die Sensitivitätsanalysen werden ähnlich zum Inboundsample durchgeführt und bestätigen die Ergebnisse des Hauptmodells.[72] Bei Berücksichtigung der hoch korrelierten Interaktionsterme analog zu *Weichenrieder* werden die Ergebnisse teilweise insignifikant, eine alternative Winsorisierung mit 5 % ändert die Ergebnisse hingegen nicht. Wie im Inboundsample lässt sich keine stärkere Korrelation für Beobachtungen innerhalb der EU feststellen.

In der deskriptiven Analyse der Steueroasen hat sich gezeigt, dass die Faktorproduktivität in steuerlich attraktiven Ländern höher ist. Dies könnte anstelle von Steuervermeidung oder Gewinnverlagerung auch an Produktivitätsniveauunterschieden liegen. Die Mehrzahl der Steueroasen in der Stichprobe sind hochentwickelte europäische Länder. Bei Herausnahme des Effizienzniveaus bleiben die Ergebnisse stabil.

6 Zusammenfassung und Diskussion

6.1 Zusammenfassung der Ergebnisse

Im *Inboundsample* wird bei Hinzunahme von jahresfixen Effekten keine signifikante Korrelation in Einklang mit der Gewinnverlagerungshypothese gemessen. Die hohen Semi-Elastizitäten (zwischen 1,0 und 1,9), welche ohne jahresfixe Effekte und ohne Kontrolle für den deutschen Unternehmenssteuersatz gemessen werden, sind vermutlich mechanisch auf das Absinken des Steuersatzes über die Zeit zurückzuführen. Da die jahresfixen Effekte möglicherweise zu viel Varianz aus den Steuersätzen herausnehmen, wurde eine separate Ländergruppe mit hoher Steuersatzvarianz gebildet. Dies hat nicht zur Signifikanz der erklärenden Variable geführt. Die Nullhypothese der H_1 kann bei Hinzunahme jahres- und tochterunternehmensfixer Effekte in der Hauptanalyse nicht abgelehnt werden. Die Sensitivitätsanalysen haben die Ergebnisse der Hauptuntersuchung bestätigt.

Im *Outboundsample* wird neben der multivariaten Schätzung der Kapitalrendite eine deskriptive Analyse der Tochterunternehmen in Steueroasen vorgenommen (Abschnitt 5.2). Die höhere Nachsteuerrendite in Steueroasen ist nicht ausschließlich durch Steuersatzdifferenzen erklärbar, da auch die approximierten Vorsteuerrenditen in Niedrigsteuerländern deutlich höher sind. Dasselbe gilt für die Arbeitsproduktivität, da Umsatz und Gewinn pro Mitarbeiter höher sind. Dies deckt sich mit

---

[72] Bei Interesse an den Regressionstabellen stellt der Autor diese gerne bereit.

den Erkenntnissen aus internen Daten der deutschen Finanzverwaltung über große deutsche multinationale Unternehmen.[73]

In der multivariaten Hauptanalyse werden signifikante Korrelationen des erklärenden Interaktionsterms (Steuersatz*100%) mit der Kapitalrendite in Übereinstimmung mit der Gewinnverlagerungshypothese gemessen. Dieses Ergebnis wird in der Mehrzahl der Sensitivitätsanalysen bestätigt. Das arithmetische Mittel der Semi-Elastizitäten aus den signifikanten Spezifikationen der Hauptanalyse beträgt 0,4. Auf eine Steuersatzänderung von einem Prozentpunkt reagieren die Tochtergesellschaften multinationaler Unternehmen mit einer Profitabilitätsänderung von 0,4 % bezogen auf die Durchschnittsrendite. Die von *Weichenrieder* gemessene Semi-Elastizität hat 0,7 betragen.[74]

Zusammenfassend konnten die Ergebnisse von *Weichenrieder* (2009) für den vorliegenden Datensatz im Zeitraum von 1999 bis 2018 im *Inbound*sample nicht bestätigt werden, da kaum signifikante Ergebnisse in Übereinstimmung mit der Gewinnverlagerungshypothese gefunden wurden. Die Nullhypothese H_1 konnte nicht abgelehnt werden.

Im *Outbound*sample wurden für Tochtergesellschaften, für die ein Anreiz zur Gewinnverlagerung ins Ausland besteht, überwiegend signifikante Korrelationen gemessen, die auf Gewinnverlagerung hindeuten. Folglich kann die Nullhypothese H_2 abgelehnt werden. Für die Hypothese 3 wurden die geschätzten Vorsteuerergebnisse genutzt. Die Spezifikation mit der Rendite war nicht signifikant, die Spezifikation mit dem logarithmierten Gewinn hingegen schon. Die Nullhypothese H_3 kann in einem von zwei Fällen abgelehnt werden.

6.2 *Einordnung der Ergebnisse in die Literatur*

Den aktuellen Stand der Erkenntnisse aus Studien zur Gewinnverlagerung multinationaler Unternehmen haben *Beer/de Mooij/Liu* zusammengefasst. Die als Konsensschätzung ermittelte Semi-Elastizität ist mit 1,0 größer als die in diesem Beitrag durchschnittlich ermittelten Elastizitäten. Dabei ist zu beachten, dass *Beer/de Mooij/Liu* auch Makrostudien verwenden, die regelmäßig quantitativ größere Effekte messen. Für mikroökonometrische Studien beträgt die Semi-Elastizität hingegen 0,7 und ist näher an den in der vorliegenden Analyse ermittelten Werten. Die Verwendung der Kapitalrendite führt durchschnittlich zu niedrigeren Semi-Elastizitäten als die Schätzung von logarithmierten Gewinnen und liegt in der Größenordnung von 0,4.[75] Die Kapitalrendite hat andererseits den Vorteil, dass auch Verlustjahre im Gegensatz zum logarithmierten Gewinn berücksichtigt werden können.[76] Im Inboundsample werden keine signifikanten Ergebnisse gefunden. Im Outboundsample beträgt das arithmetische Mittel der signifikanten Ergebnisse 0,4 in der Hauptanalyse. Die in diesem Beitrag gemessene Semi-Elastizität liegt in der Größenordnung der Konsensschätzung für Profitabilitätsanalysen.[77] Der Vorteil der verwendeten Mikrodatenbank Direktinvestitionen ist die Quasi-Vollerhebung von deutschen Tochterunternehmen ausländischer Konzerne (Inboundsample) und ausländischen Tochterunternehmen

---

73 Vgl. *Fuest/Hugger/Neumaier* (2022).
74 Vgl. *Weichenrieder* (2009), S. 295.
75 Vgl. *Beer/de Mooij/Liu* (2020), S. 673.
76 Vgl. *De Simone/Klassen/Seidman* (2017), S. 114.
77 Vgl. *Beer/de Mooij/Liu* (2020), S. 673.

deutscher Konzerne (Outboundsample). Die Interpretation der Ergebnisse basiert auf einer breiten Datengrundlage. Es sind sowohl Beobachtungen mittelgroßer Unternehmen als auch der DAX30-Konzerne enthalten. Der Beobachtungszeitraum ist mit 20 Jahren größer als bei vergleichbaren Studien. Dadurch können mögliche Verzerrungen aufgrund der Verfügbarkeit von primären Unternehmensdaten weitestgehend ausgeschlossen werden.

Bei der Interpretation der Ergebnisse ist zu beachten, dass mit dem vorliegenden Ansatz und aufgrund der Datenstruktur ausschließlich Gewinnverschiebung zwischen einer Tochtergesellschaft und deren direkten Investor oder der Konzernmutter in bidirektionaler Relation gemessen werden kann. Denkbar ist auch die Gewinnverlagerung in andere Tochtergesellschaften eines Konzerns, über die im Datensatz keine Informationen vorliegen.[78] Im Outboundsample wird ausschließlich die Gewinnverlagerung von der Muttergesellschaft zur Tochtergesellschaft gemessen. Diese ist in der Regel schwächer ausgeprägt, da Unternehmen auf Anreize zur Gewinnverlagerung vom Heimatland in andere Länder weniger sensitiv reagieren als umgekehrt.[79] Vor diesem Hintergrund sind die gemessenen Korrelationen als Untergrenze aufzufassen.

Daneben könnten Verzerrungen aus den handelsbilanziellen Daten resultieren. Im Inboundsample kann angenommen werden, dass die Bilanzierung einheitlich nach HGB erfolgt, wohingegen im Outboundsample unterschiedliche lokale Bilanzierungsstandards zum Einsatz kommen. In Handelsbilanzen sind selbststellte immaterielle Vermögensgegenstände regelmäßig unterbewertet. Hohe Renditen oder Gewinne in einem Niedrigsteuerland müssen nicht auf Steuervermeidung oder Gewinnverlagerung beruhen, sondern können aus der nicht-marktbasierten handelsrechtlichen Bewertung des Kapitals resultieren.[80] Die Herstellung von hochrentierlichen Vermögensgegenständen in Niedrigsteuerländern ist weniger der Gewinnverlagerung als mehr einer Investitionsentscheidung gleichzusetzen.[81] Dazu kommt die Endogenität der Steuersätze, da weder die staatliche Auswahl eines bestimmten Steuersatzes, noch die Wahl für einen Standort einer Tochtergesellschaft exogen vorgegeben ist.[82] Eine weitere Verzerrung könnte aus der Verwendung der Nachsteuerergebnisse resultieren, da der handelsrechtliche Gewinn aufgrund der zweistufigen Ermittlung des zu versteuernden Einkommens nur eingeschränkte Aussagekraft für die Besteuerung besitzt. Im Outboundsample ist aufgrund der mechanischen Korrelation von Nachsteuerrendite und Steuersatz die zusätzliche Annahme notwendig, dass aufgrund der Gewinnteilung kein Gewinn in im Miteigentum stehende Tochtergesellschaften verlagert wird. Diese Zusatzannahme könnte zu anderen Ergebnissen führen als bei einer unmittelbaren Korrelationsmessung von Vorsteuerrenditen und Steuersätzen. Daneben ist zu beachten, dass Gewinnverlagerungsstrategien langfristig angelegt sind. Anstelle einer unmittelbaren Reaktion könnte der Effekt erst nach mehreren Jahren eintreten oder die Steuersatzänderungen sind zu gering, um kosteneffizient darauf zu reagieren.

---

78 Vgl. *Huizinga/Laeven* (2008).
79 Vgl. *Dischinger/Knoll/Riedel* (2014), S. 268.
80 Vgl. *Dharmapala* (2014), S. 425.
81 Vgl. *Riedel* (2018), S. 172.
82 Vgl. *Dharmapala* (2014), S. 425.

Schließlich bleibt festzuhalten, dass die Identifikationsstrategie nicht kausal ist, sondern nur Korrelationen misst, welche nicht tatsächlich durch Gewinnverlagerung begründet sein müssen.[83]

Literaturverzeichnis

Beer, S./de Mooij, R./Liu, L. (2020), International Corporate Tax Avoidance: A Review of the Channels, Magnitudes, and Blind Spots, Journal of Economic Surveys, 34. Jg., Nr. 3, S. 660–688.

Blank, S./Lipponer, A./Schild, C.-J./Scholz, D. (2020), Microdatabase Direct Investment (MiDi) – A Full Survey of German Inward and Outward Investment, German Economic Review, 21. Jg., Nr. 3, S. 273–311. https://doi.org/10.1515/ger-2019-0123.

Cobb, C. W./Douglas, P. H. (1928), A Theory of Production, The American Economic Review, 18. Jg., Nr. 1, S. 139–165.

Collins, J. H./Kemsley, D./Lang, M. (1998), Cross-Jurisdictional Income Shifting and Earnings Valuation, Journal of Accounting Research, 36. Jg., Nr. 2, S. 209–229.

Desai, M. A./Foley, C. F./Hines, J. R. (2004), The Costs of Shared Ownership: Evidence from International Joint Ventures, Journal of Financial Economics, 73. Jg., Nr. 2, S. 323–374.

Dharmapala, D. (2014), What Do We Know About Base Erosion and Profit Shifting? A Review of the Empirical Literature, Fiscal Studies, 35. Jg., Nr. 4, S. 421–448.

Dischinger, M./Knoll, B./Riedel, N. (2014), The Role of Headquarters in Multinational Profit Shifting Strategies, International Tax and Public Finance, 21. Jg., Nr. 2, S. 248–271.

Dyreng, S. D./Hanlon, M./Maydew, E. L./Thornock, J. R. (2017), Changes in Corporate Effective Tax Rates Over the Past 25 Years, Journal of Financial Economics, 124. Jg., Nr. 3, S. 441–463.

Edwards, J. S. S./Weichenrieder, A. J. (2004), Ownership Concentration and Share Valuation: Evidence From Germany, German Economic Review, 5. Jg, Nr. 2, S. 143–171.

Fehling, D./Kampermann, K. (2017), Generalthema I : Assessing BEPS – origins , standards and responses, Internationales Steuerrecht, 26. Jg., Nr. 16, S. 638–644.

Friederich, K./Schild, C.-J./Scholz, D./Schumacher, J. (2020), Microdatabase Direct Investment, Data Report 2020-18, Frankfurt a. M.: Deutsche Bundesbank, Research Data and Service Center.

Frotscher, G. (2020), Internationales Steuerrecht, 5. Aufl., München, C. H. Beck.

Fuest, C./Hugger, F./Wildgruber, S. (2020), Why Is Corporate Tax Revenue Stable While Tax Rates Fall? Evidence from Firm-Level Data, CESifo Working Paper No. 8605, verfügbar unter: https://www.cesifo.org/DocDL/cesifo1_wp8605.pdf.

Fuest, C./Hugger, F./Neumeier, F. (2022), Corporate Profit Shifting and the Role of Tax Havens: Evidence from German Country-By-Country Reporting Data, Journal of Economic Behavior & Organization, Nr. 194, S. 454–477.

Gabrielsen, T. S./Schjelderup, G. (1999), Transfer Pricing and Ownership Structure, Scandinavian Journal of Economics, 101. Jg., Nr. 4, S. 673–688.

Graham, J. R./Hanlon, M./Shevlin, T./Shroff, N. (2014), Incentives for Tax Planning and Avoidance: Evidence from the Field, The Accounting Review, 89. Jg., Nr. 3, S. 991–1023.

Gumpert, A./Hines, J./Schnitzer, M. (2016), Multinational Firms and Tax Havens, Review of Economics and Statistics, 98. Jg., Nr. 4, S. 713–727.

Heckemeyer, J. H./Overesch, M. (2017), Multinationals' Profit Response to Tax Differentials: Effect Size and Shifting Channels, Canadian Journal of Economics, 50. Jg., Nr. 4, S. 965–994.

Herbst, C./Niemann, R./Rünger, S. (2017), Nutzen österreichische Unternehmen Steueroasen?, Betriebswirtschaftliche Forschung und Praxis, 69. Jg., Nr. 4, S. 432–450.

Hines, J./Rice, E. (1994), Fiscal Paradise: Foreign Tax Havens and American Business, The Quarterly Journal of Economics, 109. Jg, Nr. 1, S. 149–182.

Huber, H. P./Maiterth, R. (2020), Steuerbelastung deutscher Kapitalgesellschaften von lediglich 20 % – Fakt oder Fake News?, Steuer und Wirtschaft, 97. Jg, Nr. 1, S. 19–34.

Huizinga, H./Laeven, L. (2008), International Profit Shifting Within Multinationals: A Multi-Country Perspective, Journal of Public Economics, 92. Jg., Nr. 5–6, S, 1164–1182.

Huizinga, H./Laeven, L./Nicodème, G. (2008), Capital Structure and International Debt Shifting, Journal of Financial Economics, 88. Jg., Nr. 1, S. 80–118.

---

83 Vgl. *Riedel* (2018), S. 172.

Janský, P. (2019), Effective Tax Rates of Multinational Enterprises in the EU: A Report Commissioned by the Greens/EFA in the European Parliament, verfügbar unter: https://www.greens-efa.eu/files/doc/docs/356b0cd66f625b24e7407b50432bf54d.pdf, zuletzt aufgerufen am 3.5.2022.

Klassen, K. J./Laplante, S. K. (2012), Are U.S. Multinational Corporations Becoming More Aggressive Income Shifters?, Journal of Accounting Research, 50. Jg., Nr. 5, S. 1245–1285.

Mintz, J. M./Weichenrieder, A. J. (2010), The Financial Structure of German Outbound FDI, in: *Mintz, J. M./Weichenrieder, A. J.* (Hrsg.), The Indirect Side of Direct Investment, Cambridge/Massachusetts, MIT Press, S. 111–126.

Overesch, M. (2016), Steuervermeidung multinationaler Unternehmen, Perspektiven der Wirtschaftspolitik, 17. Jg, Nr. 2, S. 129–143.

Overesch, M./Strueder, S./Wamser, G. (2020), Do U.S Firms Avoid More Taxes Than Their European Peers? On Firm Characteristics and Tax Legislation as Determinants of Tax Differentials, National Tax Journal, 73. Jg., Nr. 2, S. 361–400.

Raff, H./Ryan, M./Stähler, F. (2009), Whole vs. Shared Ownership of Foreign Affiliates, International Journal of Industrial Organization, 27. Jg., Nr. 5, S. 572–581.

Riedel, N. (2018), Quantifying International Tax Avoidance : A Review of the Academic Literature, Review of Economics, 69. Jg., Nr. 2, S. 169–181.

Schanz, D./Feller, A. (2015), Wieso Deutschland (fast) keine Base Erosion and Profit Shifting-Bekämpfung braucht, Betriebsberater, 69. Jg., Nr. 14, S. 865–870.

Schmidt, S./Kliem, B. (2020), § 275 Gliederung, in: *Grottel, B./Justenhoven, P./Schubert, W./Störk, U.* (Hrsg), Beck'scher Bilanzkommentar, 12. Aufl., München, C.H. Beck.

De Simone, L./Klassen, K. J./Seidman, J. K. (2017), Unprofitable Affiliates and Income Shifting Behavior, The Accounting Review, 92. Jg., Nr. 3, S. 113–136.

Spengel, C./Schmidt, F./Heckemeyer, J./Nicolay, K. (2020), Effective Tax Levels using the Devereux/Griffith Methodology, Mannheim.

Tørsløv, T. R./Wier, L. S./Zucman, G. (2020), The Missing Profits of Nations, NBER Working Paper Series, verfügbar unter: http://www.nber.org/papers/w24701.

Treisch, C. (2019), Komplexität der Besteuerung, Entscheidungsheuristiken und die Wahrnehmung von Steuereffekten, Betriebswirtschaftliche Forschung und Praxis, 71. Jg., Nr. 2, S. 193–213.

Weichenrieder, A. (2009), Profit Shifting in the EU: Evidence from Germany, International Tax and Public Finance, 16. Jg., Nr. 3, S. 281–297.

Wobbe, C. (2019), § 275 Gliederung, in *Bertram, K./Brinkmann, R./Kessler, H./Müller, S.* (Hrsg.), Haufe HGB Bilanz Kommentar, 10. Aufl., Freiburg, Haufe Group, S. 1137–1224.

Wooldridge, J. (2010), Econometric Analysis of Cross Section and Panel Data, 2. Aufl., Cambridge/London, MIT Press.

Multinational corporate tax avoidance: Is Germany affected?

In this paper, an empirical study on tax avoidance and profit shifting by multinational corporations is conducted. For this purpose, the correlation of the return on capital with tax rates is measured using the Microdatabase Direct Investment of the Deutsche Bundesbank. It is a microeconometric study that estimates the earnings based on a Cobb-Douglas production function. The analysis is carried out separately for the subsidiaries of foreign companies in Germany (inbound sample) and the foreign subsidiaries of German companies (outbound sample). When year and subsidiary fixed effects are included in the inbound sample, significant results are only found in exceptional cases. In the outbound sample, on the other hand, correlations between tax rate and return are measured, which can be interpreted as confirmation of profit shifting by German multinationals.

JEL-Kennziffern: H25, H26, F23

Eine steuerliche Wirkungsanalyse zu § 4j EStG unter Einbeziehung von Aufwendungen auf Ebene der Patentverwertungsgesellschaften

Von Prof. Dr. Thomas Egner und Dr. Verena Drummer, Universität Bamberg*)

Mit der fortschreitenden Internationalisierung von Unternehmenstätigkeiten nimmt auch die Diskussion über missbräuchliche Steuergestaltungen an Fahrt auf. So konnten und können die Steuerpflichtigen ihre Steuerlast insbesondere auch aufgrund steuerlicher Vorzugsregime mitunter erheblich reduzieren. Als attraktives Gestaltungsinstrument haben sich hierbei die sogenannten Patentboxen herausgebildet, die eine Niedrig- oder Nullbesteuerung von Erträgen aus immateriellen Werten ermöglichen. Neben internationalen Bestrebungen zur steuerunschädlichen Ausgestaltung derartiger Präferenzregelungen versuchen sich einzelne Staaten – z. B. Deutschland mit Hilfe von § 4j EStG sowie Österreich mit § 12 Abs. 1 Nr. 10 öKStG – mittels Abzugsbeschränkungen (auch) auf unilateralem Wege an der Bekämpfung der Patentboxen. In der konkreten Ausgestaltung der betreffenden Regelungen sind durchaus Unterschiede festzustellen, die bisweilen dazu führen, dass die Vorschriften über ihren eigentlichen Sinn und Zweck – die Kompensation des Patentbox-Vorteils – hinausgehen. Der Beitrag zeigt die Unterschiede zwischen der deutschen Lizenzschranke und dem österreichischen Abzugsverbot für Lizenzgebühren auf und untersucht deren Wirkungsweise im Hinblick auf beim Vergütungsgläubiger anfallende und mit den Lizenzerträgen in unmittelbarem wirtschaftlichem Zusammenhang stehende Aufwendungen.

1 Sinn und Zweck der Begrenzung des Abzugs von Lizenzaufwendungen

Die internationale Gewinnaufteilung ist spätestens seit dem BEPS-Projekt der OECD in Bewegung geraten. Trotz des internationalen Bestrebens, die Besteuerung stärker mit der Wertschöpfung in Einklang zu bringen, setzt sich die Tradition nationalstaatlicher Missbrauchsbekämpfungsmaßnahmen gegen internationale Steuerverlagerungen fort. Auch Deutschland hat bereits 1972 mit dem Außensteuergesetz hierfür eine Grundlage geschaffen. Daneben finden sich eine Reihe von Missbrauchsvorschriften auch in den Einzelsteuergesetzen, um insbesondere den Eindruck der selektiven Diskriminierung ausländischer Unternehmen mit Inlandsaktivitäten zu vermeiden. Diese Vorgehensweise ist insbesondere durch die Vorgaben des EU-Rechts begründet und betrifft zum Beispiel die Regelungen des § 4h EStG (Zinsschranke) und des § 4j EStG (Lizenzschranke).[1] Letztere Maßnahme richtet sich vor allem gegen internationale Anreizregelungen zur Ansiedelung von Patentverwertungsgesellschaften.

---

*) Prof. Dr. *Thomas Egner* ist Inhaber des Lehrstuhls für Betriebswirtschaftslehre, insbesondere Betriebliche Steuerlehre an der Otto-Friedrich-Universität Bamberg. Dr. *Verena Drummer* ist wissenschaftliche Mitarbeiterin an diesem Lehrstuhl. E-Mail: thomas.egner@uni-bamberg.de, verena.drummer@uni-bamberg.de.

1 Zur EU-rechtlichen Prüfung des § 4j EStG siehe *Drummer* (2017), S. 602 ff.; *Kußmaul/Ditzler* (2018), S. 126 ff.; *Müllmann* (2021), S. 235 ff.; *Schnitger* (2018), S. 147 ff.

Vor diesem Hintergrund haben einzelne Staaten (zum Beispiel Deutschland und Österreich) steuerliche Abzugsverbote für bestimmte Lizenzzahlungen eingeführt, obwohl auf OECD-Ebene inzwischen eine Einigung auf den Nexus-Ansatz[2] (BEPS Aktionspunkt 5) erzielt werden konnte.[3] Diese unterscheiden sich jedoch in ihrer Ausgestaltung und somit ihrer Wirkungsweise. Der nachfolgende Beitrag konzentriert sich dabei vor allem auf einen Aspekt, dem bisher in der Literatur kaum Beachtung geschenkt wurde. Dies betrifft die Aufwendungen im Land der IP-Box, die dem Lizenzempfänger im Rahmen der Lizenzvergabe erwachsen. Diese werden bei der Beurteilung der effektiven Steuerbelastung der Patentverwertungsgesellschaften bzw. von Lizenzgestaltungen offenbar regelmäßig vernachlässigt, sodass es mitunter zur Anwendung der Abzugsbeschränkung kommt, obwohl der Lizenzgeber gar keinen (nennenswerten) Steuervorteil erzielt, der eines Ausgleichs durch Hinzurechnung der Lizenzaufwendungen beim Schuldner bedarf. Bei fehlender Berücksichtigung der beim Lizenzgläubiger anfallenden Aufwendungen ergibt sich hieraus aber regelmäßig eine Überkompensation, deren Höhe (auch) davon abhängt, wie das ausländische Patentboxregime – insbesondere in Bezug auf die Berücksichtigung der Aufwendungen im Wege des Brutto- oder Nettoprinzips[4] – ausgestaltet ist.

Diese Fragestellung ist über die Patentboxen im Zusammenhang mit § 4j EStG hinaus von grundsätzlicher Bedeutung für die Ausgestaltung von Missbrauchsnormen. Wie jüngst in einem Beitrag von *Küppers*[5] aufgezeigt, nimmt auch im Rahmen der Besteuerungsmodelle für die digitale Wirtschaft die Aufwandsberücksichtigung eine zentrale Bedeutung ein. Sobald Steuersubstrat umverteilt wird, stellt sich die Frage nach der Brutto- oder Nettobetrachtung wie dies für den § 4j EStG in diesem Beitrag exemplarisch bezüglich möglicher Wirkungsweisen vorgestellt wird.

Zu den Patentverwertungsgesellschaften ist anzumerken, dass diese oftmals nur mit substanzlosen/-armen Briefkastengesellschaften in Verbindung gebracht werden, denen keine oder nur sehr geringe Aufwendungen erwachsen.[6] Dementgegen kann die Patentverwertungsgesellschaft aber auch weitreichende Funktionen ausüben und Risiken übernehmen, z. B. könnten dort i. S. eines IP-Managements Entscheidungen bezüglich des IP-Portfolios in Hinblick auf Verwertung und Vertrieb getroffen werden.[7] Mit der dafür erforderlichen personellen und sachlichen Ausstattung gehen folglich entsprechende Aufwendungen im IP-Box-Staat einher, die im Kontext der Lizenzabzugsbeschränkungen zu berücksichtigen sind. Gleiches gilt für den nicht seltenen Fall, dass die Verwertungsgesellschaft das Patent oder die Lizenz entgeltlich erwirbt und ihr damit Aufwendungen i. S. v. Abschreibungen oder Lizenzzahlungen entstehen.[8] Im Ergebnis sollen also gerade nicht nur bloße Briefkastengesellschaften erfasst werden, da Gewinnverlagerungen in niedrig besteuerte ausländische Gesellschaften ohne wesentliche unternehmerische Tätigkeit bereits durch die Vorschriften zur Hinzurechnungsbesteuerung in den §§ 7–14 AStG erfasst werden.

Im Rahmen des Beitrags werden typisierte Fallgestaltungen analysiert, die neben den grenzüberschreitenden Steuersatzabweichungen auch die Höhe der bei der Patentverwertungsgesellschaft anfallenden Aufwendungen berücksichtigen. Als Refe-

---

2 Vgl. *OECD* (2015), Agreement on Modified Nexus-Approach for IP Regimes.
3 Kritisch hierzu z. B. *Höreth/Stelzer* (2017), S. 275; *Schneider/Junior* (2017), S. 419.
4 Ausführlich hierzu unter II. (3).
5 *Küppers* (2022), S. 389 ff.
6 Vgl. *Drummer* (2021), S. 31 f.
7 Vgl. hierzu z. B. OECD (2022a), Tz. 6.76 ff., Annex to chapter VI, Tz. 10 (Example 4).
8 Vgl. *Spitzenverbände der Deutschen Wirtschaft* (2017), S. 10 f.

renzsachverhalt soll dabei der reine Inlandssachverhalt – ohne § 4j EStG – dienen. In einem ersten Schritt erfolgt die Einschaltung einer ausländischen Patentgesellschaft mit IP-Box, wobei etwaige Aufwendungen des Lizenzempfängers zunächst vollständig unberücksichtigt bleiben. Im zweiten Schritt werden Aufwendungen im IP-Box-Staat miteinbezogen, die – je nach Höhe und konkreter Ausgestaltung des Vorzugsregimes – eine überschießende Wirkung des § 4j EStG zur Folge haben.

2 Ausgestaltung der Abzugsbeschränkung bei Lizenzaufwendungen

2.1 Maßnahmen zur Vermeidung der Steuersubstratverlagerung bei Lizenzaufwendungen

Um Gewinnverlagerungen mittels Lizenzgestaltungen zu vermeiden bestehen für den Gesetzgeber zwei grundsätzliche Ansatzpunkte. Zum einen können die Lizenzgebühren einer beschränkten Steuerpflicht im Ansässigkeitsstaat des Lizenznehmers unterworfen werden. Damit könnte der Betriebsausgabenabzug beim Lizenznehmer ausgeglichen werden. Neben der Veranlagung des beschränkt steuerpflichtigen Lizenzgebers könnte alternativ eine abgeltende Quellensteuer, die durch den Lizenznehmer einzubehalten ist, zur Ausgestaltung der Steuererhebung dienen. Zum anderen kann der Betriebsausgabenabzug eingeschränkt werden, wenn beim Lizenzgeber die Lizenzzahlungen keiner hinreichenden Besteuerung unterworfen werden.

Die beschränkte Steuerpflicht des Empfängers der Lizenzgebühren dürfte in Deutschland in der Regel nach § 49 Abs. 1 Nr. 2[9], 3, 6 oder Nr. 9 i. V. m. § 49 Abs. 2 EStG bereits gegeben sein. Aufgrund der internationalen Vereinbarungen gestaltet sich die Besteuerung jedoch schwierig. Das OECD-Musterabkommen weist in Art. 12 Abs. 1 das Besteuerungsrecht ausschließlich („nur") dem Ansässigkeitsstaat des Lizenzgebers zu, auch wenn Art. 12 Abs. 4 eine Missbrauchsregelung beinhaltet. Diese betrifft aber nur die unangemessene Preisfestsetzung bei Lizenzgebühren, nicht jedoch eine als zu niedrig empfundene Besteuerung im Ansässigkeitsstaat des Empfängers. Diese Regelung entspricht auch der Verhandlungsgrundlage Deutschlands für DBA.[10] Dementsprechend ist auch eine Quellensteuererhebung in DBA-Fällen mangels Besteuerungsrecht regelmäßig ausgeschlossen. Innerhalb der EU untersagt die Zins- und Lizenzrichtlinie zudem die steuerliche Erfassung der Lizenzgebühren (Art. 1 Abs. 1 RL 2003/49/EG). Soweit keine Einschränkung des Besteuerungsrechts für Deutschland besteht, wird von den ins Ausland gezahlten Lizenzgebühren eine abgeltende Quellensteuer nach § 50a Abs. 1 Nr. 3 EStG i. V. m. § 50a Abs. 2 EStG i. H. v. 15 % erhoben. Eine Berücksichtigung von Betriebsausgaben oder Werbungskosten ist ausgeschlossen.[11]

---

9 Von besonderer Bedeutung könnten hier in ein inländisches öffentliches Buch oder Register eingetragene Rechte sein (§ 49 Abs. 1 Nr. 2f EStG), die nach Auffassung der Finanzverwaltung auch ohne weiteren inländischen Anknüpfungspunkt eine beschränkte Steuerpflicht auslösen.
10 Vgl. RdSchr. d. BMF v. 22.8.2013 - IV B 2 - S 1301/13/10009.
11 Vgl. *Reimer* (2022), § 50a EStG, Rn. 69. I. S. einer unionsrechtskonformen Auslegung lässt die Finanzverwaltung den Betriebsausgaben- bzw. Werbungskostenabzug nach Maßgabe von § 50a Abs. 3 Satz 1 EStG inzwischen auch für Fälle der Rechteüberlassung (§ 50a Abs. 1 Nr. 3 EStG) zu. Vgl. BMF v. 17.6.2014, BStBl 2014 I S. 887.

Für den Ausschluss des Betriebsausgabenabzugs beim Lizenznehmer spricht demgegenüber, dass internationale Vereinbarungen nicht tangiert werden, weil sich die steuerliche Korrektur auf den im Inland ansässigen Lizenznehmer bezieht. Diesen Ansatzpunkt haben Deutschland und Österreich gewählt.

Bei der Ausgestaltung des Ausschlusses bzw. der Einschränkung des Betriebsausgabenabzugs ist nach dem Rechtsgrund und der Rechtsfolge zu differenzieren.

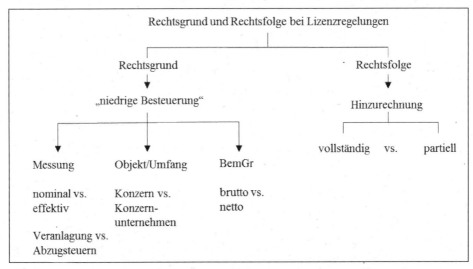

Abbildung 1: Rechtsgrund und Rechtsfolge bei Lizenzregelungen

Der Rechtsgrund wird regelmäßig in einer zu niedrigen Besteuerung der Lizenzgebühr im Ansässigkeitsstaat des Lizenzgebers gesehen. Dies begründet sich häufig in Sonderregelungen für Patentgesellschaften.[12] Die Ausgestaltung im Detail unterscheidet sich hinsichtlich der in die Belastungsrechnung einbezogenen Steuersubjekte. Daneben kann variieren, ob als Erfolgsgröße für die Quantifizierung der Steuerbelastung die Brutto-Lizenzgebühren oder die Netto-Lizenzgebühren (nach Berücksichtigung von Betriebsausgaben des Lizenzgebers) Verwendung finden. Zuletzt ist auch zu fragen, wie die Steuerlast gemessen wird. Diese kann sich aus den Nominalsteuersätzen ableiten, alternativ können Effektivsteuersätze Anwendung finden. Für die Berechnung der Nominal- bzw. Effektivsteuersätze ist weiterhin von Bedeutung, welche Steuerarten bzw. Erhebungsformen von Steuern berücksichtigt werden. Diese Frage stellt sich zum Beispiel hinsichtlich etwaiger Sondersteuern – wie der Gewerbesteuer in Deutschland oder der Kommunalsteuer in Österreich – sowie hinsichtlich der Einbeziehung von Quellensteuern, z. B. im Land des Lizenznehmers.

Als Rechtsfolge kommt es beim Lizenznehmer je nach Ausgestaltung zu einer – wie im Falle Österreichs – vollständigen oder teilweisen Hinzurechnung der Lizenzgebühr. Dies kann im Einzelfall zu einer Überbesteuerung führen, wenn die Steuerlasten beim Lizenznehmer und Lizenzgeber summiert werden. Die Ausgestaltung in Deutschland sieht demgegenüber eine Hinzurechnung in Abhängigkeit von der Höhe der Vorbelastung der Lizenzgebühren beim Lizenzgeber vor. Vereinfacht for-

---

12 Für eine Übersicht siehe z. B. *Raab* (2018), S. 128 f.

muliert soll nur eine Minderbesteuerung gegenüber einer Referenzbelastung von 25 % ausgeglichen werden.

2.2 Relevanz einer (Lizenz-)Abzugsbeschränkung

Ausweislich seiner Gesetzesbegründung will der deutsche Gesetzgeber mit § 4j EStG insbesondere (bereits) bis zum Ablauf der für die Umsetzung des Nexus-Ansatzes vorgesehenen Übergangsfrist am 30.6.2021[13] durchgeführte Steuergestaltungen erfassen. Dabei räumt er selbst ein, dass dauerhafte Steuermehreinnahmen nur eintreten, soweit die Staaten auch nach Ablauf der Übergangsfrist nicht Nexus-konforme Patentboxen anbieten.[14] Nichtsdestoweniger lässt sich die Wirkungsweise des § 4j EStG hinsichtlich der Sicherstellung eines Mindestbesteuerungsniveaus mit Hilfe von Abzugsbeschränkungen auch anderswo beobachten. So sehen die Pläne der OECD zur zweiten Säule (*Pillar Two*) bezüglich der Herausforderungen bei der Besteuerung der Digitalen Wirtschaft als einen Bestandteil der GloBE[15]-Mindeststeuer eine sog. *Untertaxed Payments Rule* vor.[16] Sollte diese als Aufwandsabzugsbeschränkung ausgestaltet werden,[17] ist in konzeptioneller Hinsicht eine Vergleichbarkeit mit § 4j EStG gegeben.[18] Die Mindeststeuer greift dabei auch dann, wenn die (Lizenz-)Zahlungen hinsichtlich des DEMPE-Konzepts[19] fremdüblich sind[20] und eine etwaige Patentboxbesteuerung im Empfängerstaat dem Nexus-Ansatz (BEPS Aktionspunkt 5) entspricht.[21]

---

13 Vgl. *OECD* (2015/16), Tz. 65.
14 Bis einschließlich 2021 rechnet der Gesetzgeber jedenfalls mit ca. 650 Fällen und Steuermehreinnahmen von 30 Mio. Euro pro Jahr. Vgl. *Bundesrat* (2017), S. 5; *Bundestag* (2017a), S. 2, 10. Demgegenüber kritisch hinsichtlich eines „ausufernden" Anwendungsbereichs *Geberth* (2017), S. M5; *Spitzenverbände der Deutschen Wirtschaft* (2017), S. 2.
15 *Global anti base-Erosion*.
16 Am 20.12.2021 hat die OECD Mustervorschriften („Model Rules") der zweiten Säule für die nationale Umsetzung der globalen Mindeststeuer veröffentlicht, vgl. hierzu z. B. *Schwarz* (2022), S. 37 ff. Bereits am 22.12.2021 hat die EU-Kommission diesbezüglich einen Richtlinienvorschlag veröffentlicht (COM(2021) 823 final), der zu einer einheitlichen Umsetzung in der EU beitragen soll. Vgl. hierzu z. B. *Rieck/Fehling* (2022), S. 51 ff.
17 Bereits in ihrem *Blueprint* zu Säule 2 vom 14.10.2020 stellt die OECD den Staaten die konkrete Ausgestaltung als Abzugsbeschränkung (*limitation or denial of deduction for payments*) oder Steueraufschlag (*additional tax*) ausdrücklich frei. Vgl. *OECD* (2020), Tz. 519. Auch in den *Model Rules* vom 20.12.2021 führt die OECD aus, dass in Bezug auf die betreffende Zahlung ein Abzugsverbot (*shall be denied a deduction*) oder eine dementsprechende Steuerbelastung ausgelöst werden soll (*or required to make an equivalent adjustment under domestic law*). Vgl. *OECD* (2021), Tz. 2.4.1 sowie hierzu *Dehne/Rosenberg* (2022), S. 557 und die Tz. 43–45 der am 14.3.2022 von der OECD veröffentlichten Erläuterungen zu den *Model Rules*.
18 Vgl. *Altenburg* et al. (2019), S. 2452; *Englisch* (2021), S. 12; *Esakova/Rapp* (2021), S. 2051; *Gebhardt* (2020), S. 961.
19 Vgl. hierzu OECD (2022a), insbes. Kapitel VI.
20 Für Kritik hierzu vgl. z. B. *Pinkernell/Ditz* (2020), S. 9, 11.
21 Vgl. *Dehne/Rosenberg* (2022), S. 558; *Englisch* (2021), S. 5. Der Bericht vom Oktober 2020 enthält in Kapitel 4.3 jedoch eine formelbasierte Substanzausnahme (*formulaic substance-based carve-out*), die auch solchen Konzernen zugutekommen könnte, die Nexus-konforme IP-Boxen in Anspruch nehmen und dort FuE-Personal beschäftigen. Vgl. *Ditz/Pinkernell* (2020), S. 424. Auch die *Model Rules* vom 20.12.2021 beinhalten in Kapitel 5.3 (weiterhin) eine substanzbasierte Ausnahmeregelung, die u. a. lohnabhängig ausgestaltet ist (*payroll carve-out*; entsprechend Art. 27 des RL-Vorschlags der EU-Kommission v. 22.12.2021). Vgl. *Pinkernell/Ditz* (2021), S. 453 f.

Auch das Steueroasenabwehrgesetz[22] beinhaltet in § 8 ein Verbot des Betriebsausgaben- und Werbungskostenabzugs, sofern der Steuerpflichtige Geschäftsbeziehungen oder Beteiligungsverhältnisse in oder mit Bezug zu einem nicht kooperativen Steuerhoheitsgebiet unterhält (§ 7 Satz 1 StAbwG). Ein Steuerhoheitsgebiet ist dabei u. a. gem. § 5 Abs. 1, 2 Satz 1 StAbwG dann nicht kooperativ, wenn Regelungen zur Anwendung kommen, die im Vergleich zum örtlich üblichen Besteuerungsniveau eine deutlich geringere Effektivbelastung zur Folge haben.[23] Das Aufwandsabzugsverbot des § 8 Satz 1 StAbwG führt hierbei analog zu § 4j EStG zu einer Abweichung von dem objektiven Nettoprinzip und damit regelmäßig zur Doppelbesteuerung.[24]

2.3 Deutsche vs. österreichische Umsetzung

Aus deutscher Sicht sieht § 4j Abs. 1 Satz 1 EStG eine Beschränkung des Abzugs von Aufwendungen für die Überlassung der Nutzung oder des Rechts auf Nutzung von Rechten[25] vor. Hinsichtlich der betreffenden Aufwendungen übernimmt der Gesetzgeber nahezu vollständig den Wortlaut der in § 50a Abs. 1 Nr. 3 EStG aufgeführten und im Wege des Steuerabzugs zu versteuernden Einkünfte beschränkt Steuerpflichtiger. Damit werden gerade solche Aufwendungen erfasst, die beim ausländischen Vergütungsgläubiger zu beschränkt steuerpflichtigen Einkünften i. S. v. § 49 Abs. 1 Nr. 2, 3, 6, 9 EStG führen. Die österreichische Abzugsbeschränkung in § 12 Abs. 1 Nr. 10 öKStG stellt hingegen auf Lizenzgebühren i. S. v. § 99a Abs. 1 S. 2 öEStG und damit auf solche i. S. d. Zins- und Lizenzrichtlinie ab. Erhebliche Unterschiede zwischen den jeweils erfassten Aufwendungen dürften sich hierbei jedoch nicht ergeben.[26]

In Bezug auf die Person des Vergütungsempfängers sieht § 4j Abs. 1 Satz 1 EStG vor, dass es sich bei diesem um eine dem Schuldner nahestehende Person i. S. v. § 1 Abs. 2 AStG handeln muss,[27] sodass entsprechend o. g. Zielsetzung des Gesetz-

---

22 Art. 1 des Gesetzes zur Abwehr von Steuervermeidung und unfairem Steuerwettbewerb und zur Änderung weiterer Gesetze, BGBl 2021 I S. 2056.
23 Ein Steuersatz von (nahe) null allein stellt aber noch keinen unfairen Steuerwettbewerb dar (§ 5 Abs. 3 StAbwG). Demgegenüber sind niedrige Steuersätze im Rahmen der GloBE per se schädlich: Vgl. *Röder* (2020), S. 36.
24 Vgl. *Ditz/Seibert* (2021), S. 818; *Hörnicke/Quilitzsch* (2021), S. 316 f. Im Gegensatz zu § 4j EStG, der an eine bestimmte Aufwandsart (Rechteüberlassung) geknüpft ist, bezieht sich § 8 StAbwG auf eine bestimmte Person. Vgl. *Werthebach* (2021), S. 341.
25 Betroffen sind gem. § 4j Abs. 1 Satz 1 EStG insbesondere Urheberrechte und gewerbliche Schutzrechte, gewerbliche, technische, wissenschaftliche und ähnliche Erfahrungen, Kenntnisse und Fertigkeiten, zum Beispiel Pläne, Muster und Verfahren.
26 Von beiden Normen werden zunächst Urheberrechte erfasst. § 12 Abs. 1 Nr. 10 öKStG spricht weiter von Patenten, Marken und Mustern, was im Wesentlichen den in § 4j Abs. 1 EStG genannten gewerblichen Schutzrechten, welche in § 73a Abs. 3 EStDV u. a. als Rechte nach Maßgabe des Patent-, Gebrauchsmuster- und Markengesetzes definiert werden, entspricht. Auch Know-How wird in § 4j Abs. 1 Satz 1 EStG und § 12 Abs. 1 Nr. 10 öKStG grundsätzlich als gewerbliche, technische oder wissenschaftliche Erfahrungen umschrieben. Daneben nennt der österreichische Gesetzgeber explizit noch gewerbliche, kaufmännische oder wissenschaftliche Ausrüstungen, was gem. Tz. 1266ak öKStR auf die Erfassung von Leasinggeschäften abzielt. Aus deutscher Sicht wird die Überlassung von Sachen seit dem Jahressteuergesetz 2009 (BGBl 2009 I S. 2794) hingegen nicht mehr erfasst. Im Übrigen schließen beide Regelungen gem. Tz. 1266ak öKStR bzw. § 4j Abs. 1 Satz 1 i. V. m. § 50a Abs. 1 Nr. 3, § 49 Abs. 1 Nr. 6 EStG auch die Überlassung von Software – zumindest solange es sich nicht um Standardsoftware handelt (BFH v. 28.10.2008 - IX R 22/08, BStBl 2009 S. 527; Tz. 8000 öEStR) – mit ein.
27 Zu Betriebsstätten als Vergütungsgläubiger vgl. § 4j Abs. 1 Satz 3 EStG.

gebers gerade konzerninterne (missbräuchliche) Gestaltungen erfasst werden. Über § 4j Abs. 1 Satz 2 EStG sollen im Übrigen auch Zwischenschaltungsfälle erfasst werden, indem auf den „weiteren Gläubiger" abgestellt wird.[28] Der Anwendungsbereich der österreichischen Vorschrift ist dahingehend enger gefasst, als dass es sich beim Empfänger gem. § 12 Abs. 1 Nr. 10 lit. a öKStG um eine unbeschränkt körperschaftsteuerpflichtige juristische Person des Privatrechts i. S. v. § 1 Abs. 2 Nr. 1 öKStG oder eine vergleichbare ausländische Körperschaft handeln muss.[29] Anstelle der deutschen Voraussetzung des Nahestehens fordert § 12 Abs. 1 Nr. 10 lit. b öKStG eine Konzernzugehörigkeit im weiteren Sinne, also die (un-)mittelbare Konzernzugehörigkeit oder den (un-)mittelbaren beherrschenden Einfluss desselben Gesellschafters. Letzteres dürfte dabei bereits im Falle des (un-)mittelbaren Einflusses des Empfängers zu bejahen sein.[30]

Bezüglich des Kriteriums der niedrigen Besteuerung fordert § 4j Abs. 2 Satz 1 EStG eine Belastung mit Ertragsteuern von weniger als 25 % (quantitatives Merkmal).[31] Dabei ist abstrakt auf die Belastung der – den o. g. Aufwendungen betragsgleich gegenüberstehenden[32] – Einnahmen des Gläubigers abzustellen.[33] Etwaige, mit den Einnahmen in wirtschaftlichem Zusammenhang stehende Aufwendungen bleiben im Rahmen der Feststellung einer niedrigen Besteuerung somit außer Betracht. Die Niedrigbesteuerung muss sich dabei aber gerade aus einer sogenannten Präferenzregelung[34], also einer von der Regelbesteuerung abweichenden Besteuerung ergeben (qualitatives Merkmal), sodass gerade Vorzugsregime – wie eingangs genannte IP-Boxen[35] – erfasst werden. Ein allgemein niedriges Besteuerungsniveau im Staat des Gläubigers ist folglich nicht ausreichend.[36] Im Sinne eines Ausnahmetatbestands sind gem. § 4j Abs. 1 Satz 4 EStG außerdem solche Präferenzregelungen auszuschließen, die dem Nexus-Ansatz des Aktionspunkts 5 des OECD-BEPS-Projekts entsprechen.[37] Da dieser zu Zwecken der Vermeidung von Gewinnverlagerung und -verkürzung für die Inanspruchnahme von IP-Boxen bereits Einschränkungen bei nicht hinreichend eigener Forschungs- und Entwicklungstätigkeit im betreffenden Staat

---

28 Vgl. *Bundestag* (2017a), S. 13. Zur Umgehung der Lizenzschranke durch Zwischenschaltung einer fremden Person vgl. *Woitok* (2020), S. 1228.
29 Sofern dieser jedoch nicht dem Nutzungsberechtigten entspricht, ist gem. § 12 Abs. 1 Nr. 10 Satz 4 öKStG auf Letzteren abzustellen. Vgl. hierzu *Dolezel* (2020), Kap. X, Rn. 101 ff., m. w. N.; *Polivanova-Rosenauer* (2014), S. 106 f.; *Zöchling/Plott* (2014), S. 217 f.
30 Vgl. *Marchgraber/Plansky* (2016), § 12 öKStG, Rn. 159, m. w. N.
31 Zur Niedrigbesteuerung als Tatbestandsmerkmal und Berücksichtigung auf Rechtsfolgenseite insbesondere in Bezug auf die unionsrechtlich determinierten Grundfreiheiten ausführlich *Hüsing/Korte* (2021), S. 41 ff.
32 Vgl. *Frase* (2022), § 4j EStG, Rn. 27.6; *Rüsch* (2020), S. 66. So spricht auch das BMF von der Besteuerung der „korrespondierenden" Einnahmen des Gläubigers. Vgl. BMF v. 5.1.2022, BStBl 2022 I S. 100, Tz. I. Teilweise wird dementgegen die Auffassung vertreten, dass die „Einnahmen" nach deutschem Steuerrecht (gesondert) zu ermitteln seien. Vgl. *Benz/Böhmer* (2017), S. 207; *Pohl* (2021), § 4j EStG, Rn. 89.
33 Vgl. z. B. *Ritzer/Stangl/Karnath* (2017), S. 73 f.; *Rüsch* (2020), S. 68, m. w. N.; *Schnitger* (2017), S. 223; a. A. *Geurts/Staccioli* (2017), S. 517
34 Zum Begriff der Präferenzregelung vgl. *Moser* (2018), S. 348 ff.
35 Das BMF weist aber ausdrücklich darauf hin, dass die betreffende Präferenzregelung nicht ausschließlich für Einnahmen aus Rechteüberlassungen gelten muss, sodass nicht nur IP-Regime als Präferenzregelung qualifizieren können. Es genügt, dass „auch" die Einnahmen aus Rechteüberlassungen erfasst werden. Vgl. BMF v. 5.1.2022, BStBl 2022 I S. 100, Tz. I.1.
36 Vgl. BMF v. 5.1.2022, BStBl 2022 I S. 100, Tz. I.2.
37 Vgl. *OECD* (2015/16). In der Entwurfsfassung enthielt der Gesetzestext anstelle des Verweises auf den OECD-Bericht noch eine eigene Definition des Kriteriums der „substantiellen Geschäftstätigkeit". Vgl. hierzu *Kaul* (2018), S. 51 ff.

vorsieht,[38] sollen also vor allem solche Regime erfasst werden, welche aufgrund ihrer Ausgestaltung gerade zu einer missbräuchlichen Verwendung anstiften.[39]

§ 12 Abs. 1 Nr. 10 lit. c öKStG sieht den Tatbestand der niedrigen Besteuerung hingegen erst bei einer Belastung von weniger als 10 % als erfüllt an,[40] wobei entgegen der deutschen Regelung auf die Einkünfte abzustellen ist.[41] Die Niedrigbesteuerung kann sich dabei aus vier möglichen Fallkonstellationen ergeben. So ist diese gem. § 12 Abs. 1 Nr. 1 lit. c TS 1 öKStG anzunehmen, wenn die Lizenzeinkünfte aufgrund einer persönlichen oder sachlichen Befreiung keiner Besteuerung unterliegen. Gem. TS 2 und 3 kann außerdem sowohl eine Nominalbelastung beim Empfänger von weniger als 10 % als auch eine entsprechend niedrige effektive Belastung das Auslösen der Lizenzschranke herbeiführen. Letztere muss dabei jedoch durch eine „auch" für die betreffenden Einkünfte vorgesehene Steuerermäßigung, also insbesondere auch von IP-Boxen zumeist beinhalteten Steuerbefreiungen und fiktiven Betriebsausgabenabzügen,[42] bedingt sein. Einen dem deutschen § 4j Abs. 1 Satz 4 EStG entsprechenden Befreiungstatbestand für zum Nexus-Ansatz konforme IP-Boxen enthält die österreichische Regelung – nachdem zum Zeitpunkt deren Einführung in 2014 noch keine Einigung auf den Nexus-Ansatz vorlag – nicht. Zuletzt sind gem. TS 4 auch solche Fälle zu erfassen, in denen eine Steuerrückerstattung, sowohl auf Unternehmens- wie auch Gesellschafterebene, zu einer Steuerbelastung von weniger als 10 % führt.

Als Rechtsfolge sieht § 4j Abs. 1 Satz 1, 2 i. V. m. Abs. 3 EStG eine Beschränkung des Aufwandsabzugs nach Maßgabe der Belastung durch Ertragsteuern i. S. v. Abs. 2 vor. Der Anteil der Aufwendungen, der wieder hinzuzurechnen ist, ist dabei anhand folgender Formel zu bestimmen:

$$\text{Hinzurechnung} = \frac{25\,\%\text{-Belastung durch Ertragsteuern in \%}}{25\,\%}.$$

Somit ist der nichtabzugsfähige Teil nach Maßgabe der Belastung der den Aufwendungen korrespondierend gegenüberstehenden Einnahmen zu bestimmen, wobei (auch) auf Rechtsfolgenseite eine Berücksichtigung etwaiger o. g. Aufwendungen des Vergütungsgläubigers nicht stattfindet. Im Extremfall kann damit in Deutschland – bei einer Ertragsteuerbelastung von 0 % des Vergütungsempfängers – eine vollständige Hinzurechnung erfolgen, während beim ausländischen Vergütungsempfänger gegebenenfalls mit den Lizenzeinnahmen in wirtschaftlichem Zusammenhang stehende Aufwendungen in gleicher Höhe anfallen. Somit erzielt dieser Einkünfte i. H. v. 0, so dass ihm mithin keinerlei Vorteile aus der IP-Box-Besteuerung erwachsen.

---

38 Vgl. *OECD* (2015/16), S. 9 f.
39 Hierzu hat das BMF am 19.2.2020 ein Schreiben (BStBl 2020 I S. 238) veröffentlicht, das u. a. Präferenzregelungen enthält, die im VZ 2018 dem Nexus-Ansatz nicht entsprechen. Vgl. hierzu z. B. *Weigel/Schega* (2020), S. 473. Darauf aufbauend wurde am 6.1.2022 ein weiteres Schreiben betreffend die VZ 2018, 2019 und 2020 veröffentlicht (BStBl 2022 I S. 103). Das BMF greift dabei grds. auf die Prüfung der Nexus-Konformität durch das FHTP zurück. Soweit Präferenzregelungen i. S. v. § 4j EStG nicht durch das FHTP geprüft wurden, muss die Prüfung nach Auffassung der Finanzverwaltung im Rahmen des inländischen Besteuerungsverfahrens vorgenommen werden. Vgl. BMF v. 5.1.2022, BStBl 2022 I S. 100, Tz. II.2.
40 In der Entwurfsfassung war noch eine Niedrigsteuergrenze von 15 % vorgesehen. Vgl. Österreichisches Bundesministerium für Finanzen (2014), S. 7.
41 Ausführlich hierzu unter III. (1).
42 Vgl. Rn. 1266bi öKStR.

		§ 4j EStG	§ 12 Abs. 1 Nr. 10 öKStG
(1)	Art der Lizenzgebühr	· Aufwendungen für die Überlassung der Nutzung oder des Rechts auf Nutzung von Rechten i. S. v. § 50a Abs. 1 Nr. 3 i. V. m. § 49 Abs. 1 Nr. 2, 3, 6, 9 EStG → Urheberrechte i. S. v. § 73a Abs. 2 EStDV → gewerbliche Schutzrechte i. S. v. § 73a Abs. 3 EStDV → gewerbliche, technische, wissenschaftliche und ähnliche Erfahrungen, Kenntnisse und Fertigkeiten	· Aufwendungen für Lizenzgebühren i. S. v. § 99a Abs. 1 S. 2, 3 öEStG bzw. Art. 12 Abs. 2 OECD-MA, Art. 2 lit. b RL 2003/49/EG → Urheberrechte an literarischen, künstlerischen oder wissenschaftlichen Werken → Patente, Marken, Muster → Muster oder Modelle, Pläne, geheime Formeln oder Verfahren oder Mitteilung gewerblicher, kaufmännischer oder wissenschaftlicher Erfahrungen → gewerbliche, kaufmännische oder wissenschaftliche Ausrüstungen
(2)	Vergütungsempfänger	· dem Schuldner nahestehende Person i. S. v. § 1 Abs. 2 AStG → sämtliche ESt- und KSt-Subjekte mit Gewinn- oder Überschusseinkünften → Betriebsstätten, die ertragsteuerlich als Nutzungsberechtigter der Rechte behandelt werden	· Körperschaft i. S. v. § 1 Abs. 2 Nr. 1 öKStG oder vergleichbare ausländische Körperschaft · (un)mittelbar konzernzugehörig oder dem (un)mittelbaren beherrschenden Einfluss desselben Gesellschafters unterstehend → Empfänger, die die EU-Vorgaben für Risikokapitalbeihilfen erfüllen, sind auszunehmen → sofern Empfänger ≠ Nutzungsberechtiger, ist auf den Nutzungsberechtigen abzustellen
(3)	Belastungskriterium		
	(a) Ermittlung	· Belastung durch Ertragsteuern, die sich aus einer von der Regelbesteuerung abweichenden Besteuerung der Einnahmen (Präferenzregelung) ergibt, soweit diese nicht dem Nexus-Ansatz entspricht	· keine Besteuerung der Lizenzgebühren aufgrund persönlicher oder sachlicher Befreiung · nominale Steuerbelastung der Lizenzgebühren · effektive Steuerbelastung aufgrund einer auch für die Lizenzgebühren vorgesehenen Steuerermäßigung · Steuerbelastung aufgrund einer Steuerrückerstattung auf Unternehmens- oder Anteilseignerebene
	(b) Höhe	· 25 % → unter additiver Berücksichtigung möglicher Quellensteuern → unter Berücksichtigung einer etwaigen Gruppen- oder ausländischen Hinzurechnungsbesteuerung	· 10 % → unter (ggf.) additiver Berücksichtigung möglicher Quellensteuern, vergleichbarer KSt nachgelagerter Gebietskörperschaften und Ergänzungsabgaben zur KSt → unter Berücksichtigung einer etwaigen Gruppen- oder ausländischen Hinzurechnungsbesteuerung
(4)	Rechtsfolge	· (anteilige) Hinzurechnung: $\dfrac{25\,\% - \text{Belastung durch Ertragsteuern}}{25\,\%}$	· vollständige Hinzurechnung

Abbildung 2: Gegenüberstellung der deutschen und österreichischen Regelung zu Lizenzgebühren

Durch die teilweise Nichtabzugsfähigkeit der Lizenzgebühren kommt es nicht nur zu einer Besteuerung i. H. v. 25 %, sondern zu einer Hochschleusung auf das entsprechende deutsche Besteuerungsniveau von – im Falle einer Kapitalgesellschaft – typisiert rund 30 %,[43] da der nichtabzugsfähige Teil der Lizenzgebühren der deutschen Regelbesteuerung (KSt und GewSt) unterliegt. Trotz alledem geht die Rechtsfolge der österreichischen Abzugsbeschränkung noch über § 4j Abs. 1, 3 EStG hinaus.[44] So sieht § 12 Abs. 1 Nr. 10 öKStG eine vollständige Hinzurechnung der betreffenden

---

43 Vgl. *Schneider/Junior* (2017), S. 421 (Fn. 47).
44 Für eine beispielhafte zahlenmäßige Gegenüberstellung vgl. *Hemmerich* (2019), S. 297.

Aufwendungen vor.⁴⁵ Die steuerliche Vorbelastung in der Bandbreite von 0 bis 10 % der Einkünfte beim Lizenzgebührgläubiger findet damit explizit keine Berücksichtigung. Die Möglichkeit des Nachweises wirtschaftlicher Gründe für die betreffenden Transaktionen ist nicht vorgesehen.⁴⁶

3 Wirkungsanalyse

Nachdem im Rahmen des § 12 Abs. 1 Nr. 10 öKStG zum Zwecke der Feststellung einer niedrigen Besteuerung auf die Einkünfte des Lizenzempfängers abzustellen ist, findet eine vollumfängliche Berücksichtigung etwaiger mit den Lizenzeinnahmen zusammenhängender Aufwendungen statt.⁴⁷ Die nachfolgende Wirkungsanalyse bezieht sich deshalb lediglich auf die deutsche Regelung in § 4j EStG. Um die Wirkungsweise aufzeigen und die Frage nach einer möglichen Überbesteuerung als Rechtsfolge beantworten zu können, sollen nachfolgend zwei in wirtschaftlicher Hinsicht identische Alternativen der organisatorischen Ausgestaltung im Konzern gegenübergestellt werden:

(i) Die inländische Konzernmutter erwirbt das IP und setzt es im Rahmen ihrer Geschäftstätigkeit ein.

Die Muttergesellschaft (MG) erzielt in diesem Fall durch die Verwertung des IP Erträge im In- und Ausland, die annahmegemäß der inländischen Besteuerung unterliegen.

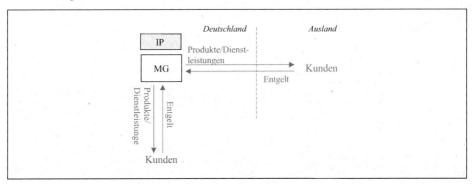

Abbildung 3: Ausgangssituation

(ii) Eine im Ausland ansässige Konzerntochter (TG) erwirbt das IP und lizensiert es an die deutsche Konzernmutter, die es im Rahmen ihrer Geschäftstätigkeit einsetzt.

In der alternativen (gestalterischen) Variante wird das IP durch eine IP-Gesellschaft in einem Staat mit besonderem Steuerregime für IP erworben. Der inländischen Muttergesellschaft wird eine Lizenz für die Nutzung des IP gegen eine

---

45 Für eine empirische Analyse der Wirkung der österreichischen Lizenzschranke vgl. *Hemmerich/Heckemeyer* (2021), S. 221 ff.
46 Vgl. *Amberger/Petutschnig* (2014), S. 78.
47 Ob die (entlastende) Wirkung aus der Berücksichtigung der Aufwendungen des Lizenzgebers auf der Tatbestandsseite dadurch "ausgeglichen" wird, dass rechtsfolgenseitig eine – entgegen § 4j EStG – stets vollständige Hinzurechnung erfolgt, ist nicht Gegenstand der nachfolgenden Untersuchung.

Lizenzgebühr eingeräumt. Eine eigene Nutzung durch die IP-Gesellschaft erfolgt nicht.

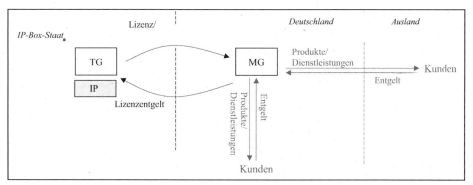

Abbildung 4: Einsatz einer Patentbox

Im Rahmen der Wirkungsanalyse werden verschiedene Parameter einbezogen, um jeweils deren Steuerbelastungswirkungen aufzuzeigen. Die folgenden Parameter werden betrachtet:

(1) ausländischer Vorzugssteuersatz der IP-Gesellschaft (s_{PB})

(2) inländischer Steuersatz des Lizenzschuldners (s_I)

(3) laufende Aufwendungen der IP-Gesellschaft (Aufwandsquote a)

Zielsetzung ist es aufzuzeigen, inwieweit es durch § 4j EStG gelingt, Gewinnverlagerungen durch Lizenzgestaltungen zu korrigieren und eine Steuerbelastung entsprechend der Ausgangsvariante (i) zu erzeugen. Besondere Aufmerksamkeit wird dabei der Frage gewidmet, ob durch die Regelungen ggf. auch eine überschießende Besteuerung (Strafbesteuerung) entstehen kann, sodass u. U. bei Konstellationen innerhalb der EU ein Verstoß gegen das Diskriminierungsverbot vorliegen könnte. Dabei wird den Aufwendungen auf Ebene der IP-Gesellschaft besondere Aufmerksamkeit gewidmet, um zu klären, ob eine am Gewinn orientierte Besteuerung resultiert.

Als Ausgangspunkt dienen die Steuerwirkungen des reinen Inlandsfalls (i). Dessen Steuerbelastung dient als Referenz, weil § 4j EStG diejenigen Gestaltungen aufgreifen soll, die durch das internationale Steuergefälle oder spezifische Anreizregelungen ausländischer Staaten zu durch den Gesetzgeber als missbräuchlich eingestuften Verlagerungshandlungen führen (ii). Die maßgebende Steuerbelastung für die Annahme eines Missbrauchs wird durch § 4j EStG selbst mit 25 % definiert. Dies entspricht der in Deutschland üblichen Referenzgröße für die Messung des Missbrauchs und findet sich auch in § 8 Abs. 5 AStG für die Hinzurechnungsbesteuerung.

Unberücksichtigt bleibt, dass die vollständige Durchleitung der Erträge aus der Verwertung des IP über die Lizenzgebühr zur Lizenzbox nicht möglich sein wird. Die Finanzverwaltung würde eine derartige Bepreisung im Rahmen des § 1 AStG korrigieren, da ein angemessener Gewinn mit dem Einsatz der Lizenz im Inland verbleiben muss. Dementsprechend würde ein inländischer Gewinnaufschlag auf die Lizenzgebühr notwendig. Für die weitere Analyse kann dies jedoch vernachlässigt werden, da sich bezogen auf den erzielten Gesamtertrag die Effekte der Steuergestaltung reduzieren würden, jedoch kein Einfluss auf die Korrektur der Verlagerung durch § 4j EStG bezogen auf die Lizenzgebühr entsteht.

3.1 Steuersatz der ausländischen Patentbox

Bei Verlagerung des Patenterwerbs auf die ausländische Konzerngesellschaft entsteht bei der inländischen Konzernmutter durch die Lizenzgebühr ein Aufwand, bei der ausländischen Konzerngesellschaft ein Ertrag. Unter der Annahme, dass keinerlei sonstigen Aufwendungen bei der Patentgesellschaft anfallen, sind die Lizenzeinnahmen mit dem ausländischen Präferenzsteuersatz zu versteuern. Im Inland erfolgt eine Entsteuerung in Höhe des inländischen Steuersatzes (s_I). Dieser soll zunächst entsprechend der Referenz in § 4j EStG mit 25 % angenommen werden, so dass sich ein Steuervorteil – ohne Berücksichtigung von § 4j EStG – ergibt, soweit der ausländische Steuersatz unter 25 % liegt. Die Anwendung von § 4j EStG führt dazu, dass bei ausländischen Steuersätzen für die Patentbox (s_{PB}) unter 25 % die Lizenzgebühren im Inland nur anteilig in Abhängigkeit vom ausländischen Steuersatz abzugsfähig sind. Beträgt der ausländische Steuersatz nur 10 % müssen (25 % - 10 %)/25 % = 60 % der Lizenzgebühren hinzugerechnet werden. Lediglich 40 % können als Aufwand abgezogen werden. Dementsprechend ergibt sich eine Gesamtsteuerbelastung von 10 % auf die Lizenzgebühren im Ausland und 15 % im Inland (25 % v. 60 %). In Summe entspricht dies somit – gem. Sinn und Zweck der Norm – der durch § 4j EStG vorgegebenen Referenzbesteuerung, so dass im Ergebnis der Betriebsausgabenabzug ausgeglichen wird. Dieses Ergebnis tritt aber nur in dem hier angenommenen, aber wenig realistischen Fall ein, der den ausländischen Steuersatz als einzigen Parameter berücksichtigt und die inländische Ertragsteuerbelastung mit 25 % normiert.

Im Fall von § 12 Abs. 1 Nr. 10 öKStG ergibt sich ein Steuervorteil ohne Berücksichtigung der Abzugsbeschränkung tatsächlich dann, wenn der ausländische Patentbox-Steuersatz unter 25 % liegt, da dies dem gesetzlichen Körperschaftsteuersatz in § 22 Abs. 1 öKStG entspricht. In o. g. Fallkonstellation kommt es aus österreichischer Sicht nicht zur Hinzurechnung der Aufwendungen, da § 12 Abs. 1 Nr. 10 öKStG erst bei einer Belastung von weniger als 10 % greift. Aufgrund der dann vollständigen Hinzurechnung wird jedoch nicht nur die Referenzbesteuerung von 25 % erreicht, vielmehr kommt es – bei s_{PB} > 0 % – zu einer Belastung über das nationale Besteuerungsniveau hinaus.[48]

	§ 4j EStG	§ 12 Abs. 1 Nr. 10 öKStG
	$s_{PB} + \dfrac{25\ \% - s_{PB}}{25\ \%} \times 25\ \%\ (s_I)$	$s_{PB} + 100\ \% \times 25\ \%\ (s_I)$
s_{PB} = 0 %	0 % + 100 % × 25 % = **25 %**	0 % + 100 % × 25 % = **25 %**
s_{PB} = 5 %	5 % + 80 % × 25 % = **25 %**	5 % + 100 % × 25 % = **30 %**
s_{PB} = 9 %	9 % + 64 % × 25 % = **25 %**	9 % + 100 % × 25 % = **34 %**
s_{PB} = 10 %	10 % + 60 % × 25 % = **25 %**	10 % = **10 %** (Abzugsbeschränkung kommt nicht zur Anwendung)
s_{PB} = 15 %	15 % + 40 % × 25 % = **25 %**	15 % = **15 %** (Abzugsbeschränkung kommt nicht zur Anwendung)

Abbildung 5: inländisches Steuerniveau nach Anwendung der Lizenzschranke

---

48 Vgl. *Hemmerich* (2019), S. 298.

3.2 Steuersatz des inländischen Lizenzschuldners

In der vorstehend betrachteten ersten Variante wurde ein inländischer Ertragsteuersatz in Höhe des in § 4j EStG vorgesehenen Referenzsteuersatzes angenommen. Da die Gewerbesteuer jedoch durch die kommunale Hebesatzberechtigung variiert, hängt die tatsächliche Steuerbelastung auch von der Höhe der inländischen Ertragsteuer ab.[49] Regelmäßig greift z. B das Finanzministerium auf einen Hebesatz von 400 %[50] zurück. Für die Höhe der Belastung der Lizenzgebühr lässt sich somit ein allgemeines Berechnungsschema darstellen, das sich nach der Hinzurechnungsbedingung des § 4j EStG differenziert:

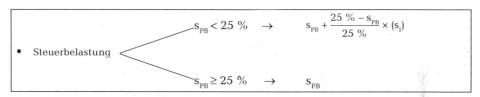

Die Steuerbelastung wird als %-Satz bezogen auf die Lizenzgebühr ausgedrückt, da Aufwendungen annahmegemäß ausgeschlossen sind und die Lizenzgebühr somit dem verlagerten Gewinn entspricht.

Für die Differenzierung ist lediglich s_{PB} entscheidend, da nach § 4j Abs. 2 EStG die Hinzurechnungsbedingung einzig von der Höhe der ausländischen Ertragsteuern in % auf die Einnahmen abhängt. Wird exemplarisch von einer inländischen Ertragsteuerbelastung (s_I) von 30 % ausgegangen, zeigt sich bereits, dass nur bei einem ausländischen Patentsteuersatz von 0 % eine Kompensation des inländischen Betriebsausgabenabzugs durch die Lizenzgebühr erfolgt. Bei höheren Patentboxsteuersätzen bis s_{PB} = 25 % resultiert ein unvollständiger Ausgleich. Nachdem zunächst der Steuervorteil aus der Patentboxgestaltung mit zunehmendem s_{PB} steigt, nimmt er bei (unrealistischen) Patentboxsteuersätzen ab 25 % wieder ab. Dies begründet sich dadurch, dass der höher besteuerte inländische Anteil der Lizenzgebühr sukzessive sinkt. Bei s_{PB} > 25 % wird die Steuerentlastung durch den Aufwandsabzug im Inland zunehmend durch die Belastung der Lizenzgebühr im Patentboxstaat kompensiert. Bei einem Steuersatz s_{PB} von 30 % resultiert wie bei s_{PB} = 0 % wiederum Steuerneutralität.

---

49 In Österreich erheben die Gemeinden seit Abschaffung der Gewerbesteuer zwar – in Anlehnung an die bis dahin erhobene Lohnsummensteuer – (auch) eine Kommunalsteuer, jedoch wird diese i. H. v. 3 % auf die Summe der Arbeitslöhne erhoben, die an die Dienstnehmer der in der Gemeinde gelegenen Betriebsstätte eines Unternehmens gewährt worden sind (§§ 1, 5 Abs. 1 Satz 1 KommStG). Im Gegensatz zur deutschen Gewerbesteuer knüpft diese also nicht i. S. einer Objektsteuer an den inländischen Gewerbebetrieb an, sondern führt (lediglich) zu einer steuerbedingten Erhöhung der Arbeitskosten, soweit eine Überwälzung auf den Arbeitnehmer nicht gelingt. Vgl. hierzu *Kirchmayr*, in: *Mennel/Förster* (2021), Österreich, Rn. 240 ff.; *Kniersch/Niemann* (2005), S. 3, 18 f.

50 Dies entspricht dem durchschnittlichen Gewerbesteuerhebesatz von 400 % (2020). Vgl. *Statistisches Bundesamt* (2021), S. 8.

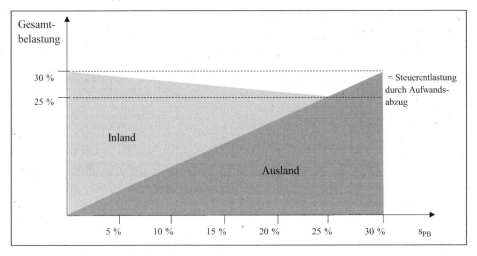

Quelle: in Anlehnung an *Ritzer/Stangl/Karnath* (DK 2017), S. 76.

Abbildung 6: Steuerbelastung durch § 4j EStG (s_I = 30 %)

In Bezug auf § 12 Abs. 1 Nr. 10 öKStG wird in nachfolgender Abbildung deutlich, dass auch hier nur im Falle eines Patentboxsteuersatzes von 0 % ein vollständiger Ausgleich i. S. einer Hochschleusung auf das inländische Steuerniveau von 25 % erfolgt. Im Gegensatz zur deutschen Regelung kommt es bei 0 % < s_{PB} < 10 % nicht zum unvollständigen Ausgleich des Steuervorteils aus der Patentboxgestaltung, sondern zu einer Mehrbelastung im Vergleich zum reinen Inlandsfall. Für einen Vorzugssteuersatz von 10 % ergibt sich der größte Steuervorteil, da die Abzugsbeschränkung nicht zur Anwendung kommt. Bei einem s_{PB} von 25 % herrscht analog zu s_{PB} = 0 % wiederum Steuerneutralität.

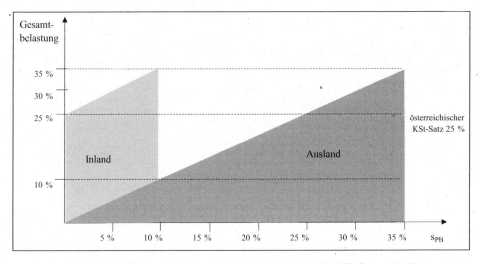

Abbildung 7: Steuerbelastung durch § 12 Abs. 1 Nr. 10 öKStG (s_I = 25 %)

Um die potentiellen Wirkungen eines realistischeren inländischen Ertragsteuersatzes aufzuzeigen, kann auf das gesamte Belastungsspektrum der Gewerbesteuer zurückgegriffen und der Solidaritätszuschlag einbezogen werden. Die Mindestgewerbesteuer beträgt nach § 16 Abs. 4 GewStG 7 % (H = 200 %), so dass die minimale inländische Besteuerung bei 22 % – unter Berücksichtigung des Solidaritätszuschlags – bei 22,83 % liegt.[51] Wird weiterhin von Spitzenhebesätzen der Gewerbesteuer von über 500 bis fast 600 % ausgegangen, resultiert eine maximale Ertragsteuerbelastung von 33,33 % bis 36,83 %.[52]

Hierdurch zeigt sich die Anreizwirkung von Patentboxen. Selbst bei einer minimal möglichen inländischen Gesamtsteuerbelastung von 22,83 % ist davon auszugehen, dass die Patentboxsteuersätze regelmäßig niedriger liegen werden.

Für die Steuerwirkungen des § 4j EStG hat dies zur Folge, dass bei steigenden inländischen Ertragsteuersätzen die Abweichungen der Belastungswirkung gegenüber dem auszugleichenden Betriebsausgabenabzug zunehmen. Die verbleibenden Steuerentlastungen durch die Patentbox nehmen folglich zu. Umgekehrt zeigt sich, dass es bei Steuersätzen $s_I < 25\,\%$ zu einer Steuerstrafe kommt. Durch die Hinzurechnung entsteht eine Steuerbelastung, die über den Steuervorteil der Patentbox hinausgeht. Die Steuerstrafe steigt mit zunehmenden ausländischen Steuersätzen s_{PB}. Unter Steuerstrafe ist dabei zu verstehen, dass durch die Anwendung des § 4j EStG die Gesamtsteuerbelastung im In- und Ausland über die Inlandsteuerbelastung steigt. In Kommunen mit niedriger Gewerbesteuerbelastung ist somit von der Nutzung von Patentboxen abzuraten, wenn § 4j EStG ausgelöst wird.

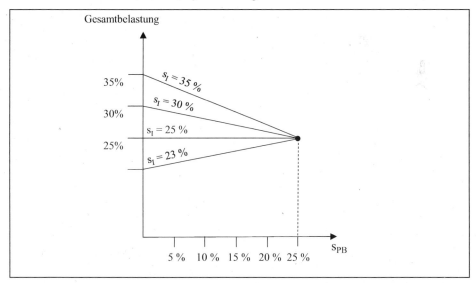

Abbildung 8: Steuerbelastung bei variablen inländischen Steuersätzen s_I

---

51 Zur Reduktion der Gewerbesteuerbelastung durch Nutzung von Gewerbesteueroasen vgl. *Müllmann* (2021), S. 27 ff.
52 Bei Berücksichtigung der Gemeinde Wettlingen (Rheinland-Pfalz) mit einem Hebesatz von 600 % ergäbe sich der fiktive maximale Steuersatz von 36,83 %. Hohe Gewerbesteuerhebesätze finden sich z. B. in Oberhausen (580 %) oder Mühlheim an der Ruhr (550 %). Der durchschnittliche Gewerbesteuerhebesatz aller Gemeinden in Deutschland betrug in 2020 400 %.

Der Vollständigkeit halber sei darauf hingewiesen, dass die deutschen inländischen Belastungswirkungen damit noch nicht hinreichend beschrieben sind, da bei Lizenzgebühren nach § 8 Nr. 1 lit. f GewStG ein 25 %iger Zinsanteil anzunehmen ist, der zu 25 % der Hinzurechnung unterliegt (effektiv: 6,25 % der Lizenzgebühr). Dementsprechend unterscheidet sich die Bemessungsgrundlage der Körperschaft- und der Gewerbesteuer. Diese Hinzurechnung nach § 8 GewStG betrifft zum einen den Betriebsausgabenabzug der Lizenzgebühr, zum anderen entfällt diese Hinzurechnung für den Betrag der Lizenzgebühr, der nach § 4j EStG korrigiert wird, da die Hinzurechnung nach § 8 GewStG unter dem Vorbehalt des Betriebsausgabenabzugs steht. Die Entlastungswirkung aus der Lizenzgebühr ohne § 4j EStG berechnet sich demnach als:

Gewerbesteuerliche Auswirkungen (§ 8 Nr. 1 lit. f GewStG):	
$S_I =$	$H \times 3{,}5\,\% \times \text{BemG}_{\text{GewSt}} + s_{\text{KSt}} \times \text{BemG}_{\text{KSt}} \times 1{,}055$ bzw.
$S_I =$	$(s_I - 6{,}25\,\% \times 3{,}5\,\% \times H) \times \text{Lizenzgebühr}$ (mit $s_I = s_{\text{KSt}} + s_{\text{GewSt}}$)

Durch die Hinzurechnung nach § 4j EStG reduziert sich der nach § 8 GewStG hinzuzurechnende Betrag. Für die Differenzierung nach § 4j EStG sind die formelmäßigen Zusammenhänge dementsprechend anzupassen.[53] Für den Regelfall[54] von $s_{PB} < 25\,\%$ reduziert sich mit der Hinzurechnung nach § 4j EStG die gewerbesteuerliche Hinzurechnung. Dem durch die Gewerbesteuer modifizierten Betriebsausgabenabzug im Inland steht folgende, mit der Verlagerung ausgelöste Steuerbelastung unter Berücksichtigung der Korrektur nach § 4j EStG gegenüber:

- Steuerbelastung[1]
  - $s_{PB} < 25\,\% \rightarrow s_{PB} + \frac{25\,\% - s_{PB}}{25\,\%} \times (s_{\text{KSt}} \times 1{,}055 + 3{,}5\,\% \times H) - (\frac{25\,\% - s_{PB}}{25\,\%}) \times (6{,}25\,\% \times H \times 3{,}5\,\%)$
  - $s_{PB} \geq 25\,\% \rightarrow s_{PB} + (6{,}25\,\% \times H \times 3{,}5\,\%)$

[1] in % der Lizenzgebühr

Die Gesamtsteuerbelastung (S_G) aus inländischer und ausländischer Besteuerung ergibt sich somit als

$$S_G = [s_{PB} + \frac{25\,\% - s_{PB}}{25\,\%} \times s_I - (\frac{25\,\% - s_{PB}}{25\,\%}) \times (6{,}25\,\% \times H \times 3{,}5\,\%)] + [- s_I + (6{,}25\,\% \times H \times 3{,}5\,\%)]$$

Für $s_{PB} = 10\,\%$ und $H = 400\,\%$ (somit ergibt sich für $s_I = 29{,}83\,\%$) resultiert eine Gesamtsteuerbelastung von -1,58 %. Dies entspricht somit der verbleibenden Entlastung durch die ausländische Patentbox. Für $s_{PB} = 10\,\%$ und den Mindesthebesatz von $H = 200\,\%$ (folglich $s_I = 22{,}83\,\%$) ergibt sich eine Gesamtsteuerbelastung von 1,05 %. Die Patentbox entfaltet hier durch die Anwendung des § 4j EStG keine Entlastungswirkung mehr und liegt sogar oberhalb der deutschen (minimalen) Regel-

---

53 Der Freibetrag nach § 8 Nr. 1 GewStG von 200.000 € wird als anderweitig verbraucht angenommen.
54 Der formalen Vollständigkeit halber ist darauf hinzuweisen, dass im Falle eines (unrealistisch hohen) Steuersatzes $s_{PB} > 25\,\%$ dem inländischen reduzierten Betriebsausgabenabzug weiterhin die volle ausländische Steuerbelastung gegenübersteht. Bei s_{PB} von 25 % kommt es somit nicht zu einem Ausgleich von Betriebsausgabenabzug und ausländischer Steuerbelastung, vielmehr verbleibt eine Steuerbelastung in Höhe der gewerbesteuerlichen Hinzurechnung.

belastung von 22,83 %. Im Ergebnis verändert die Gewerbesteuerhinzurechnung des § 8 GewStG das Ergebnis nicht grundlegend.

3.3 Aufwendungen im Rahmen der IP-Box

Die bisherigen Ausführungen haben sich nur auf die Einnahmenebene bezogen, so wie dies auch § 4j EStG nahe legt. Wie unter I. erläutert ist aber davon auszugehen, dass regelmäßig mit den Lizenzgebühren Aufwendungen bei den Patentboxen verursacht werden, deren steuerliche Abzugsfähigkeit in die Überlegungen einzubeziehen ist.[55] In Bezug auf die Ausgestaltung der Patentboxregelung ist dabei zu unterscheiden, ob der Aufwand die im Ausland steuerbegünstigte Bemessungsgrundlage der Patentbox mindert oder der Aufwand zum ausländischen Regelsteuersatz entlastet wird.[56] Die zweite Variante kann als weitergehende Form der Begünstigung von Patentboxen betrachtet werden, zumindest, wenn regelbesteuerte Einkünfte in dem entsprechenden Land bestehen.[57] In der ersten Variante reduziert sich der Besteuerungsvorteil, da der entstandene Aufwand die Bemessungsgrundlage (nur) für den niedrigen Steuersatz der Patentbox mindert.

Beispiel[58]

Die (begünstigten) Lizenzeinnahmen betragen 100 GE, die damit in Zusammenhang stehenden Aufwendungen 50 GE. Daneben fallen weitere, nicht begünstigte Einkünfte i. H. v. 150 GE an. Der Regelsteuersatz beträgt 30 %, der Patentbox-Steuersatz 10 %.

	Nettoprinzip – Abzug (nur) zum Patentboxsteuersatz –	Bruttoprinzip – Abzug zum Regelsteuersatz –
BemGr Lizenzeinkünfte	50 GE	100 GE
BemGr übrige Einkünfte	150 GE	100 GE
Gesamtbelastung	**50 GE**	**40 GE**
Vorteil ggü. vollständiger Regelbesteuerung	10 GE	20 GE

Vereinfachend wird nachfolgend der durch die Lizenzierung entstehende Aufwand als %-Satz der Lizenzgebühr (a) definiert. Zudem wird zunächst davon ausgegangen, dass der Aufwand die begünstigt zu besteuernden Patentboxerträge mindert (Nettoprinzip). In dieser Erweiterungsstufe des Grundfalls zeigen sich die Mängel des § 4j EStG deutlich, da die Ermittlung der nicht abzugsfähigen Lizenzgebühren im Inland die im Ausland bei der Patentbox angefallenen Aufwendungen nicht berücksichtigt.

---

55 Verlagerungskosten werden hierbei vernachlässigt, sodass nur mit den Lizenzerträgen in unmittelbarem Zusammenhang stehende Aufwendungen berücksichtigt werden sollen.
56 Vgl. *Evers/Miller/Spengel* (2015), S. 509.
57 Beispielhaft ist der belgische Patentabzug zu nennen. Bis zum 1.7.2016 (unter Berücksichtigung eines Bestandsschutzes bis zum 30.6.2021) konnten hierbei 80 % der Bruttoeinnahmen aus Patenten abgezogen werden. Der seit dem 1.7.2016 anwendbare Abzug für Innovationseinkünfte im Umfang von 85 % ist dementgegen nach Maßgabe des Nettoprinzips ausgestaltet. Vgl. hierzu *De Wolf* (2017), S. 638 ff.
58 Vgl. hierzu ausführlich *Hofer/Weidlich* (2016), S. 755; für eine rechnerische Gegenüberstellung der (Über)Belastungswirkung des § 4j EStG bei Anwendung von Brutto- und Nettoprinzip vgl. auch *Schneider/Junior* (2017), S. 421 f.

Grundsätzlich ist davon auszugehen, dass mit steigendem Aufwand der Steuervorteil der ausländischen Patentbox sinkt. Gleichzeitig bleibt die Korrektur im Rahmen des § 4j EStG aber konstant. Beispielhaft wird dies an drei verschiedenen Szenarien mit $a_1 = 0\,\%$, $a_2 = 50\,\%$ und $a_3 = 80\,\%$[59] dargestellt, wobei die Lizenzgebühr 100 GE umfassen soll. Der Vorzugs-Steuersatz im Land der Patentbox (s_{PB}) soll 10 % betragen. Als Referenzsteuersatz wird von $s_I = 30\,\%$ ausgegangen, in Klammern werden die Werte für $s_I = 25\,\%$ angegeben, also den Steuersatz, der unter den ursprünglichen Ausgangsbedingungen zu „steuerneutralen" Wirkungen führt.

Aufwands-quote	Inländische Steuerentlastung	Steuer (IP)	IP-Box-Vorteil	Korrektur § 4j EStG	ΔS
$a_{1 = 0\,\%}$	30 (25)	10	20 (15)	18 (15)	-2 (0)
$a_{2 = 50\,\%}$	30 (25)	5	25 (20)	18 (15)	-7 (-5)
$a_{3 = 80\,\%}$	30 (25)	2	28 (23)	18 (15)	-10 (-8)

Die inländische Korrektur des § 4j EStG ist scheinbar in ihrem Wirkungsmechanismus nicht mehr in der Lage den „steigenden" Steuervorteil zu kompensieren, der sich dadurch ergibt, dass die ausländische Steuerbelastung gegenüber der inländischen Belastung zunimmt. Dieser Denkfehler basiert auf der fehlenden Berücksichtigung der Aufwendungen auf Ebene der Patentbox. Mithin ist dieser Vergleich aber sinnlos, da in der Ausgangsbetrachtung die entsprechenden Aufwendungen ebenfalls angefallen wären und somit auch die inländische Besteuerung gemindert hätten. Etwas anderes gilt nur bezüglich der durch die Patentboxgestaltung zusätzlich entstandenen Aufwendungen.

Unter der Annahme, dass die Aufwendungen auch in der Inlandsvariante angefallen wären (z. B. Verrechnung der Anschaffungs- bzw. Herstellungskosten des IP), ist der Vergleich dahingehend vorzunehmen, ob durch die Verlagerung des immateriellen Wirtschaftsguts sowie der damit verbundenen Aufwendungen ein Steuervorteil entsteht. Auch beim reinen Inlandsfall würde nur der Gewinn aus dem immateriellen Wirtschaftsgut der Besteuerung unterliegen.

Aufwands-quote	(Fiktive) inländische Steuer	Steuer (IP)	IP-Box-Vorteil	Korrektur § 4j EStG	ΔS
$a_{1 = 0\,\%}$	30 (25)	10	20 (15)	18 (15)	-2 (0)
$a_{2 = 50\,\%}$	15 (12,5)	5	10 (7,5)	18 (15)	8 (7,5)
$a_{3 = 80\,\%}$	6 (5)	2	4 (3)	18 (15)	14 (12)

Bei dieser Gegenüberstellung zeigt sich, dass bei einer Aufwandsquote von 0 % ein Steuervorteil verbleibt, demgegenüber bei einer Aufwandsquote von 50 % bzw. 80 % eine steuerliche Mehrbelastung gegenüber einer reinen Inlandssituation resultiert. § 4j EStG wirkt somit als Strafsteuer (Überkompensation). Bei einer Aufwandsquote von 50 % steht einer Steuerminderung durch die Patentbox i. H. v. 10 eine Mehrbelastung durch § 4j EStG i. H. v. 18 gegenüber. In Summe kommt es zu einer Steuerbelastung von [(18 + 5)/50 =] 46 % (bei einer angenommenen Referenz von 30 %).

---

[59] Ein Aufwandsanteil von 80 % dürfte in den meisten Fällen unrealistisch hoch sein. Möglich könnten solche Fälle werden, wenn Lizenzgebühren aufgrund vertraglicher Regelungen oder staatlicher Eingriffe bei gleichzeitig anfallenden Kosten nicht angepasst werden können. Zielsetzung ist es, die Auswirkungen für alle potentiell möglichen Situationen mit a von 0 % bis 100 % und s_{PB} von 0 % bis 25 % aufzuzeigen, für die § 4j EStG Anwendung finden würde, da vorrangig die systematische Wirkungsweise dargestellt werden soll.

Findet der Referenzsteuersatz von 25 % aus § 4j EStG Anwendung, ergibt sich das bekannte Ergebnis bei $a_1 = 0$. Steuerbelastung und Steuerentlastung gleichen sich aus. Soweit $a > 0$ angenommen wird, kommt es zu Belastungswirkungen.

Zusammenfassend zeigt sich, sofern der Steuersatz der ausländischen Patentbox unter 25 % liegt, kommt es mit zunehmenden (eigenen) Aufwendungen des Lizenzempfängers zu einer Überkompensation des durch die Patentbox ausgelösten Steuervorteils. Die Steuerwirkungen hängen von der Aufwandsquote (a), dem Steuersatz der Patentbox (s_{PB}) sowie dem inländischen Steuersatz s_I ab.

- Steuerbelastung[1]
  - $s_{PB} < 25\,\% \rightarrow (1-a) \times s_{PB} + \frac{25\,\% - s_{PB}}{25\,\%} \times s_I$
  - $s_{PB} \geq 25\,\% \rightarrow (1-a) \times s_{PB}$

[1] in % der Bruttolizenzeinkünfte (= Steuerlast bei L = 100)

- Steuerbelastung[2]
  - $s_{PB} < 25\,\% \rightarrow [(1-a) \times s_{PB} + \frac{25\,\% - s_{PB}}{25\,\%} \times s_I]/(1-a)$
  - $s_{PB} \geq 25\,\% \rightarrow [(1-a) \times s_{PB})]/(1-a)$

[2] in % der Nettolizenzeinkünfte

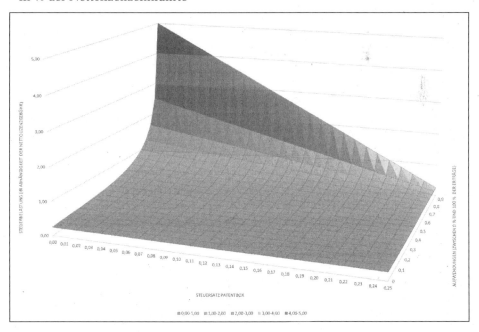

Abbildung 9: Steuerbelastungswirkung in Abhängigkeit von a und s_{PB}

Es zeigt sich, dass mit zunehmendem a die Steuerbelastung steigt und über 100 % der Nettolizenzgebühr hinausgehen kann. Ein Wert von 100 % ergibt sich z. B. bei einer Aufwandsquote von 75 % und einem Patentboxsteuersatz von 0 %. In diesem Fall würde eine Lizenzgebühr i. H. v. 100 GE im Inland aufgrund der vollständigen

Versagung des Aufwandsabzugs mit 25 GE (25 %) belastet werden, die 100 % der Nettolizenzgebühr (100 GE - (100 GE x 75 %) = 25) entsprechen. Nur bei einer Aufwandsquote von a = 0 % ergibt sich unabhängig von s_{PB} eine Belastung von 25 %. Werden willkürlich einzelne Werte herausgegriffen, ermittelt sich die Steuerbelastung bei a = 10 % und s_{PB} = 10 % mit 26,67 % und bei a = 40 % und s_{PB} = 5 % mit 38,33 %. Im Extremfall von a = 95 % und s_{PB} = 0 % entspricht – bei einer Lizenzgebühr von 100 GE – die Belastung aufgrund von § 4j EStG im Inland (25 GE) sogar dem Fünffachen der Nettolizenzgebühr i. H. v. 5 GE (100 GE - (100 GE x 95 %)).

Wie oben gezeigt, ist für die Analyse der Steuerbelastung die Abweichung zur reinen Inlandsgestaltung entscheidend, die dem Gesetzgeber als Maßstab dient. Insofern sollte die Steuerbelastung aus der Wirkung des § 4j EStG und dem inländischen Betriebsausgabenabzug der Belastung der Referenzgestaltung entsprechen. Im Referenzfall ergibt sich eine Entlastung der Betriebsausgaben in Höhe des inländischen Steuersatzes. Durch die Verlagerung in die Patentbox ergeben sich abzugsfähige Lizenzgebühren im Inland, die in der Patentbox abzüglich der dort angefallenen Aufwendungen der ermäßigten Besteuerung unterliegen. Diesen Vorteil soll die Korrekturvorschrift des § 4j EStG ausgleichen:

Referenz Inlandsfall (i)	Variante mit Einschaltung einer ausl. IP-Gesellschaft (ii)		
	Betriebsausgabenabzug	+ Steuer Patentbox	+ Korrektur § 4j
$- a \times s_I =$	$- s_I$	$+ (1 - a) s_{PB}$	$+ \dfrac{25\% - s_{PB}}{25\%} \times s_I$

Umgeformt bedeutet dies, dass die Belastung des Nettolizenzertrags bei einer Besteuerung in Deutschland derjenigen aus Patentboxbelastung und Korrektur des § 4j EStG entsprechen soll.

$$(1- a) \times s_I = (1 - a) \times s_{PB} + \frac{25\% - s_{PB}}{25\%} \times s_I$$

Es ist offensichtlich, dass diese Gleichung nicht aufgeht, vielmehr bei a > 0 eine Differenz resultiert, selbst wenn s_I mit 25 % angenommen wird. Während bei s_{PB} = 10 % und a = 10 % eine Steuerlast von 22,5 zu erwarten wäre, ergibt sich insgesamt eine Belastung von 24. Bezogen auf die Nettolizenzgebühr von (1 - a) resultiert eine effektive Belastung von 26,67 %, die somit über der inländischen Belastung liegt.

Alternativ kann sich bei Patentboxregimen die Steuerbegünstigung auf die Einnahmen aus den immateriellen Werten beziehen, so dass die mit dem IP zusammenhängenden Aufwendungen zum ausländischen Regelsteuersatz (s_A) entlastet werden (Bruttoprinzip) – zumindest, wenn hinreichend andere ausländische Erträge vorhanden sind. Die Korrekturvorschrift des § 4j EStG ist davon nicht betroffen, da im Rahmen von § 4j Abs. 2 EStG Bezug auf unterschiedliche Formen der Steuerbegünstigung genommen wird, sich diese jedoch nur auf die Einnahmenseite beziehen (Kürzungen, Befreiungen, Gutschriften, Ermäßigungen). Erfasst sind damit nur fiktive Aufwandsquoten, die von den zu versteuernden Lizenzgebühren in Abzug gebracht werden können, sodass nur ein Bruchteil der Lizenzgebühren tatsächlich der (Patentbox-)Besteuerung unterliegen. Eine Abzugsfähigkeit von tatsächlichen Aufwendungen zum ausländischen Regelsteuersatz ist dadurch nicht erfasst.

Für die Ermittlung der Steuerbelastung ist die Besteuerung im Land der Patentbox in zwei Komponenten aufzusplitten. Bezogen auf die Brutto- bzw. Nettolizenzgebühr ergeben sich folgenden Steuerbelastungen:

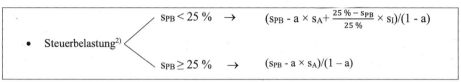

- Steuerbelastung[1]
  - $s_{PB} < 25\%$ → $s_{PB} - a \times s_A + \frac{25\% - s_{PB}}{25\%} \times s_I$
  - $s_{PB} \geq 25\%$ → $s_{PB} - a \times s_A$

[1] in % der Bruttolizenzgebühr

- Steuerbelastung[2]
  - $s_{PB} < 25\%$ → $(s_{PB} - a \times s_A + \frac{25\% - s_{PB}}{25\%} \times s_I)/(1 - a)$
  - $s_{PB} \geq 25\%$ → $(s_{PB} - a \times s_A)/(1 - a)$

[2] in % der Nettolizenzgebühr

Unter der Annahme, dass $s_A = s_I = 25\%$ ist, ergibt sich folgende Konstellation in Abhängigkeit von a bei einem Patentboxsteuersatz von 10 % und einer Lizenzgebühr von 100:

a	s_{PB}	s_A	Korrektur § 4j	Belastung
10 %	10	- 2,5 (- 3)	15 (18)	22,5 (25)
50 %	10	- 12,5 (- 15)	15 (18)	12,5 (13)

Diese Entlastung entspricht dem Zielwert, da bei Nettolizenzeinkünften von 90 bzw. 50 aus deutscher Sicht eine Steuerbelastung von 22,5 (90 × 25 %) bzw. 12,5 (50 × 25%) resultieren sollte. Dies gilt aber nur bei einem Steuersatz von $s_I = s_A = 25\%$. Die Steuerbelastung ist dann allerdings unabhängig von a und s_{PB}.

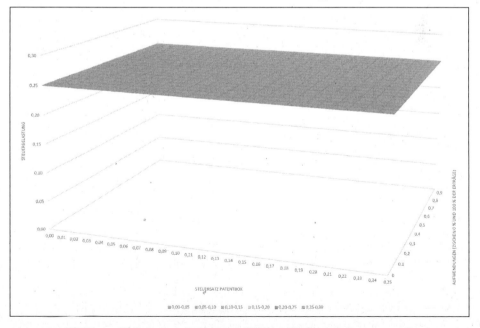

Abbildung 10: Belastung bei $s_I = s_A = 25\%$ in Abhängigkeit von s_{PB} und a

Bei einem Steuersatz $s_A = s_I$ von 30 %, ergeben sich Abweichungen (Werte in Klammern). In diesem Fall wird durch § 4j EStG die Entlastung durch die Patentbox nicht vollständig ausgeglichen, es verbleibt jeweils eine Entlastung i. H. v. konstant 2. Dies liegt daran, dass der konstanten Belastung durch § 4j EStG eine konstante Entlastung durch die Patentbox gegenübersteht.

	(Fiktive) inl. Steuer	Steuer (IP)	Vorteil IP-Box	Korrektur § 4j EStG	∆ S
$a_{1=0\%}$	30	10 - 0 = 10	20	18	- 2
$a_{2=50\%}$	15	10 - 15 = - 5	20	18	- 2
$a_{3=80\%}$	6	10 - 24 = -14	20	18	- 2

Soweit s_A und s_I voneinander abweichen, ergeben sich entsprechend Mehr- oder Minderbelastungen.

Wird die Steuerbelastung formelmäßig auf die Nettolizenzeinkünfte bezogen ergibt sich folgende graphische Darstellung der Belastungswirkung:

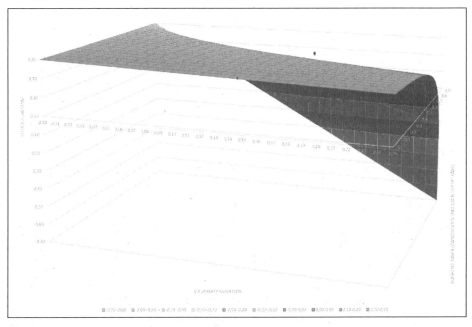

Abbildung 11: Belastung bei $s_I = s_A = 30\%$ in Abhängigkeit von s_{PB} und a

Bei einem Patentboxsteuersatz von 0 % ergibt sich durchgehend eine Belastung von 30 %. Ansonsten gilt für alle a, dass jeweils die Steuerbelastung mit zunehmenden Patentboxsteuersatz sinkt. Bei a = 10 % ergeben sich Steuerbelastungen von 30 % ($s_{PB} = 0\%$) bis 24,44 % ($s_{PB} = 25\%$). Bei hohen a (> 85 %) können auch bei zunehmenden Patentboxsteuersätzen negative Steuerbelastungen resultieren (z. B. bei a = 95 % und $s_{PB} = 10\%$ eine Belastung von -10 %). Diesen Steuerbelastungen ist jeweils die Steuerentlastung durch den Betriebsausgabenabzug der Lizenzgebühr gegenüber zu stellen.

Soweit s_I und s_A auseinanderfallen, vermengen sich die Effekte des § 4j EStG mit denjenigen der internationalen Steuerarbitrage. Liegt s_I über s_A würde sich bei der Bruttomethode das Ergebnis der Verlagerung verschlechtern, da eine geringere Aufwandsentlastung erfolgt. Im umgekehrten Fall ($s_I < s_A$),[60] der eher selten vorkommen dürfte, würde sich der Verlagerungsvorteil demgegenüber vergrößern, da der inländische Aufwandsabzug eine geringere Steuerentlastung nach sich ziehen würde.

4 Bewertung der Belastungswirkungen

Nachfolgend wird knapp auf die Ursachen der unter II. aufgezeigten Belastungswirkungen eingegangen sowie teilweise ein Vergleich zur österreichischen Regelung gezogen.

4.1 Einnahmenbezogene Betrachtungsweise

Sowohl in Deutschland als auch in Österreich findet die Anwendung der Lizenzschranke in zwei Stufen statt. Zunächst wird das Vorliegen einer ausländischen Niedrigbesteuerung überprüft, anschließend kommt es ggf. zur Ermittlung des Hinzurechnungsbetrags. In beiden Stufen stellt sich die Frage der Aufwandsberücksichtigung.

Wie bereits gezeigt ist im Rahmen der Feststellung des Tatbestands der Niedrigbesteuerung nach Maßgabe von § 4j Abs. 2 Satz 1, 2 EStG – unter Berücksichtigung sämtlicher, sich auf die Besteuerung der Einnahmen auswirkender Regelungen wie z. B. fiktiver Aufwandsabzüge – abstrakt auf die Belastung der betreffenden Einnahmen i. S. einer Bruttobetrachtung,[61] also ohne Berücksichtigung etwaiger mit den Lizenzeinnahmen in Zusammenhang stehender Aufwendungen des Gläubigers bzw. weiteren Gläubigers, abzustellen.[62] Eine Gegenüberstellung der Einnahmen mit der tatsächlichen Steuerlast findet nicht statt.[63] Indem der deutsche Gesetzgeber i. H. d. Aufwendungen für Rechteüberlassungen des deutschen Lizenznehmers entsprechende Einnahmen (Korrespondenzprinzip)[64] beim Lizenzgeber annimmt (§ 4j Abs. 1 Satz 1, 2 EStG), ist die (ausländische) Einkünfteermittlung beim Zahlungsempfänger unerheblich.[65]

---

60 Sinnvoll erscheint ausschließlich die Konstellation $s_{PB} < s_I < s_A$, da ansonsten von einer Verlagerung grundsätzlich abzusehen wäre.
61 Vgl. *Moritz/Baumgartner* (2018), S. 2138. Nicht zu verwechseln ist die Bruttobetrachtung des § 4j EStG mit dem Bruttoprinzip in Bezug auf die Ausgestaltung des (ausländischen) Patentboxregimes. Letzteres entscheidet über die Berücksichtigung der Aufwendungen im Patentboxstaat zum Regel- (brutto) oder Vorzugssteuersatz (netto) und damit über die Reichweite der Vorzugsbesteuerung (vgl. II. (3)). Die Frage nach einer Brutto- oder Nettobetrachtung in Hinblick auf die Lizenzschranke zielt hingegen auf die Berücksichtigung der Aufwendungen im Patentboxstaat für Zwecke der Feststellung einer niedrigen Besteuerung und daraus folgend einer Anwendung der Abzugsbeschränkung (im Inland) ab.
62 Vgl. *Bundestag* (2017a), S. 15. Der Referentenentwurf sah überdies vor, für Zwecke der Feststellung der *Niedrigbesteuerung der Einnahmen* des Gläubigers auf dessen *Einkünfte* abzustellen. Im Falle von mit den Lizenzeinnahmen in Zusammenhang stehenden Aufwendungen des Gläubigers führt dies jedoch unweigerlich zu einer Niedrigbesteuerung und ist abzulehnen. Vgl. *Spitzenverbände der Deutschen Wirtschaft* (2017), S. 14.
63 Vgl. *Ritzer/Stangl/Karnath* (2017), S. 74; *Schnitger* (2017), S. 223.
64 Dies gilt auch für Österreich. Vgl. *Sopp/Richter/Tasheva/Katra* (2019), S. 172.
65 Vgl. *Frase* (2022), § 4j EStG, Rn. 27.6; *Rüsch* (2020), S. 66.

§ 4j Abs. 2 Satz 2 EStG bezieht sich auf die verschiedenen Formen der Steuerermäßigung, die zu berücksichtigen sind. Dabei werden Kürzungen, Befreiungen, Gutschriften und Ermäßigungen ausdrücklich genannt.[66] Obwohl die Aufzählung nicht vollständig ist („insbesondere") ist sich das Schrifttum in Übereinstimmung mit der Begründung des Gesetzgebers[67] einig, dass an den tatsächlichen Aufwendungen orientierte Begünstigungen hier nicht erfasst sind (z. B. Forschungsprämien).[68] Befreiungen beziehen sich auf die teilweise Steuerfreistellung von Lizenzgebühren. Eine Befreiung liegt auch vor, wenn ein an die Höhe der Lizenzeinnahmen geknüpfter Abzug fiktiver Betriebsausgaben möglich ist.[69] Die tatsächlichen Betriebsausgaben spielen keine Rolle.[70] Dies dürfte auch dann gelten, wenn der fiktive Betriebsausgabenabzug den tatsächlichen Abzug ersetzt. Im Übrigen sind § 8 Abs. 5 Satz 2 und 3 AStG entsprechend anzuwenden (§ 4j Abs. 2 Satz 4 EStG).[71] Auf weitere Probleme bei der Ermittlung der Niedrigbesteuerung soll hier nicht eingegangen werden. So sei nur auf den Begriff der Ertragsteuern verwiesen, der nicht immer eindeutig abgrenzbar ist.

Im Gegensatz zur deutschen Lizenzschranke ist im Falle von § 12 Abs. 1 Nr. 10 öKStG für Zwecke der Feststellung einer niedrigen Besteuerung auf die Besteuerung der Lizenzeinkünfte abzustellen.[72] Dahingehend ist insbesondere zwischen den TS 2 und 3 zu differenzieren. Indem § 12 Abs. 1 Nr. 10 lit. c TS. 2 öKStG auf eine nominelle Steuerbelastung von weniger als 10 % abstellt, werden an der Bemessungsgrundlage anknüpfende Begünstigungen wie z. B. fiktive Betriebsausgabenabzüge hiervon gerade nicht erfasst.[73] Für Zwecke des § 12 Abs. 1 Nr. 10 lit. c TS. 3 öKStG, also der Niedrigbesteuerung aufgrund einer entsprechend niedrigen effektiven Belastung, sind gem. Tz. 1266bl öKStR die tatsächlich entrichteten Ertragsteuern mit der nach *ausländischem* Recht ermittelten und um die betreffenden Steuerermäßigungen bereinigten Bemessungsgrundlage in Relation zu setzen. Dem Steuerpflichtigen steht hierbei die Nachweismöglichkeit einer „effektiven tatsächlichen Steuerbelastung" offen.[74] Sofern dabei zu berücksichtigende Steuern – wie insbesondere auch eine etwaige österreichische Quellensteuer[75] – vom Bruttoertrag der betreffenden Lizenzgebühren erhoben werden, sind diese gem. der vom österreichischen Gesetzgeber unterstellten Nettobetrachtung also auch (nur) der um die mit den Lizenzgebühren in Zusammenhang stehenden Aufwendungen bereinigten (Netto-)Bemessungsgrundlage gegenüberzustellen.[76]

---

66 *Ritzer/Stangl/Karnath* fordern an dieser Stelle eine gesetzgeberische Klarstellung dahingehend, dass nur das qualitative Merkmal der Präferenzregelung betreffende und keine allgemeinen Effekte wie z. B. eine Verlustberücksichtigung einzubeziehen sind. *Rüsch* und offensichtlich auch *Grotherr* hingegen wollen zu diesem Ergebnis direkt im Auslegungswege gelangen. Vgl. *Grotherr* (2017), S. 242; *Ritzer/Stangl/Karnath* (2017), S. 74; *Rüsch* (2020), S. 68 (Fn. 83).
67 Vgl. *Bundestag* (2017a), S. 12 f.
68 Vgl. *Gosch* (2022), § 4j EStG, Rn. 4; *Pohl* (2022), § 4j EStG, Rn. 93; *Schneider/Junior* (2017), S. 419.
69 Vgl. *Bundestag* (2017a), S. 15.
70 Vgl. *Staccioli* (2022), § 4j EStG, Rn. 85.
71 Vgl. BMF v. 5.1.2022, BStBl 2022 I S. 100, Tz. I.2. Ausführlich hierzu *Greinert/Siebing* (2022), S. 88 f.; *Hagemann/Kahlenberg* (2022), § 4j EStG, Rn. 50, 60; *Rüsch* (2020), S. 68.
72 Vgl. Österreichische Bundesregierung (2014a), S. 13; Tz. 1266be, 1266bl öKStR.
73 Vgl. *Lehner* (2015), § 12 öKStG, Rn. 205; *Peyerl* (2014), S. 228.
74 Vgl. mit Beispiel Tz. 1266bl öKStR.
75 Siehe hierzu nachfolgend Abschnitt 2.
76 Vgl. *Lehner* (2015), § 12 öKStG, Rn. 215.

Es zeigt sich somit, dass die österreichische Regelung zur Ermittlung der Niedrigbesteuerung hinsichtlich der Berücksichtigung der tatsächlichen Aufwendungen im Zusammenhang mit der Patentbox vorzuziehen ist.

Von der Frage der Feststellung der Niedrigbesteuerung ist die Erhöhung der inländischen Bemessungsgrundlage durch den Hinzurechnungsbetrag bei Vorliegen einer Niedrigbesteuerung zu unterscheiden. Sowohl in Deutschland als auch in Österreich finden hierbei die entsprechenden ausländischen Aufwendungen keine Berücksichtigung. Dies führt zu erheblichen Belastungsverzerrungen, da der nicht abzugsfähige Teil der Lizenzgebühren nach § 4j Abs. 3 EStG von der ausländischen Bruttobesteuerung abhängig ist.

4.2 Nationale (Einzel-) vs. grenzüberschreitende Gesamtbetrachtung

Durch die Annahme einer durch internationales Steuerrecht (weitgehend) ausgeschlossenen inländischen Quellensteuer auf die Lizenzerträge, wurde im Rahmen des Beitrags für die Bestimmung der Niedrigbesteuerung nach § 4j Abs. 2 EStG nur die ausländische Besteuerung einbezogen. Allerdings ist gem. § 4j Abs. 2 Satz 1 Hs. 1 EStG für Zwecke der Feststellung einer niedrigen Besteuerung auf die Belastung durch Ertragsteuern in % abzustellen. Eine Beschränkung auf ausländische Ertragsteuern enthält der Gesetzeswortlaut demnach nicht, sodass i. S. einer grenzüberschreitenden Gesamtbetrachtung folglich u. a. auch etwaige deutsche oder ausländische Quellensteuern zu berücksichtigen sind.[77] Da der Gesetzgeber außerdem nicht von einem Steuersatz, sondern einer Belastung spricht, ist bzgl. der 25 %-Grenze an dieser Stelle keine isolierte, sondern eine additive Betrachtung der betreffenden Steuersätze anzustellen. Demnach wäre im Falle einer deutschen Quellenbesteuerung i. H. v. 15 % eine ausländische Belastung von 10 % ausreichend.[78]

Der „Steuersatz" i. S. v. § 12 Abs. 1 Nr. 10 lit. c TS. 2 öKStG ist gem. Tz. 1266bh öKStR analog zur deutschen Auffassung nicht nur als der nominale Steuersatz im Ausland zu verstehen, sodass auch hier eine grenzüberschreitende Gesamtbetrachtung zu erfolgen hat und eine etwaige Quellenbesteuerung zu berücksichtigen ist.[79] Die Frage, ob die jeweiligen Belastungen isoliert zu betrachten sind, sodass zur Vermeidung des Abzugsverbots zumindest in einem der beteiligten Staaten ein Nominalsteuersatz von mindestens 10 % vorliegen muss, wird vom Schrifttum in Abgrenzung zum Gesetzgeber und der Finanzverwaltung jedoch unterschiedlich beantwortet.[80] Während gem. Tz. 1266bh öKStR eine separate Betrachtung zu erfolgen hat, spricht sich die Literatur aus systematischer und teleologischer Sicht für eine additive Betrach-

---

77 Vgl. *Heil/Pupeter* (2017), S. 797; *Müllmann* (2021), S. 118 f.; *Schnitger* (2017), S. 223.
78 Vgl. *Heil/Pupeter*, (2017), S. 797; *Kramer* (2017), S. 881.
79 Vgl. *Bendlinger* (2014), S. 33; *Dziurdź/Marchgraber* (2014), S. 380; *Kofler/Marschner* (2014), S. 463; *Marchgraber/Plansky* (2016), § 12 öKStG, Rn. 187. Dabei ist nur der tatsächlich zur Anwendung kommende Quellensteuersatz zu berücksichtigen, welcher sich nach einer etwaigen Reduktion aufgrund von DBA oder der Zins- und Lizenzrichtlinie ergibt. Eine derartige Minderung bzw. vollständige Befreiung ist dabei im Übrigen wiederum als sachliche Steuerbefreiung bzw. Steuersatzermäßigung i. S. v. § 12 Abs. 1 Nr. 10 lit. c TS. 1, 2 öKStG anzusehen. Vgl. *Dziurdź/Marchgraber* (2014), S. 380; Tz. 1266bb öKStR.
80 Vgl. *Dziurdź/Marchgraber* (2014), S. 381; *Marchgraber/Plansky* (2016), § 12 öKStG, Rn. 174.

tung aus.[81] Hierbei zeigt sich das Konkurrenzverhältnis der TS 2 und 3. So könnte sich aus den in den betreffenden Staaten vorgesehenen nominalen Belastungen von jeweils weniger als 10 % dennoch eine tatsächliche Belastung von mehr als 10 % ergeben.[82] Da die tatsächliche Belastung gem. des Gesetzeswortlauts sowie der Auffassung der Finanzverwaltung in Tz. 1266bg öKStR für Zwecke des TS 2 jedoch irrelevant ist und die Fallgruppen grundsätzlich eigenständig zu betrachten sind,[83] wäre also auch in diesem Fall von einer Niedrigbesteuerung i. S. d. Vorschrift auszugehen. Damit würde es für die Versagung des Aufwandsabzugs im Falle einer tatsächlichen Belastung von ≥ 10 % darauf ankommen, ob gem. TS 2 aufgrund entsprechend niedriger nomineller Belastung(en) eine niedrige Besteuerung zu bejahen ist oder (trotz) Steuerermäßigungen i. S. v. TS 3 ein vollständiger Abzug zu gewähren ist.[84] Nach der Auffassung im Schrifttum könnte TS 3 in Anbetracht des Sinns und Zwecks des Abzugsverbots i. S. einer teleologischen Reduktion bei TS 2 jedoch analog zur Anwendung kommen.[85] Solange also eine tatsächliche Belastung von ≥ 10 % vorliegt, sollte auch eine niedrige Besteuerung i. S. v. TS 2 ausgeschlossen sein.[86]

Insofern erscheint die deutsche Regelung vorzugswürdig, da sie eindeutig auf die Gesamtbelastung abzielt. Zu beachten ist, dass im Falle einer Anrechnung der inländischen Quellensteuer auf die ausländische Patentboxbesteuerung keine Addition erfolgen darf, sondern nur die effektive ausländische Steuerbelastung Berücksichtigung findet. Unklar erscheint, ob im Falle der Abzugsmethode – also der Reduktion der ausländischen Bemessungsgrundlage durch Abzug der Quellensteuer – eine Berücksichtigung der Quellensteuer erfolgen muss, da die Quellensteuer dann als Aufwand zu behandeln ist, der für die Ermittlung der Niedrigbesteuerung keine Beachtung findet.

4.3 Einzelbetrachtung des Vergütungsempfängers vs. konzernweite Gesamtbetrachtung

Im Rahmen des Beitrags wurde vereinfachend davon ausgegangen, dass die Lizenzgebühr einem dem Konzern zugehörigen Lizenzgläubiger zufließt. Der Gesetzgeber hat in § 4j EStG geregelt, dass sofern die betreffenden Einnahmen einer anderen Person als dem (weiteren) Gläubiger zumindest teilweise zuzurechnen sind oder bei einer solchen besteuert werden, gem. § 4j Abs. 2 Satz 3 EStG eine kumulierte Betrachtung zu erfolgen hat, indem die Summe der (Ertragsteuer-)Belastungen heranzuziehen ist. Im Sinne einer wirtschaftlichen Betrachtungsweise ist somit auch zu berücksichtigen, ob die Lizenzeinnahmen bei einer anderen Konzerngesellschaft erfasst und bzw. oder besteuert werden, sodass nicht allein wegen einer abweichen-

---

81 Vgl. *Dziurdź/Marchgraber* (2014), S. 381. In Bezug auf der bundesstaatlichen KSt vergleichbare KSt nachgelagerter Gebietskörperschaften sieht die Finanzverwaltung gem. Tz. 1266bf öKStR u. U. bereits explizit eine additive Betrachtung vor. Auch bereits deshalb sind die (Nominal-)Steuersätze mehrerer betreffender Staaten entsprechend zu summieren. Vgl. *Lehner* (2015), § 12 öKStG, Rn. 189 f.
82 Vgl. *Dziurdź/Marchgraber* (2014), S. 381; *Lehner* (2015), § 12 öKStG, Rn. 184.
83 Vgl. *Lehner* (2015), § 12 öKStG, Rn. 183.
84 Vgl. *Dziurdź/Marchgraber* (2014), S. 381; *Marchgraber/Plansky* (2016), § 12 öKStG, Rn. 174.
85 Vgl. *Dziurdź/Marchgraber* (2014), S. 381; *Peyerl* (2014), S. 228.
86 Vgl. *Peyerl* (2014), S. 228; a. A. *Lachmayer* (2018), § 12 öKStG, Rn. 207.

den Zurechnung oder Besteuerung z. B. aufgrund einer Gruppen- oder ausländischen Hinzurechnungsbesteuerung[87] von einer niedrigen Besteuerung auszugehen ist.[88]

Nach der Gesetzesbegründung sollten durch § 4j Abs. 2 Satz 3 EStG insbesondere transparente Gesellschaften erfasst werden.[89] Soweit der Lizenzgläubiger im Ausland z. B. eine transparent besteuerte Personengesellschaft ist, muss für die Ermittlung der Niedrigbesteuerung auf die Steuerbelastung bei den Gesellschaftern des Gläubigers zurückgegriffen werden.[90] Zudem wird in der Kommentarliteratur u. a. auf den Fall des Qualifikationskonflikts[91] und die Gruppenbesteuerung[92] sowie auch Verrechnungspreiskorrekturen[93] hingewiesen.

Dadurch ergibt sich eine weitere Frage dahingehend, welche Folgen § 4j Abs. 2 Satz 3 EStG im Zusammenhang mit dem DEMPE-Konzept[94] auslöst. Soweit durch die Übernahme einzelner Funktionen durch weitere Konzerngesellschaften die Lizenzgebühr nicht mehr allein dem juristischen bzw. wirtschaftlichen Eigentümer des IP zuzurechnen ist, sondern dieser die übrigen Beteiligten für die von ihnen ausgeübten Funktionen, genutzten Vermögenswerte und übernommenen Risiken angemessen (fremdüblich) zu vergüten hat,[95] stellt sich die Frage der Ermittlung der Besteuerungshöhe.

Grundsätzlich bestehen mehrere Alternativen. So könnte zum einen für jedes – i. S. d. DEMPE-Konzepts an den Verwertungserträgen – berechtigte Unternehmen einzeln die Niedrigbesteuerung überprüft werden, jeweils unter der Voraussetzung, dass überhaupt ein Präferenzregime vorliegt. Zum anderen könnte – näher am Wortlaut des § 4j EStG – eine summarische Betrachtung vorzunehmen sein. Dann allerdings stellt sich die Frage, ob dies über alle Gesellschaften erfolgt, denen ein Lizenzanteil zuzurechnen ist, auch dann, wenn einzelne Gesellschaften keinem Präferenzregime unterliegen. Dies würde eine Art Infektions- oder Abfärbetheorie voraussetzen. Ist dieses abzulehnen, könnte sich die summarische Betrachtung nur auf diejenigen Gesellschaften beziehen, die einem Präferenzregime unterliegen. Dementsprechend wäre die Lizenzgebühr aufzuteilen. Die Rechtsfolge der Nichtabzugsfähigkeit könnte nur für den Teil der Lizenzgebühr ausgelöst werden, der an Gesellschaften mit Präferenzregelung i. S. d. § 4j EStG fließt. Diese letztere Auffassung scheint auch für ähnliche Fälle bezüglich der durch den Gesetzgeber ursprünglich adressierten Sachverhalte vertreten zu werden.[96] Gem. § 12 Abs. 1 Nr. 10 lit. c öKStG ist im Rahmen der Feststellung einer niedrigen Besteuerung – zumindest für die Fallgruppen der TS 1 bis 3 – auf die „empfangende" Körperschaft abzustellen. Die Gesetzesbegründung zum 2. AbgÄG sowie die Tz. 1266am, 1266ao f. öKStR deuten diesbezüglich zunächst darauf hin, dass empfangende Körperschaft grundsätzlich nur die sein kann bzw. können, der bzw. denen die Lizenzgebühren nach österreichischen Vor-

---

87 Das Verhältnis zur deutschen Hinzurechnungsbesteuerung wird bereits durch § 4j Abs. 1 Satz 5 EStG geklärt.
88 Vgl. *Hagemann/Kahlenberg* (2022), § 4j EStG, Rn. 55.
89 Vgl. *Bundestag* (2017a), S. 16.
90 Vgl. *Bundestag* (2017b), S. 3.
91 Vgl. *Hagemann/Kahlenberg* (2022), § 4j EStG, Rn. 55.
92 Vgl. *Staccioli* (2022), § 4j EStG, Rn. 88.
93 Vgl. *Benz/Böhmer* (2017), S. 208 (Fn. 16); *Grotherr* (2017), S. 243.
94 Vgl. hierzu z. B. *Koch* (2016), S. 881; *Puls/Heravi* (2018), S. 721.
95 Vgl. *OECD* (2022a), Tz. 6.32, 6.42.
96 Vgl. *Frase* (2022), § 4j EStG, Rn. 27.9.

schriften zuzurechnen sind.[97] U. a. in Hinblick auf eben genannte Hinzurechnungsbesteuerung bei weiteren Konzernmitgliedern stellt sich jedoch die Frage, inwieweit davon abweichend auch hier steuerliche Konsequenzen bei anderen Rechtsträgern zu berücksichtigen sind. In Hinblick auf den Gesetzeszweck, Steuervorteile im Konzern einzudämmen,[98] spricht sich die Literatur i. S. einer konzernweiten Gesamtbetrachtung dafür aus, den Kreis der empfangenden Körperschaften auf all solche zu erweitern, bei denen die Lizenzgebühren – auch nach ausländischem Recht – steuerlich erfasst werden.[99] Sofern dann bei zumindest einer empfangenden Körperschaft eine „Normalbesteuerung", also keine Niedrigbesteuerung i. S. d. TS 1 bis 3 vorliegt, wäre der Aufwandsabzug uneingeschränkt zu gewähren.[100]

Wird die Zielsetzung des Gesetzgebers in den Mittelpunkt gestellt, scheint die weitergehende deutsche Regelung besser geeignet, da sie weniger Umgehungsmöglichkeiten eröffnet. Allerdings führt dies – z. B. bei Betrachtung des DEMPE-Konzepts – zu Folgeproblemen mit einer erheblichen Komplexitätssteigerung.

5 Fazit und Ausblick

Im Rahmen des Beitrags sollten insbesondere die Auswirkungen von Aufwandskomponenten bei ausländischen Patentboxen auf die Rechtsfolge der Hinzurechnung von Lizenzgebühren im Rahmen des § 4j EStG betrachtet werden. Es zeigt sich, dass erhebliche Belastungsverzerrungen auftreten können, da weder bei der Ermittlung einer vorliegenden Niedrigbesteuerung noch bei der Bestimmung des nichtabzugsfähigen Anteils der Lizenzgebühren die Aufwendungen der ausländischen Patentbox Berücksichtigung finden.

Während in Österreich die Aufwendungen auf Ebene der Patentbox – im Unterschied zum Umfang der Hinzurechnung, der aber nicht Gegenstand dieser Untersuchung ist – keine Probleme bereiten, da die Korrekturvorschrift auf Netto-Einkünfte Bezug nimmt, ergeben sich in Deutschland durch § 4j EStG Verzerrungen, weil

(1) die Korrektur durch Bezugnahme auf die Brutto-Lizenzgebühren die Aufwendungen auf Ebene der Patentbox beim Lizenzempfänger vernachlässigt und

---

97 Vgl. Österreichische Bundesregierung (2014b), S. 14. In Bezug auf Personengesellschaften ist auf die dahinterstehenden Gesellschafter abzustellen. Vgl. Österreichische Bundesregierung (2014b), S. 14; Tz. 1266an, 1266av öKStR. Zu hybriden Gesellschaften vgl. Tz. 1266bd öKStR. Abweichend von o. g. Grundsatz soll das Abzugsverbot in Bezug auf TS 1 nicht bereits deshalb zur Anwendung kommen, wenn die Lizenzeinkünfte z. B. im Falle einer – der deutschen Organschaft entsprechenden – Gruppenbesteuerung bei einer anderen Körperschaft besteuert werden. Vgl. Österreichische Bundesregierung (2014a), S. 13.
98 Vgl. Österreichische Bundesregierung (2014a), S. 13.
99 Vgl. *Dziurdź/Marchgraber* (2014), S. 382 f.; *Marchgraber/Plansky* (2016), § 12 öKStG, Rn. 193, 196.
100 Vgl. *Dziurdź/Marchgraber* (2014), S. 383, m. w. N.; *Lehner* (2015), § 12 öKStG, Rn. 194; *Marchgraber/Plansky* (2016), § 12 öKStG, Rn. 193. *Dziurdź/Marchgraber* sprechen sich überdies dafür aus, bereits für die Prüfung dieser (einen) „Normalbesteuerung" eine konzernweite Betrachtung anzustellen. So sollten die Aufwendungen auch dann vollständig abgezogen werden können, wenn zwar jede Konzerngesellschaft aufgrund einer Steuerermäßigung i. S. v. TS 3 für sich betrachtet einer tatsächlichen Belastung von weniger als 10 % unterliegt, sich für die betreffende österreichische Gesellschaft bezüglich deren individueller Bemessungsgrundlage unter Einbezug der Steuerlast der jeweils anderen Konzerngesellschaften jedoch eine tatsächliche Belastung von mindestens 10 % ergibt. Vgl. *Dziurdź/Marchgraber* (2014), S. 383, Fn. 49.

(2) auf Ebene der Patentbox – obwohl das Nettoprinzip dominiert[101] – die Besteuerung nach der Bruttomethode unterstellt wird, also die Aufwendungen zum höheren Regelsteuersatz entlastet werden im Vergleich zum niedrigeren Patentboxsteuersatz auf die Lizenzerträge.

Im Ergebnis hängen die konkreten Auswirkungen damit auch von der Ausgestaltung des ausländischen Patentboxregimes ab.

Darüber hinaus zeigt sich, dass auch ohne entsprechende ausländische Aufwendungen die Zielsetzung des Gesetzgebers im Rahmen des § 4j EStG – die Vermeidung von Steuervorteilen durch die Verlagerung von IP in ausländische Patentboxen – nur in spezifischen Sonderfällen erreicht wird. Inwieweit dies durch den Grundsatz der Typisierung gerechtfertigt werden kann, erscheint fraglich, da die Gesamtkonzeption der Norm ansonsten eine erhebliche Komplexität aufweist. Es ist vielmehr eher ein Fiskalinteresse zu vermuten. Dies kann auch daraus abgeleitet werden, dass die österreichische Regelung durch Nachweis des Steuerpflichtigen eine Aufwandsberücksichtigung zumindest bei der Ermittlung der Niedrigbesteuerung ermöglicht.

Der Anwendungsbereich des § 4j EStG ist – spätestens mit Ablauf der Übergangsfrist am 30.6.2021 – mit den „Nicht-Nexus-konformen" Patentboxregimen überschaubar,[102] dennoch sind die Ergebnisse der Wirkungsanalyse über die betrachtete Norm hinaus von Bedeutung. Regelmäßig konzentriert sich das internationale Steuerrecht – so auch aktuell wieder bei der Diskussion um Pillar 1 und Pillar 2 als Maßnahmen für eine gerechtere Verteilung des Steuersubstrats internationaler (Digital)Konzerne – auf die Ertragserfassung und vernachlässigt die Zurechnung zugehöriger Aufwendungen.[103] Die Folgewirkungen einer solchen Vorgehensweise können anhand dieses Beitrags exemplarisch am § 4j EStG betrachtet werden.

Literaturverzeichnis

Altenburg, N./Geberth, G./Gebhardt, R./Holle, F./Oertel, E. (2019), Pläne zur Einführung einer internationalen Mindestbesteuerung – ein Überblick, DStR, 57. Jg., S. 2451–2458.

Amberger, H./Petutschnig, M. (2014), Abgabenänderungsgesetz 2014: Änderungen im EStG und KStG für Unternehmen, ÖStZ, 67. Jg., S. 70–79.

Bendlinger, S. (2014), AbgÄG 2014: Die Folgen für international tätige Unternehmen, Der Wirtschaftstreuhänder (Vereinigung österreichischer Wirtschaftstreuhänder), o. Jg., S. 30–35.

Benz, S./Böhmer, J. (2017), Der RegE eines § 4j EStG zur Beschränkung der Abziehbarkeit von Lizenzzahlungen (Lizenzschranke), DB, 70. Jg., S. 206–211.

BMF Österreich, Körperschaftsteuerrichtlinien 2013 in der Fassung v. 5.11.2021, BMF 010216/0009IV/6/2013, zuletzt geändert durch Erlass v. 5.11.2021, BMF-AV Nr. 156/2021.

Bundesrat (2017), Stellungnahme des Bundesrates; Entwurf eines Gesetzes gegen schädliche Steuerpraktiken im Zusammenhang mit Rechteüberlassungen, BR-Drucks. 59/17 v. 10.3.2017, in: https://dserver.bundestag.de/brd/2017/0059-17.pdf, abgerufen am 1.4.2022.

---

101 Vgl. *Evers/Miller/Spengel* (2015), S. 509; *Luts* (2014), S. 259.
102 Vgl. *Ditz/Quilitzsch* (2017), S. 1566. Zumindest für den VZ 2018 enthält das BMF-Schreiben v. 6.1.2022 (BStBl 2022 I S. 103) allerdings 60 Regime in 42 Ländern. Betroffen sind u. a. Frankreich, Großbritannien, Italien und Luxemburg. Die meisten Regelungen sind jedoch zum 30.6.2021 ausgelaufen oder wurden durch Nexus-konforme Regime ersetzt. Noch nicht geändert oder aufgehoben wurden ausweislich des Schreibens z. B. die Regelungen in Brunei Darussalam, Griechenland oder Katar. 4 Präferenzregime waren noch nicht endgültig geprüft, darunter die Regelungen zum Foreign Derived Intangible Income (FDII) der USA; vgl. hierzu u. a. *Jochimsen* (2018), S. 97 f., m. w. N.; *Moritz/Baumgartner* (2018), S. 2137; *Pinkernell* (2018), S. 249 ff.; *Rennar* (2022), S. 256 ff.; *Zinowsky/Ellenrieder* (2018), S. 134 ff.
103 Vgl. hierzu auch *Küppers* (2022), S. 389 ff.

Bundestag (2017a), Entwurf eines Gesetzes gegen schädliche Steuerpraktiken im Zusammenhang mit Rechteüberlassungen, BT-Drucks. 18/11233 v. 20.2.2017, in: https://dserver.bundestag.de/btd/18/112/1811233.pdf, abgerufen am 1.4.2022.

Bundestag (2017b), Stellungnahme des Bundesrates und Gegenäußerung der Bundesregierung zu Drs. 18/11233, BT-Drucks. 18/11531 v. 15.3.2017, in: https://dserver.bundestag.de/btd/18/115/1811531.pdf, abgerufen am 1.4.2022.

Bundesregierung (1964), Bericht der Bundesregierung an den Deutschen Bundestag über die Wettbewerbsverfälschungen, die sich aus Sitzverlagerungen und aus dem zwischenstaatlichen Steuergefälle ergeben können, BT-Drucks. IV/2412 v. 23.6.1964.

De Wolf, D. (2017), In Belgien ersetzt die Innovationsbox die bisherige Patentbox. Der neue Steuerabzug für Innovationseinkünfte bei Investitionen, IWB, 46. Jg., S. 638–643.

Dehne, K./Rosenberg, D. (2022), OECD: Modellregelungen zur Umsetzung einer globalen Mindestbesteuerung (GloBE – Pillar II) – Die Komplexität eines „dreistufigen" Ansatzes (Teil 1), DB, 75. Jg., S. 556–566.

Ditz, X./Seibert, C. (2021), Das neue Steueroasen-Abwehrgesetz (StAbwG) – Darstellung und kritische Würdigung, FR, 103. Jg., S. 813–821.

Ditz, X./Quilitzsch, C. (2017), Gesetz gegen schädliche Steuerpraktiken im Zusammenhang mit Rechteüberlassungen – die Einführung einer Lizenzschranke in § 4j EStG, DStR, 55. Jg., S. 1561–1568.

Ditz, X./Pinkernell, R. (2020), Die neue „Weltsteuerordnung" rückt näher: OECD veröffentlicht Blueprints zu den Säulen 1 und 2, ISR, 9. Jg., S. 417–429.

Dolezel, A. (2020), Kapitel X: Verrechnungspreise in Österreich, in: *Vögele/Borstell/Bernhardt* (Hrsg.), Verrechnungspreise Betriebswirtschaft, 5. Aufl., München.

Drummer, V. (2017), Lizenzschranke: Abzugsbeschränkung vs. Tax Credit aus EU-rechtlicher Sicht, IStR, 26. Jg., S. 602–605.

Drummer, V. (2021), Immaterielle Werte im internationalen Konzern im Kontext der wertschöpfungsorientierten Besteuerung. OECD-Verrechnungspreisleitlinien, Nexus-Ansatz und deutsches internationales Steuerrecht, Düren.

Dziurdź, K./Marchgraber, C. (2014), Überlegungen zum konzerninternen Abzugsverbot für „niedrig besteuerte" Zinsen und Lizenzgebühren, ÖStZ, 67. Jg., S. 378–387.

Englisch, J. (2021), GloBE – Der 2020 Blueprint für eine internationale effektive Mindeststeuer, FR, 103. Jg., S. 1–14.

Esakova, N./Rapp, K. (2021), Stellungnahme des Inclusive Framework on BEPS bezüglich des Zwei-Säulen-Ansatzes: Inhalt und erste Würdigung, DStR, 59. Jg., S. 2047–2051.

Evers, L./Miller, H./Spengel, C. (2015), Intellectual property regimes: effective tax rates and tax policy considerations, International Tax Public Finance, Vol. 22 (Issue 3), S. 502–530.

Frase, H. (2022), § 4j EStG, in: *Korn/Carlè/Stahl/Strahl* (Hrsg.), Einkommensteuergesetz Kommentar, 138. Erg.-Lfg.

Geberth, G. (2017), Lizenzgebührenabzugsverbot – Einstieg in eine deutsche „Weltsteuerpolizei"?, DB, 70. Jg., S. M5.

Gebhardt, L. (2020), Einführung einer Mindeststeuer nach den Plänen der OECD. Darstellung und rechtliche Einordnung des sog. Pillar Two, IWB, 49. Jg., S. 958–969.

Geurts, M./Staccioli, G. (2017), § 4j EStG-E – das neue Abzugsverbot für Lizenzaufwendungen, IStR, 26. Jg., S. 514–522.

Gosch, D. (2022), § 4j EStG, in: *Kirchhof/Seer* (Hrsg.), Einkommensteuergesetz Kommentar, 21. Aufl., Köln.

Greinert, M./Siebing, T. (2022), Jüngste Entwicklungen zu § 4j EStG angesichts BMF Schreiben v. 5.1.2022 und 6.1.2022, ISR, 11. Jg., S. 85–96.

Hagemann, T./Kahlenberg, C. (2022), § 4j EStG, in: *Herrmann/Heuer/Raupach* (Hrsg.), Einkommensteuergesetz Kommentar, 312. Erg.-Lfg.

Heil, S./Pupeter, A. (2017), Lizenzschranke – Gesetzesentwurf eines neuen § 4j EStG, BB, 72. Jg., S. 795–801.

Hemmerich, A. (2019), Analyse und Wirkungsvergleich der deutschen und österreichischen Lizenzschranke, IStR, 28. Jg., S. 294–299.

Hemmerich, A. K./Heckemeyer, J. H. (2021), Unilaterale Abzugsbeschränkungen als Gegenmaßnahme zur IP Steuerplanung in Europa, StuW, 98. Jg., S. 217–231.

Hofer, J./Weidlich, I. (2016), Steuerplanung durch IP-Box-Regime in Europa. Förderungsmöglichkeiten für Forschung und Entwicklung in ausgewählten Staaten, IWB, 45. Jg., S. 753–764.

Höreth, U./Stelzer, B. (2017) Entwurf einer Lizenzschranke – Einschränkung des Betriebsausgabenabzugs, DStZ, 105. Jg., S. 270–275.

Hörnicke, G./Quilitzsch, C. (2021), Spezielle Abwehrmaßnahmen gegenüber unkooperativen Drittstaaten – Eine kritische Würdigung der §§ 8 bis 11 StAbwG, ISR, 10. Jg., S. 314–319.

Hüsing, S./Korte, S. (2021), Die „niedrige Besteuerung" als Tatbestandsmerkmal und Element der Rechtsfolge in § 4j EStG im Lichte von Steuerwirkung und Grundfreiheiten, in: *Nuissl/Korte* (Hrsg.), Kapital in Recht und Wirtschaft, Festschrift der Fakultät für Wirtschaftswissenschaften der TU Chemnitz für Ludwig Gramlich zum 70. Geburtstag, Göttingen, S. 41–85.

Jochimsen, C. (2018), Die US-Steuerreform und ihre Auswirkungen auf deutsche Unternehmen, ISR, 7. Jg., S. 91–100.

Kaul, V. (2018), Der Nexus-Ansatz: Auswirkungen auf IP-Boxen und Alternativansätze, Wiesbaden.

Kirchmayr, S. (2021), Österreich, in: *Mennel/Förster* (Hrsg.), Steuern in Europa, Amerika und Asien, Herne.

Knirsch, D./Niemann, R. (2005), Die Abschaffung der österreichischen Gewerbesteuer als Vorbild für eine Reform der kommunalen Steuern in Deutschland? arqus Discussion Paper No. 11, Arbeitskreis Quantitative Steuerlehre Berlin.

Koch, M. (2016), BEPS und Intangibles oder die Grenzen des Fremdvergleichsgrundsatzes, IStR, 25. Jg., S. 881–889.

Kofler, G./Marschner, E. (2014), Abgabenänderungsgesetz 2014: Änderungen im Außensteuerrecht, SWK, 89. Jg., S. 455–469.

Kramer, J. (2017), Germany`s New Royalties Barrier Rule: Preventing Tax Evasion by Limiting Deductibility in Specified Cases, Vol. 88, Tax Notes International, S. 879–883.

Küppers, F. (2022), Die Aufwandsberücksichtigung in unterschiedlichen Besteuerungsmodellen der digitalen Wirtschaft, IStR, 31. Jg., S. 389–394.

Kußmaul, H./Ditzler, T. (2018), Die Lizenzschranke nach § 4j EStG – Verhältnis zu Verfassungsrecht, DBA sowie Unionsrecht, StB, 69. Jg., S. 126–131.

Lachmayer, E. (2018), § 12 Abs. 1 Z 10 KStG Österreich, in: *Renner/Strimitzer/Vock* (Hrsg.), die Körperschaftsteuer Kommentar, 31. Erg.-Lfg.

Lehner, M. (2015), § 12 KStG Österreich, in: *Bergmann/Bieber* (Hrsg.), Körperschaftsteuergesetz Kommentar, Wien.

Luts, J. (2014), Compatability of IP Box Regimes with EU State Aid Rules and Code of Conduct, EC Tax Review, 23. Jg., S. 258–283.

Marchgraber, C./Plansky, P. (2016), § 12 KStG Österreich, in: *Lang/Rust/Schuch/Staringer* (Hrsg.), Körperschaftsteuergesetz Kommentar, Wien.

Moritz, J./Baumgartner, E. (2018), Ausgewählte Praxisfragen bei Erstanwendung der Lizenzschranke gem. § 4j EStG, DB, 71. Jg., S. 2135–2140.

Moser, T. (2018), Was ist eine „Präferenzregelung" i. S. d. § 4j EStG? Überlegungen zur Reichweite der Lizenzschranke, RIW, 64. Jg., S. 348–351.

Müllmann, J. (2021), Die Lizenzschranke als Abwehrmaßnahme im Steuerwettbewerb in Desens/Drüen/Krumm (Hrsg.), Steuerrecht im Rechtsstaat, Band 5, München.

OECD (2015), Action 5: Agreement on Modified Nexus Approach for IP Regimes, OECD/G20 Base Erosion and Profit Shifting Project.

OECD (2015/16), Countering Harmful Practices More Effectively, Taking into Account Transparency and Substance, Action 5: Final Report/Wirksamere Bekämpfung schädlicher Steuerpraktiken unter Berücksichtigung von Transparenz und Substanz, Aktionspunkt 5: Abschlussbericht 2015, OECD/G20 Base Erosion and Profit Shifting Project, in: https://www.oecd.org/publications/wirksamere-bekampfung-schadlicher-steuerpraktiken-unter-berucksichtigung-von-transparenz-und-substanz-aktionspunkt-5-abschlussbericht-97892642580-37-de.htm, abgerufen am 1.4.2022.

OECD (2020), Tax Challenges Arising from Digitalisation – Report on Pillar Two Blueprint, Inclusive Framework on BEPS, OECD/G20 Base Erosion and Profit Shifting Project, in: https://www.oecd.org/tax/beps/tax-challenges-arising-from-digitalisation-report-on-pillar-two-blueprint-abb4c3d1-en.htm, abgerufen am 1.4.2022.

OECD (2021), Tax Challenges Arising from the Digitalisation of the Economy – Global Anti-Base Erosion Model Rules (Pillar Two), Inclusive Framework on BEPS, OECD/G20 Base Erosion and Profit Shifting Project, in: https://www.oecd.org/tax/beps/tax-challenges-arising-from-the-digitalisation-of-the-economy-global-anti-base-erosion-model-rules-pillar-two.htm#rules, abgerufen am 1.4.2022.

OECD (2022a), OECD Transfer Pricing Guidelines for Multinational Enterprises and Tax Administrations, Paris, in: https://read.oecd-ilibrary.org/taxation/oecd-transfer-pricing-guidelines-for-multinational-enterprises-and-tax-administrations-2022_0e655865-en#page1, abgerufen am 1.4.2022.

OECD (2022b), Tax Challenges Arising from the Digitalisation of the Economy – Commentary to the Global Anti-Base Erosion Model Rules (Pillar Two), Inclusive Framework on BEPS, OECD/G20 Base Erosion and Profit Shifting Project, in: https://www.oecd.org/tax/beps/tax-challenges-arising-from-the-digitalisation-of-the-economy-global-anti-base-erosion-model-rules-pillar-two.htm#rules, abgerufen am 1.4.2022.

Österreichisches Bundesministerium für Finanzen (2014), Ministerialentwurf zum AbgÄG 2014, in: https://www.parlament.gv.at/PAKT/VHG/XXV/ME/ME_00003/fname_335766.pdf, abgerufen am 1.4.2022.

Österreichische Bundesregierung (2014a), Erläuterungen zum Abgabenänderungsgesetz 2014, in: https://www.parlament.gv.at/PAKT/VHG/XXV/I/I_00024/fname_337614.pdf, abgerufen am 1.4.2022.

Österreichische Bundesregierung (2014b), Erläuterungen zum 2. Abgabenänderungsgesetz 2014, in: https://www.parlament.gv.at/PAKT/VHG/XXV/I/I_00360/fname_373525.pdf, abgerufen am 1.4.2022.

Peyerl, H. (2014), Das neue Abzugsverbot für Zins- und Lizenzzahlungen im Konzern, ÖStZ, 67. Jg., S. 223–229.

Pinkernell, R. (2018), „GILTI" as charged? Mögliche Auswirkungen der US-Steuerreform auf die deutsche Lizenzschranke gemäß § 4j EStG, IStR, 27. Jg., S. 249–256.

Pinkernell, R./Ditz, X. (2020), Säule 2 des Arbeitsprogramms des Inclusive Framework on BEPS der OECD – kritische Anmerkungen zum GloBE-Proposal, ISR, 9. Jg., S. 1–15.

Pinkernell, R./Ditz, X. (2021), Die Zwei-Säulen-Lösung zur Reform des Internationalen Steuerrechts vom Oktober 2021, ISR, 10. Jg., S. 449–458.

Pohl, C. (2022), § 4j EStG, in: *Brandis/Heuermann* (Hrsg.), Einkommensteuergesetz Körperschaftsteuergesetz Gewerbesteuergesetz Kommentar, 162. Erg.-Lfg.

Polivanova-Rosenauer, T. (2014), AbgÄG 2014: Abzugsverbot für Zinsen und Lizenzgebühren, taxlex, 14. Jg., S. 105–108.

Puls, M./Heravi, S. (2018), DEMPE-Funktionen und wirtschaftliches Eigentum an immateriellen Werten – Plädoyer für eine differenzierte Betrachtung, IStR, 27. Jg., S. 721–728.

Raab, S. (2018), Patent-, Lizenz- und IP-Boxen – Übersicht und aktuelle Entwicklungen, SWI, 28. Jg., S. 125–131.

Reimer, E. (2022), § 50a EStG, in: *Brandis/Heuermann* (Hrsg.), Einkommensteuergesetz Körperschaftsteuergesetz Gewerbesteuergesetz Kommentar, 162. Erg.-Lfg.

Rennar, T. (2022), Lizenzschranke bei Outbound-Betriebsstätten in den USA, IWB, 51. Jg., S. 256–264.

Rieck, J./Fehling, D. (2022), Effektive Mindestbesteuerung in der EU – der Richtlinienentwurf zur Umsetzung der GloBE-Regelungen, IStR, 31. Jg., S. 51–60.

Ritzer, C./Stangl, I./Karnath, S. (2017), Zur geplanten „Lizenzschranke", DK, 15. Jg., S. 68–78.

Röder, E. (2020), Weltweite Mindestbesteuerung multinationaler Unternehmen? Der Global-Anti-Base-Erosion-Vorschlag der OECD und seine Relevanz für das deutsche Unternehmenssteuerrecht, StuW, 97. Jg., S. 35–47.

Rüsch, G. (2020), Materielle und verfahrensrechtliche Gedanken zur Lizenzschranke des § 4j EStG, Ubg, 13. Jg., S. 62–72.

Schnitger, A. (2017), Weitere Maßnahmen zur BEPS-Gesetzgebung in Deutschland, IStR, 26. Jg., S. 214–226.

Schnitger, A. (2018), Unionsrechtliche Würdigung der Lizenzschranke gem. § 4j EStG – Grundfreiheitliche Grenzen bei der Umsetzung des BEPS-Projekts, DB, 71. Jg., S. 147–151.

Schwarz, M. (2022), Pillar Two – Es ist soweit, die finalen Regelungen zur weltweiten Mindestbesteuerung sind da!, IStR, 31. Jg., S. 37–50.

Sopp, K./Richter, L./Tasheva, E./Katra, P. (2019), Zu den Auswirkungen der Abzugsbeschränkung von Aufwendungen für Rechteüberlassungen in Deutschland, Österreich und Polen – Eine vergleichende Untersuchung, BFuP, 70. Jg., S. 150–176.

Spitzenverbände der Deutschen Wirtschaft (2017), Stellungnahme zum Referentenentwurf der Bundesregierung v. 11.1.2017, in: https://bdi.eu/publikation/news/lizenzschranke/, abgerufen am 1.4.2022.

Staccioli, G. (2022), § 4j EStG, in: *Frotscher/Geurts* (Hrsg.), Einkommensteuergesetz Kommentar, 228. Erg.-Lfg.

Statistisches Bundesamt (2021), Realsteuervergleich – Realsteuern, kommunale Einkommen- und Umsatzsteuerbeteiligungen, in: https://www.destatis.de/DE/Themen/Staat/Steuern/Steuereinnahmen/Publikationen/_publikationen-innen-steuer-real.html, abgerufen am 1.4.2022.

Weigel, C./Schega, A. (2020), Zur Lizenzschranke und zum Nexus-Ansatz. Anmerkungen zum BMF-Schreiben vom 19.2.2020, StuB, 22. Jg., S. 473–475.

Werthebach, F. (2021), Erste Anmerkungen zum Entwurf eines Steueroasen-Abwehrgesetzes (StAbwG), IStR, 30. Jg., S. 338–344.

Woitok, N. (2020), (Fast) Keine Umgehung der Lizenzschranke durch Zwischenschaltung einer fremden Person?, DStR, 59. Jg., S. 1228–1233.

Zinowsky, T./Ellenrieder, B. (2018), Innovative Besteuerung des Foreign-Derived Intangible Income als Ergebnis der US-Steuerreform – Präferenzregelung iSd Lizenzschranke?, IStR, 27. Jg., S. 134–142.

Zöchling, H./Plott, C. (2014), AbgÄG 2014: Das neue Abzugsverbot für niedrigbesteuerte Zinsen und Lizenzgebühren, RdW, 32. Jg., S. 215–221.

A tax impact analysis of § 4j EStG in consideration of expenses incurred by IP companies

Due to the internationalization of business activities, more and more discussions about abusive tax arrangements can be observed. In this manner, tax-paying entities are able to reduce their tax burden especially because of preferential regimes. Patent boxes that allow royalty income to be taxed at a low or zero tax rate proved to be an attractive tax minimisation vehicle. In addition to measures for countering harmful tax practices at the international level, there are some countries that try to work against patent boxes via unilateral measures in the form of the prohibition of deductions, for instance Germany (§ 4j EStG) and Austria (§ 12 Abs. 1 Nr. 10 öKStG). In this regard, a wide range in the specific preconditions and legal consequences can be observed that occasionally results in additional tax burdens that are out of scale. The following article demonstrates the differences between the German and Austrian royalty deduction barrier and analyses the effectiveness in consideration of expenses that are incurred by the payment creditor and have a direct economic connection to the license income.

JEL-Kennziffern: K34, H25, H26, M41, O34

Controlling als Business Partnering – Ein wichtiger Baustein organisationaler Resilienz?!

Von Prof. Dr. Jennifer Kunz und Alessandra Mur, Universität Augsburg*)

Der vorliegende Beitrag widmet sich der Frage, inwiefern die sich in Theorie und Praxis abzeichnende Entwicklung des Controllers zum Business Partner zu einer Verbesserung der organisationalen Resilienz in Form von Anpassungs- und Widerstandsfähigkeit von Unternehmen gegenüber negativen, unvorhersehbaren Ereignissen beitragen kann. Aufsetzend auf einer systematischen Literaturanalyse zeigt der Beitrag, dass das Business Partnering durch die Förderung komplexitätsabsorbierender Prozesse insbesondere zur Anpassungsfähigkeit beitragen kann, während die Widerstandsfähigkeit ergänzend durch die klassischen Controllerrollen des Zahlenlieferanten und der Kontrollinstanz gestärkt wird. Darüber hinaus legt die Analyse nahe, dass das Business Partnering gerade in Europa und hier besonders im deutschsprachigen Raum auf Grund struktureller Ausgangsbedingungen besonders gut umgesetzt werden kann. Da es gleichzeitig eine positive Wirkung auf die organisationale Resilienz hat, kann es somit als strategische Ressource zum Aufbau von Wettbewerbsvorteilen angesehen werden.

1 Einführung

Während Controller bis in die 1990er Jahre eher als „Zahlenlieferanten" angesehen wurden, wird in den letzten Jahren ergänzend hierzu die Rolle des „Business Partners" diskutiert.[1] Sie soll zu einer engeren Einbindung von Controllern in Entscheidungsprozesse führen und diese dadurch effektiver, effizienter und wertschaffender gestalten.[2] In der Literatur wurde diese Entwicklung sowohl in wissenschaftlichen als auch in praxisorientierten Zeitschriften intensiv aufgegriffen.[3] Dies legt einen tatsächlichen Bedarf nach Klärung einer sinnvollen institutionellen Verankerung des Controllings in Form adäquat handelnder Controller nahe. Zudem deuten die Ergebnisse von *Endenich* (2014) auch darauf hin, dass gerade durch die letzte Finanz- und Wirtschaftskrise das Controlling als Funktion und Controller als Funktionsträger weiter an Bedeutung gewonnen haben.[4]

Die pandemische Verbreitung einer Viruserkrankung im Jahr 2020 hat zu einer wirtschaftlichen Krise noch größeren Ausmaßes geführt und fordert von Unternehmen weltweit eine noch stärkere Widerstands- und Anpassungsfähigkeit. Ergänzend sehen sich Unternehmen auf Grund regulatorischer, gesellschaftlicher und kundenseitiger Anforderungen schon länger der Notwendigkeit einer Veränderung ihres

---

*) Prof. Dr. *Jennifer Kunz* ist Inhaberin des Lehrstuhls für BWL mit Schwerpunkt Controlling der Universität Augsburg. *Alessandra Mur* war Masterandin am Lehrstuhl für BWL mit Schwerpunkt Controlling der Universität Augsburg. E-Mail: jennifer.kunz@wiwi.uni-augsburg.de, alessandra.mur@web.de. Die Autoren danken einer/m anonymen Gutachter/in für die wertvollen Hinweise.
1 Vgl. *Byrne/Pierce* (2007), S. 470–472; *Baldvinsdottir* et al. (2009), S. 879; *Horváth/Gleich/Seiter* (2015), S. 10–11.
2 Vgl. z. B. *Järvenpää* (2007), S. 100.
3 Vgl. für erstere z. B. *Jakobsen* et al. (2019); *Karlsson/Hersinger/Kurkkio* (2019); und für letztere z. B. *Goretzki/Messner* (2014); *Drerup/Suprano/Wömpener* (2018).
4 Vgl. *Endenich* (2014), S. 136–137.

gesamten Geschäftsgebarens hin zur Nachhaltigkeit ausgesetzt, sei es im Hinblick auf die Produktpalette (nachhaltige Produkte) oder die gesamte Lieferkette (nachhaltiges Supply Chain Management).[5]

Zusammengenommen folgt hieraus die Frage, ob der Business Partner, wie er sich in den letzten Jahren auch als Reaktion auf Krisen etabliert hat, tatsächlich auch für die genannten aktuellen und zukünftigen Herausforderungen die geeignete Ausgestaltung der Controllerrolle darstellt,[6] indem er die organisationale Resilienz, also die Fähigkeit von Organisationen sich solchen Widrigkeiten zu stellen, erhöht. Bis dato liegen relativ wenige Studien vor, die sich mit dem Zusammenhang zwischen Controllerrolle und Krise bzw. Krisenfestigkeit beschäftigen.[7] Studien, die sich dezidiert und umfassend dem Zusammenhang zwischen der Business Partner-Rolle und der organisationalen Resilienz widmen, finden sich gar nicht. Dafür zeigt die Literatur aber durchaus Dissens über die grundsätzliche Bewertung der Business Partner-Rolle. So ist sich die Literatur trotz der offensichtlich offensiven Implementierung dieser Rolle in der Praxis bis dato über den Mehrwert des Business Partnerings noch gar nicht einig und es gibt einige kritische Stimmen.[8] Da die Einführung dieser Rolle aber mit hohem Ressourceneinsatz einhergeht,[9] sollte sie nur erfolgen, wenn sie tatsächlich mit einem betriebswirtschaftlichen und organisationalen Nutzen verbunden ist. Daher kann eine genauere Analyse der Bedeutung dieser Rolle gerade für die organisationale Resilienz, als wichtige Eigenschaft zur Sicherung der Überlebensfähigkeit von Unternehmen, Impulse für Theorie und Praxis liefern.

Der vorliegende Beitrag greift diese Problematik auf. Ziel ist eine strukturierte Analyse der in der Literatur vorliegenden Erkenntnisse zur Business Partner-Rolle vor dem Hintergrund der herrschenden organisationalen Resilienzforschung. Um eine umfassende Grundlage zur Analyse der Business Partner-Rolle im Hinblick auf die organisationale Resilienz zu schaffen, erfolgt eine strukturierte Literaturanalyse mit Fokus auf die Literatur im englisch- und deutschsprachigen Raum.[10] Nur ein solch breiter Blick auf die Literatur und die generierten Ergebnisse im Hinblick auf die grundlegende Ausrichtung dieser Rolle, die Treiber hinter ihrer Implementierung, mögliche Rollenkonflikte sowie ihre konkrete Umsetzung in der Praxis erlaubt eine Bewertung ihres Effekts auf die organisationale Resilienz vor dem Hintergrund der herrschenden organisationalen Resilienzforschung.

Die Ergebnisse der Analyse liefern Erkenntnisse für folgende *Forschungsbereiche*: Erstens ergänzt der Beitrag die herrschende Literatur zur Forschung an der Schnittstelle zwischen Controllerrolle und Krisenmanagement,[11] indem sie die Bedeutung der Business Partner-Rolle zur Bewältigung schwieriger Situationen herausarbeitet. Dadurch trägt der Beitrag auch zu einer engeren Verzahnung zwischen Controlling- und organisationaler Resilienz-Forschung bei. Zweitens wird durch die Literaturrecherche ein Überblick über den aktuellen Stand der deutsch- und englischsprachigen Literatur zum Thema Business Partnering im Controlling vorgelegt. Eine solch konsolidierte Perspektive kann folgenden Forschern zur Orientierung dienen, welche Bereiche noch weiterer Forschungsaktivitäten bedürfen insbesondere im Hin-

---

5 Vgl. z. B. *Kunz/May/Schmidt* (2020).
6 Vgl. *Buliga/Scheiner/Voigt* (2016), S. 653.
7 Vgl. *Becker/Mahlendorf* (2018), S. 292.
8 Vgl. *Indjejikian/Matejka* (2006); *Maas/Matejka* (2009); *Burns/Warren/Oliveira* (2014).
9 Vgl. z. B. *Weise/Winter* (2014).
10 Vgl. *Tranfield/Denyer/Smart* (2003).
11 Vgl. z. B. *Endenich* (2014); *Becker/Mahlendorf* (2018).

blick auf die Bedeutung des Business Partnering im Controlling für das Gesamtunternehmen. Drittens zeigt die Analyse, dass Business Partner im Controlling einen Beitrag zur organisationalen Resilienz leisten können, dies aber durch die Erfüllung klassischer Controllingaufgaben, insbesondere Informationsbereitstellung und Kontrolle, ergänzt werden muss. So stehen Letztere in einem engen Zusammenhang mit komplexitätsreduzierenden Prozessen, die insbesondere auf die Widerstandsfähigkeit positiv wirken. Damit leistet der Beitrag auch Einsichten zur Literatur über die „fiduciary role", die den Übergang zur Business Partner-Rolle durchaus kritisch sieht.[12] Schließlich liefert die Studie auch Einsichten zur Literatur über internationale Unterschiede im Hinblick auf die Ausgestaltung des Controllings. Gemäß *Goretzki/Strauss* (2018) besteht gerade hier immer noch ein großer Forschungsbedarf.[13] Die Analyse legt einen starken Schwerpunkt im europäischen, insbesondere deutschsprachigen Raum offen, der aus den hier vorherrschenden Ausgangsbedingungen resultiert, die das Business Partnering begünstigen.

Darüber hinaus können für die *Praxis* folgende Erkenntnisse im Hinblick auf das Business Partnering abgeleitet werden: Erstens zeigt die Analyse, dass das Business Partnering einen Beitrag zur organisationalen Resilienz leisten kann. Entsprechend stellt es eine wertschaffende Rolle dar, für die es sich lohnt, Ressourcen zu investieren. Allerdings sollte sie weiterhin durch die klassischen Controllerrollen ergänzt werden. Um Rollenkonflikte zu vermeiden, sollten hierbei beide Rollen von unterschiedlichen Personen wahrgenommen werden. Wie vorangehend erwähnt, spielt das Business Partnering insbesondere im europäischen Raum eine wichtige Rolle, da hier die Ausgangsbedingungen dafür günstig sind. Da es sich zudem als für die organisationale Resilienz vorteilhaft erweist, sollten Unternehmen das Business Partnering nicht nur als eine automatische Weiterentwicklung bestehender Strukturen verstehen. Es kann vielmehr gerade wegen seiner Abhängigkeit von nicht leicht imitierbaren Ausgangsbedingungen auch als eine strategische Ressource zur Generierung von Wettbewerbsvorteilen begriffen werden.

Der Beitrag ist im weiteren Verlauf wie folgt strukturiert: In Abschnitt 2 erfolgt eine definitorische Eingrenzung der Begriffe Controller und Controlling sowie die Ableitung der für die weitere Analyse relevanten Komponenten der organisationalen Resilienz. Abschnitt 3 widmet sich der methodischen Vorgehensweise bei der Recherche. Abschnitt 4 zielt auf die Auswertung der Literatur ab, gefolgt von einer Diskussion der Ergebnisse und Grenzen des Vorgehens in Abschnitt 5.

2 Definitorische Eingrenzung des Controller- und des Resilienzbegriffs

2.1 *Controlling und Controller*

Controlling ist „ein funktionsübergreifendes Steuerungsinstrument, das den unternehmerischen Entscheidungs- und Steuerungsproze[ss] durch zielgerichtete Information[s]er- und -verarbeitung unterstützt. Der Controller sorgt dafür, da[ss] ein wirtschaftliches Instrumentarium zur Verfügung steht, das vor allem durch systematische Planung und der damit notwendigen Kontrolle hilft, die aufgestellten Unternehmensziele zu erreichen. Inhalt der Zielvorgaben können alle quantifizier-

---

12 Vgl. z. B. *Indjejikian/Matejka* (2006); *Maas/Matejka* (2009).
13 Vgl. *Goretzki/Strauss* (2018), S. 2.

baren Werte des Zielsystems sein."[14] Entsprechend ist „der Controller ein Teil der Unternehmensführung bzw. [...] ihr unmittelbar zugeordnet und sorgt dafür, dass die Unternehmensführung mit zielorientierten Informationen versorgt wird."[15] Controller fokussieren sich somit auf Planungs- und Steuerungsprozesse sowie Koordinations- und Abstimmungsaktivitäten.[16] Zudem unterstreicht die Literatur die Bedeutung des Zusammenspiels zwischen Controller und Manager, um Controlling im Unternehmen umsetzen zu können.[17] Controlling wird also nicht von Controllern alleine betrieben.

Bis in die 1980er-Jahre wurden Controller als „Methoden- und Systemdienstleister"[18] wahrgenommen, die sich um die Informationsbereitstellung, Budgetierung, Planung und Kontrolle kümmerten.[19] Diese Auffassung zu den Controlleraufgaben umfasst somit insbesondere das Spektrum eines „Zahlenlieferanten" und einer „Kontrollinstanz", die unabhängig vom Management agiert und kaum in Entscheidungsprozesse involviert ist. Autoren wie *Sathe* (1982) bereiteten dann einen Perspektivwechsel vor. So beschäftigte er sich intensiv mit dem unterschiedlichen Grad, mit dem Controller in Entscheidungsprozesse involviert werden können. Er verweist darauf, dass neben den Aufgaben, die man standardmäßig mit der Controllerarbeit verbindet, auch „a multitude of controller-manager interactions occur on a nonprogrammed basis with varying degrees of intensity and frequency"[20].

In den 1990er Jahren begann dann der Wandel des Controller-Rollenbilds auf breiter Basis.[21] Controller wurden ab da vermehrt in einer geschäftsorientierten Rolle wahrgenommen.[22] Insgesamt rückten Controller damit näher an das Management heran und wurden auch in Entscheidungen eingebunden.[23] Die Literatur spricht in diesem Zusammenhang vom „Controller als Business Partner".[24]

2.2 *Organisationale Resilienz*

Der Begriff der organisationalen Resilienz leitet sich aus dem ökologischen Bereich ab:[25] *Holling* (1973) definiert Resilienz als die Fähigkeit von ökologischen Systemen, mit Umweltumbrüchen umzugehen, ohne sich selbst stark verändern zu müssen.[26] Im organisationalen Bereich wurde der Begriff Resilienz in verschiedene Richtungen weiterentwickelt, was zu einer gewissen Begriffsvielfalt geführt hat.[27] Für die folgende Analyse muss daher eine begriffliche Klarstellung erfolgen.[28] *Gittell* et al. (2006) verstehen darunter unter Rückgriff auf *Weick/Sutcliffe/Obstfeld* (1999), *Worline* et al. (2004),

---

14 *Preißler* (1995), S. 43.
15 *Horváth/Gleich/Seiter* (2015), S. 13.
16 Vgl. *Horváth/Gleich/Seiter* (2015), S. 13.
17 Vgl. *Horváth/Gleich/Seiter* (2015), S. 14.
18 *Weißenberger* et al. (2012), S. 330.
19 Vgl. *Baldvinsdottir* et al. (2009), S. 860–861; *Weißenberger* et al. (2012), S. 330–331; *Weber/Schäffer* (2016), S. 15–17; *Rieg* (2018), S. 184–185.
20 *Sathe* (1982), S. 9.
21 Vgl. z. B. *Baldvinsdottir* et al. (2009), S. 879–880.
22 Vgl. *Järvenpää* (2007), S. 99–100.
23 Vgl. *Granlund/Lukka* (1998), S. 201–203; *Siegel* (1999), S. 20-22; *Wolf* et al. (2015), S. 26–27.
24 Vgl. z. B. *Weißenberger* et al. (2012), S. 330–335; *Rieg* (2018), S. 186–188.
25 Vgl. *Buliga/Scheiner/Voigt* (2016), S. 651.
26 Vgl. *Holling* (1973), S. 7.
27 Vgl. *Linnenluecke* (2017).
28 Vgl. hierfür und die folgenden Ausführungen, teilweise in enger Anlehnung, *Kunz/Sonnenholzner* (2022), S. 4.

Sutcliffe/Vogus (2003), *Bunderson/Sutcliffe* (2002) und *Edmondson* (1999) drei Aspekte:[29] Resiliente Organisationen sind in der Lage, sich auch unter sehr schwierigen Gegebenheiten im positiven Sinne anzupassen, sie können sich von unvorhergesehenen Ereignissen wieder erholen und sie bleiben in schwierigen Situationen funktionsfähig. *Buliga/Scheiner/Voigt* (2016) fassen diese Punkte zu zwei kennzeichnenden Eigenschaften zusammen: Widerstandsfähigkeit („robustness"[30]) und Anpassungsfähigkeit ("adaptability"[31]). Widerstandsfähigkeit ist dabei charakterisiert durch „vulnerability attenuation, stress endurance, and recovery"[32], während Anpassungsfähigkeit gekennzeichnet ist durch „continuous learning, innovation [...] and capturing new opportunities from the changing environment"[33]. Ähnlich unterscheiden auch *Lengnick-Hall/Beck/Lengnick-Hall* (2011) zwischen der Fähigkeit, sich nach schwierigen Situationen wieder zu erholen, und der Fähigkeit, aus diesen Situationen Nutzen zu ziehen und die Organisation im positiven Sinne weiterzuentwickeln.[34] Ersteres steht in Zusammenhang mit der von *Buliga/Scheiner/Voigt* (2016) erwähnten Widerstandsfähigkeit, insbesondere der Erholung (recovery), und letzteres mit der von *Buliga/Scheiner/Voigt* (2016) genannten Anpassungsfähigkeit, insbesondere dem Wahrnehmen von Chancen, die sich aus der schwierigen Situation auch ergeben können. Zudem argumentieren *Buliga/Scheiner/Voigt* (2016), dass diese beiden Aspekte zwei Pole der organisationalen Resilienz darstellen, wobei sich Organisationen jeweils eher auf einen Pol konzentrieren können.[35] Somit können Organisationen sich in einem Kontinuum zwischen beiden Bereichen bewegen und organisationale Resilienz kann also auch vorliegen, wenn nicht beide Aspekte vollumfänglich in einer Organisation vorhanden sind.

Um organisationale Resilienz zu erreichen, bedarf es bestimmter Ressourcen und adäquater Prozesse, die mit diesen Ressourcen in Zusammenhang stehen.[36] Die notwendigen Ressourcen können dabei weiter unterteilt werden in soziale Ressourcen und materielle Ressourcen. Im Kontext von sozialen Ressourcen betonen *Gittell* et al. (2006) (positive) kollegiale Beziehungen. *Lengnick-Hall/Beck/Lengnick-Hall* (2011) ergänzen kognitive Aspekte (*Gruppenidentität, gemeinsame Werte, Sensemaking*), verhaltensorientierte Faktoren (*nützliche Routinehandlungen, Agilität, Einfallsreichtum, grundsätzliche Bereitschaft agil zu handeln*) und soziale Kontextfaktoren (*psychologische Sicherheit, soziales Kapital, auf Ressourcenteilung ausgelegte Netzwerke*).[37] Insgesamt deuten diese Aspekte auf eine grundsätzliche Bereitschaft der Mitarbeiter hin, miteinander in positive Interaktion zu treten, gemeinschaftliche Werte und eine Identität zu entwickeln und eine grundsätzlich positive Verhaltensdisposition im Umgang mit Herausforderungen zu zeigen. Als wichtige materielle Ressourcen heben *Gittell* et al. (2006) den Zugriff auf finanzielle Ressourcen und ein tragfähiges Geschäftsmodell hervor.

Die genannten Ressourcen werden in bestimmten Prozessen benötigt. Gemäß *Lengnick-Hall/Beck* (2005) kann hierbei eine Verbindung zwischen einerseits den beiden Grundpfeilern der Resilienz, Anpassungsfähigkeit und Widerstandsfähigkeit, und

---

29 Vgl. *Gittell* et al. (2006), S. 303.
30 *Buliga/Scheiner/Voigt* (2016), S. 653.
31 *Buliga/Scheiner/Voigt* (2016), S. 653.
32 *Buliga/Scheiner/Voigt* (2016), S. 653.
33 *Buliga/Scheiner/Voigt* (2016), S. 653.
34 Vgl. *Lengnick-Hall/Beck/Lengnick-Hall* (2011), S. 244.
35 Vgl. *Buliga/Scheiner/Voigt* (2016), S. 654.
36 Vgl. hierfür und die folgenden Ausführungen, teilweise in enger Anlehnung, *Kunz/Sonnenholzner* (2022), S. 4 f.
37 Vgl. *Lengnick-Hall/Beck/Lengnick-Hall* (2011), S. 245–248.

andererseits dem Umgang mit Komplexität durch entsprechende organisationale Routinen und Prozesse hergestellt werden. Die Autoren unterscheiden unter Rückgriff auf *Boisot/Child* (1999) zwischen Routinen, die Komplexität reduzieren, und solchen, die Komplexität absorbieren.[38] Erstere sind darauf ausgerichtet, Stabilität zu erhalten, Interaktionen zu regulieren und den Koordinationsaufwand zu reduzieren.[39] Diese Routinen sind somit, auch wenn die Autoren sie im Zusammenhang mit einem „adaptive fit" zwischen Organisation und Umwelt sehen, weniger auf eine dauerhafte und flexible Anpassungsfähigkeit ausgerichtet, sondern zielen darauf ab, die Organisation auch in komplexen und schwierigen Situationen betriebsfähig zu halten. Sie stärken somit die Widerstandsfähigkeit. Routinen, die Komplexität absorbieren, zielen darauf ab, flexibles Handeln durch breit aufgestellte Pläne zu ermöglichen, unerwartete Ereignisse frühzeitig zu erkennen und flexibles Entscheidungsverhalten zu gewährleisten.[40] Diese Routinen stehen somit im Zusammenhang mit der Anpassungsfähigkeit.

Um die identifizierte Literatur zur Business Partner-Rolle im Hinblick auf die vorangehend genannten Komponenten der organisationalen Resilienz in Abschnitt 5 strukturiert analysieren zu können, soll sie zunächst in Abschnitt 4 entlang vier Dimensionen aufbereitet werden: Erstens wird eruiert, wie diese Rolle in der Literatur definiert und konzeptualisiert wird, um ihr grundsätzliches Potenzial zur Stärkung organisationaler Resilienz abschätzen zu können. Zweitens werden die Treiber der Entwicklung dieser Rolle in der Praxis herausgearbeitet, um zu analysieren, mit welchen Bausteinen der organisationalen Resilienz sie in diesem Kontext in Verbindung gebracht wird. Drittens werden Ergebnisse bezüglich möglicher Rollenkonflikte und des Umgangs damit in der Praxis diskutiert. Diese Ergebnisse erlauben eine vergleichende Betrachtung der Wirkung auf die organisationale Resilienz in Abgrenzung zur Rolle als Zahlenlieferant und Kontrollinstanz. Viertens wird die identifizierte Literatur im Hinblick auf die Art der praktischen Umsetzung der Business Partner-Rolle und ihres Einflusses auf den Unternehmenserfolg untersucht. Hierdurch werden sowohl die theoretische Sicht auf die Business Partner-Rolle als auch die praktische Bedeutung und Umsetzung auf Hinweise zur Relevanz für die organisationale Resilienz analysiert und eine umfassende Perspektive eingenommen.

3 Methodisches Vorgehen

Die vorliegende strukturierte Literanalyse orientiert sich an dem von *Webster/ Watson* (2002) vorgeschlagenen Vorgehen, das einen mehrstufigen Suchprozess in Datenbanken vorsieht, ergänzt um eine anschließende Sichtung zitierter Quellen.[41] Im Zuge der vorliegenden Literaturrecherche wurde dabei auf folgende Datenbanken zurückgegriffen: EBSCO, EconBiz, EconPaper, Emerald Insight, Gemeinsamer Verbundkatalog (GVK), JSTOR, ProQuest, ScienceDirect, Springer Link, Social Science Research Network (SSRN), Taylor & Francis Online, Vahlen, Web of Science, Wiley und WISO. Zur Identifikation der für die Suche relevanten Schlagwörter erfolgte eine vorgelagerte, unsystematische Durchsuchung der Datenbanken und der darin gefundenen Literatur anhand themennaher Begriffe.[42] Die Relevanz der mittels dieser Schlagwörter identifizierten Beiträge wurde anhand vorab definierter Selekti-

---

38 Vgl. *Boisot/Child* (1999), S. 245.
39 Vgl. *Boisot/Child* (1999), S. 245.
40 Vgl. *Boisot/Child* (1999), S. 245.
41 Vgl. *Webster/Watson* (2002), S. 16.
42 Vgl. *Schmidt/Drews* (2016), S. 969–970.

onskriterien geprüft.[43] Anschließend erfolgte auf Basis der ausgewählten Artikel eine Rückwärtssuche.

Als Selektionskriterien wurden folgende Aspekte berücksichtigt: Erstens werden sowohl englisch- als auch deutschsprachige Artikel einbezogen. Diese Einschränkung erfolgt vor dem Hintergrund, dass zum einen die international sichtbare Diskussion um den Controller als Business Partner untersucht werden soll und zum anderen, wie beispielsweise die Ausführungen von *Schäffer/Weber* (2018) nahelegen, gerade die im deutschsprachigen Raum vorherrschende Ausgestaltung der Controllertätigkeit für die Business Partner-Rolle viele Ansätze liefert. Entsprechend sollten beide Sprachen Berücksichtigung finden. Zweitens werden nur Publikationen in wissenschaftlichen und praxisorientierten Fachzeitschriften berücksichtigt. Diese Publikationen haben einen Qualitätssicherungsprozess durchlaufen, entsprechend müssen von den Autorinnen keine subjektiven Kriterien zum Ein- oder Ausschluss angelegt werden. Die Nichtberücksichtigung von insbesondere monografischen Dissertationen stellt dabei eine klar zu benennende Einschränkung dar. Sie erfolgt hier aber, weil bei solchen Dissertationen für Externe nicht erkennbar ist, wie gut die Dissertation bewertet wurde, was eine objektive Qualitätssicherung erschwert. Drittens erfolgt keine zeitliche Eingrenzung. Viertens soll der Inhalt von fachlicher Relevanz sein, d. h. er muss aus dem Controllingbereich stammen und sich mit dem Thema Business Partnering beschäftigen. Im Zuge der unsystematischen Suche wurde daher nach geeigneten Schlagworten gesucht, die über „Controller", „Business Partner" und „Controller als Business Partner" hinausgehen. Hierzu wurden Google Scholar, der Bibliothekskatalog OPAC sowie EBSCO und ScienceDirect mittels der genannten Begriffe durchsucht. Anschließend wurden Titel, Zusammenfassungen, die Schlagwörter sowie die Einleitungen der Beiträge auf mindestens den ersten zehn Trefferseiten der Recherche betrachtet. Die hierdurch identifizierten Begriffe (z. B. Kompetenzmodell, Herausforderungen, Zukunftsthemen, Evolution) stellten eher Vertiefungsrichtungen der Forschung als übergeordnete Schlagwörter zur weiteren Suche dar. Daher konnte festgehalten werden, dass die Begriffe „Controlling" und „Controller" in Verbindung mit „Business Partner" für die systematische Durchsuchung sinnvoll und ausreichend sind. Darüber hinaus zeigte die unsystematische Suche, dass die Begriffe „Management Accountant" und „Management Accounting" ebenfalls einbezogen werden sollten. Ergänzend wurde erwogen, „Accountants", „Accounting" oder „Managerial Accounting" auch als Schlagwörter einzubeziehen. Eine probeweise Eingabe in die Datenbanken führte im Fall von „Accounting" aber zu einer starken Erweiterung um thematisch nicht relevante Ergebnisse, wogegen sich die Suchergebnisse durch „Managerial Accounting" verringerten und keine zusätzlichen Artikel lieferten. Daher wurden diese Begriffe in der Hauptsuche nicht verwendet. Die unsystematische Suche lieferte somit als relevante Schlagwörter die Begriffe „Controller", „Controlling", „Management Accountant" und „Management Accounting" zusammen mit „Business Partner".

Um eine Eingrenzung auf die einschlägige Literatur zu erreichen, wurde in der Suche darauf geachtet, dass der Begriff „Business Partner" in dem Titel, der Zusammenfassung oder den Schlagwörtern zu finden ist. Zur Sicherung der fachlichen Relevanz sollte zum anderen einer der Begriffe „Controller", „Controlling", „Management Accountant" oder „Management Accounting" im Text genannt werden.

---

43 Vgl. *Webster/Watson* (2002), S. 16.

Die identifizierten Beiträge wurden durch Lesen der Zusammenfassungen und Anlesen der Texte einer Vorauswahl unterzogen. Die so selektierten Quellen wurden dann tiefergehend analysiert, um abschließend eine geeignete Auswahl gemäß den Selektionskriterien zu treffen. Duplikate wurden herausgefiltert. Tabelle 1 zeigt die Anzahl der als relevant eingestuften Publikationen aus den Datenbanken, die mithilfe der ersten Recherche im Januar 2019 gefunden wurden. Nach Entfernung aller Duplikate konnten dabei 66 Artikel identifiziert werden.

Name der Datenbank	Treffer entsprechend der Sucheingabe	Trefferauswahl nach erster Sichtung	Ausgewählte Artikel
EBSCO	55	14	8
EconBiz	135	59	13
EconPaper	16	11	4
Emerald	41	5	5
GVK	341	5	5
JSTOR	56	0	0
ProQuest	38	14	10
ScienceDirect	236	9	6
Springer Link	1492	63	4
SSRN	59	3	3
Taylor & Francis Online	18	3	8
Vahlen	122	17	9
Web of Science	28	9	8
Wiley	53	13	2
WISO	275	22	22
		Zwischensumme	107
		Summe abzüglich redundanter Treffer	**66**

Tabelle 1: Suchergebnisse in den jeweiligen Datenbanken im Rahmen der ersten, schlüsselwortgestützten Recherche

Eine ergänzende, zweite Recherche im November 2019 wurde unter den gleichen Kriterien wie die erste Recherche durchgeführt. Allerdings wurde der Betrachtungszeitraum auf 2019 eingegrenzt, um ausschließlich neu publizierte Artikel seit der ersten Recherche in Betracht zu ziehen. Zusätzlich wurden dadurch 5 weitere Publikationen in die Analyse mit aufgenommen (vgl. Tabelle 2).

Schließlich wurde eine dritte Recherche im August 2020 in den Zeitschriften European Accounting Review, Journal of Accounting & Organizational Change, Management Accounting Research, Accounting, Organizations and Society und The Accounting Review im Zeitraum 2000–2020 durchgeführt, um sicherzustellen, dass keine einschlägige Publikation in den für das Thema besonders relevanten wissenschaftlichen Zeitschriften wegen mangelnder passender Schlagwörter übersehen wird. Diese Recherche erbrachte 10 weitere Treffer.

Abschließend erfolgte eine Rückwärtssuche in den identifizierten Beiträgen. Hierbei wurden weitere 29 Artikel identifiziert. Daraus folgt eine Gesamtzahl von 110 Artikeln.

Name der Datenbank	Treffer entsprechend der Sucheingabe	Ausgewählte Artikel
EBSCO	2	1
EconBiz	2	2
EconPaper	4	3
Emerald	58	1
GVK	14	2
JSTOR	0	0
ProQuest	4	3
ScienceDirect	18	1
Springer Link	165	3
SSRN	1	0
Taylor & Francis Online	1	0
Vahlen	22	0
Web of Science	4	3
Wiley	1	0
WISO	11	2
	Zwischensumme	21
	Summe abzüglich redundanter Treffer	5

Tabelle 2: Suchergebnisse in den jeweiligen Datenbanken im Rahmen der zweiten, schlüsselwortgestützten Recherche

4 Auswertung der identifizierten Literatur

4.1 Zeitliche und geografische Verteilung sowie Verteilung über Zeitschriften

Die als relevant eingestuften Beiträge wurden in dem Zeitraum zwischen 1991 und 2019 publiziert (vgl. Abbildung 1), die meisten Publikationen finden sich aber erst ab 2001, wobei in den Jahren 2012 bis 2015 das Interesse am größten ist.

Tabelle 3 enthält einen Überblick über die Zeitschriften, in denen die Artikel erschienen sind. Ein großer Teil der Publikationen (51) stammt aus deutschsprachigen praxisorientierten Zeitschriften (*Controlling – Zeitschrift für erfolgsorientierte Unternehmenssteuerung* und *Controlling & Management Review* (früher: *Zeitschrift für Controlling & Management*)). Hiermit wird ein sehr starker Praxisbezug der Diskussion deutlich, der zudem von einem kleinen Kreis an deutschsprachigen Zeitschriften getrieben wird. Darüber hinaus findet aber auch eine Diskussion in hochrangigen wissenschaftlichen Zeitschriften (z. B. *The Accounting Review, Accounting, Organizations and Society, Management Accounting Research* und *European Accounting Review*) statt.

Tabelle 4 belegt zudem die hohe Anzahl von Autoren aus dem deutschsprachigen Raum im Vergleich zu anderen Nationalitäten. Entsprechend scheint insbesondere die Rolle des Controllers als Business Partner zur Auffassung über Controller in diesem Kulturraum zu passen. Dieser Aspekt wird in Abschnitt 5 nochmals aufgegriffen.

Name der Zeitschrift	Anzahl der Artikel
Accounting and Business Research	1
Accounting, Organizations and Society	5
Behavioral Research in Accounting	1
Controlling – Zeitschrift für erfolgsorientierte Unternehmenssteuerung	10
Zeitschrift für Controlling & Management/Controlling & Management Review	13/28
Die Betriebswirtschaft	1
European Accounting Review	6
European Business Review	1
Financial Accountability & Management	2
Finnish Journal of Business Economics	4
International Journal of Accounting Information Systems	1
International Journal of Finance and Accounting	1
International Journal of Hospitality Management	1
Journal of Accounting & Organizational Change	3
Journal of Accounting Education	1
Journal of Applied Accounting Research	3
Journal of Cost Management	3
Journal of Management & Governance	1
Journal of Management Control	4
Management Accounting	1
Management Accounting Quarterly	1
Management Accounting Research	7
Qualitative Research in Accounting & Management	2
Strategic Finance	5
Tékhne – Review of Applied Management Studies	1
The Accounting Review	2
Timisoara Journal of Economics and Business	1

Tabelle 3: Anzahl der identifizierten Artikel je Zeitschrift

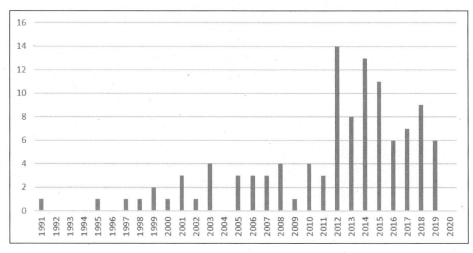

Abbildung 1: Anzahl der ausgewählten Artikel pro Jahr

4.2 Methodische Schwerpunkte der Literatur

Die methodische Ausrichtung der Beiträge kann Tabelle 4 entnommen werden. 19 Beiträge stellen reine Praxisberichte, ohne theoretische Fundierung oder weitergehenden wissenschaftlichen Anspruch dar. Auch die interviewbasierten Artikel von *Siegel* (1999, 2000) und *Siegel/Sorensen/Richtermeyer* (2003a, 2003b) fallen in diese Kategorie, wobei die Interviews nicht auf konkrete Praxisbeispiele abzielen, sondern allgemeiner Natur sind. Darüber hinaus wird die Interviewmethode aber auch im Rahmen wissenschaftlich orientierter Beiträge in 33 Artikeln verwendet. Die Delphi-Studie findet in drei Beiträgen Anwendung. Daneben werden weitere qualitative Methoden, wie Stellenanalysen oder teilnehmende Beobachtungen sowie Multimethoden-Ansätze, genutzt. Bei den quantitativen Methoden stehen großzahlige Erhebungen im Vordergrund. Experimente werden lediglich in einem Beitrag angewendet. Insgesamt zeigt sich damit eine hohe Methodenvielfalt.

4.3 Theoretische und thematische Schwerpunkte der Literatur

Tabelle 4 verdeutlicht auch die theoretischen Grundlagen der identifizierten Literatur. In 35 Beiträgen kann eine theoretische Basis identifiziert werden, die explizit genannt und angewendet wird.

Insgesamt sind *soziologische und sozialpsychologische Konzepte und Theorien* von besonders großer Bedeutung. Viele Autoren greifen auf Theorien zur *Identität und Rolle* sowie dem *Sense-making* zurück.[44] Weitere soziologische Theorien werden vereinzelt genutzt, wie *Halls Konzept zu hohen und geringen Kontextkulturen*,[45] die

---

[44] Vgl. *Emsley* (2005); *Byrne/Pierce* (2007); *Tillmann/Goddard* (2008); *Maas/Matejka* (2009); *Goretzki/Weber* (2010); *Lambert/Sponem* (2012); *Goretzki/Strauss/Weber* (2013); *Heinzelmann* (2018); *Holmgren Caicedo/Mårtensson/Tamm Hallström* (2018); *Horton/Wanderley* (2018); *Rieg* (2018); *Goretzki/Messner* (2019).
[45] Vgl. *Granlund/Lukka* (1997, 1998).

Strukturationstheorie,[46] die *Neue Institutionensoziologie* und die *Institutionentheorie*,[47] der *pragmatische Konstruktivismus*,[48] *Everett Hughes Konzept* zur *Untergliederung von Arbeit*,[49] die *Akteur-Netzwerk-Theorie*[50], *Simmels Ausführungen zu Geheimnissen und Geheimgesellschaften*[51], *Foucaults Theorie zur Wissensentstehung und Subjektivierung*[52] sowie die *Theorie nach Bolanski*[53]. Die *Grounded Theory* wird zur Theoriebildung herangezogen.[54] *Hartmann/Maas* (2011) greifen auf die Unterteilung in *einschränkende und unterstützende Steuerungssysteme* nach *Adler/Borys* zurück. *El-Sayed/Youssef* (2015) eruieren, wie Controllerrollen durch den *organisationalen Raum und die genutzten Hilfsmittel* determiniert werden. *Wolf* et al. (2015) nutzen die sozialpsychologische *Theorie des überlegten Handelns*.

Seltener werden auch *organisationale und betriebswirtschaftliche Theorien oder Konzepte* genutzt: Sowohl *Byrne/Pierce* (2007) als auch *Rieg* (2018) verwenden neben der Rollentheorie auch die *Kontingenztheorie*. *Cadez/Guilding* (2008) fokussieren nur auf die Kontingenztheorie. *Indjejikian/Matejka* (2006) und *Maas/Matejka* (2009) nutzen die Prinzipal-Agenten-Theorie. *Järvenpää* (2001) greift auf eine Diskussion von Mintzberg zum Tätigkeitsfeld von Managern zurück („*Framework of Manager's Job*"). *Järvenpää* (2007) bezieht Aspekte *organisationaler Kultur* ein. *Pasch* (2019) verwendet *Porters Konzept der Wettbewerbsstrategien*. *Erhart* et al. (2017) konzentrieren sich auf die Strategiefindung und -umsetzung.

Schließlich nutzt *Järvenpää* (2001) zwei Theorien, die dem *persönlichkeitspsychologischen Bereich* zugeordnet werden können (*Kompetenztheorie* nach Väärälä, Managertypentheorie nach *Pihlanto*).

---

46 Vgl. *Caglio* (2003).
47 Vgl. *Burns/Baldvinsdottir* (2005); *Yazdifar/Tsamenyi* (2005); *Goretzki/Strauss/Weber* (2013); *Karlsson/Hersinger/Kurkkio* (2019).
48 Vgl. *Jakobsen* et al. (2019).
49 Vgl. *Morales/Lambert* (2013, 2019).
50 Vgl. *Windeck/Weber/Strauss* (2015).
51 Vgl. *Puyou* (2018).
52 Vgl. *Lambert/Pezet* (2011).
53 Vgl. *Janin* (2017).
54 Vgl. *Järvenpää* (2007); *Tillmann/Goddard* (2008).

Autor/ Interviewer	Jahr	Sprache	Zeitschrift	Methode	Theorien/Konzepte	Unternehmensbezug	Tätigkeitsland der Autoren/ Interviewer
Bhimani/Keshtvarz	1999	Englisch	Journal of Cost Management	Großzahlige empirische Erhebung	-	-	Großbritannien (2x)
Boettger	2012	Deutsch	Zeitschrift für Controlling & Management	Praxisbericht	-	BASF SF	Deutschland
Brands/Holtzblatt	2015	Englisch	Management Accounting Quarterly	Konzeptionell	-	-	USA (2x)
Burns/Baldvinsdotti	2005	Englisch	European Accounting Review	Interview	Institutionentheorie	-	GB, Schweden
Burns/Warren/ Oliveira	2014	Englisch	Controlling & Management Review	Konzeptionell	-	-	GB (2x), Portugal
Byrne/Pierce	2007	Englisch	European Accounting Review	Interview	Kontingenztheorie, Rollentheorie	-	Irland (2x)
Cadez/Guilding	2008	Englisch	Accounting, Organizations and Society	Interview, großzahlige empirische Erhebung	Kontingenztheorie	-	Slowenien, Australien
Caglio	2003	Englisch	European Accounting Review	Interview, informelle soziale Kontakte, Dokumentenanalyse	Strukturationstheorie	-	Italien
Claassen/Hohorst	2015	Deutsch	Controlling & Management Review	Praxisbericht	-	Beiersdorf AG	Deutschland (2x)
Colton	2001	Englisch	Journal of Cost Management	Konzeptionell	-	-	USA
Crasselt/Heitmann/ Maier	2015	Deutsch	Controlling & Management Review	Großzahlige empirische Erhebung	-	Krankenhaus	Deutschland (3x)
Daum	2008	Deutsch	Zeitschrift für Controlling & Management	Praxisbericht	-	Henkel AG & Co. KGaA	Deutschland
Drerup/Suprano/ Wömpener	2018	Deutsch	Controlling – Zeitschrift für erfolgsorientierte Unternehmenssteuerung	Stellenausschreibungsanalyse	-	-	Deutschland (3x)

Autor/Interviewer	Jahr	Sprache	Zeitschrift	Methode	Theorien/Konzepte	Unternehmensbezug	Tätigkeitsland der Autoren/Interviewer
El-Sayed/Youssef	2015	Englisch	Qualitative Research in Accounting & Management	Interview, teilnehmende Beobachtung, ethnographische Techniken	Bedeutung von Hilfsmitteln und organisationalem Raum	LeCo (anonymisiert)	GB, Vereinigte Arabische Emirate
Emsley	2005	Englisch	Management Accounting Research	Interview, großzahlige empirische Erhebung	Innovation, Rolle	-	Australien
Endenich	2014	Englisch	Journal of Applied Accounting Research	Interview	-	-	Frankreich
Erhart et al.	2017	Englisch	Accounting, Organizations and Society	Großzahlige empirische Erhebung	Strategiefindung und -umsetzung	-	Deutschland (4x)
Ernst et al.	2008	Deutsch	Die Betriebswirtschaft	Fragebogen, Praxisbericht	-	Deutsche Post World Net	Deutschland (4x)
Gänßlen et al.	2014	Deutsch	Controlling & Management Review	Statements	-	-	Deutschland (6x), GB, USA
Gaupp et al.	2018	Deutsch	Controlling – Zeitschrift für erfolgsorientierte Unternehmenssteuerung	Praxisbericht	-	Hilti AG	Deutschland (2x), Liechtenstein (2x), Schweiz
Gibson	2002	Englisch	International Journal of Hospitality Management	Interview	-	Hotel	China
Goretzki	2012	Deutsch	Zeitschrift für Controlling & Management	Diskussion bestehender Artikel	-	-	Deutschland
Goretzki/Messner	2014	Deutsch	Controlling & Management Review	Konzeptionell	-	-	Österreich (2x)
Goretzki/Messner	2019	Englisch	Accounting, Organizations and Society	Interview, teilnehmende Beobachtung, Dokumentenanalyse	Identität	ConCo (anonymisiert)	Österreich (2x)
Goretzki/Weber	2010	Deutsch	Zeitschrift für Controlling & Management	Interview	Rollentheorie	Hansgrohe AG	Deutschland (2x)

Autor/Interviewer	Jahr	Sprache	Zeitschrift	Methode	Theorien/Konzepte	Unternehmensbezug	Tätigkeitsland der Autoren/Interviewer
Goretzki/Weber	2012	Deutsch	Zeitschrift für Controlling & Management	Delphi-Studie, großzahlige empirische Erhebung	-	-	Deutschland, Österreich
Goretzki/Strauss/Weber	2013	Englisch	Management Accounting Research	Interview	Identität, Rolle, Institutionentheorie	SANITA (anonymisiert)	Deutschland (2x), Österreich
Graham/Davey-Evans/Toon	2012	Englisch	Journal of Applied Accounting Research	Stellenausschreibungsanalyse, Fragebogen, Interview	-	-	GB (3x)
Granlund/Lukka	1997	Englisch	Finnish Journal of Business Economics	Interview, Erfahrung der Autoren	Halls Konzept der hohen und geringen Kontextkulturen	-	Finnland (2x)
Granlund/Lukka	1998	Englisch	Management Accounting Research	Interview, Erfahrung der Autoren	Halls Konzept der hohen und geringen Kontextkulturen	-	Finnland (2x)
Hagemann	2016	Deutsch	Controlling & Management Review	Praxisbericht	-	Leica Camera AG	Deutschland
Hartmann/Maas	2010	Englisch	Behavioral Research in Accounting	Experiment	Machiavellismus, sozialer Druck	-	Niederlande (2x)
Hartmann/Maas	2011	Englisch	Accounting and Business Research	Großzahlige empirische Erhebung	Unterteilung in einschränkende und unterstützende Steuerungssysteme nach Adler and Borys	-	Niederlande (2x)
Hebeler/Ortelbach	2013	Deutsch	Controlling & Management Review	Praxisbericht	-	Henkel AG & Co. KGaA	Deutschland (2x)
Heinzelmann	2018	Englisch	Journal of Applied Accounting Research	Interview	Identität	Chipboard Ltd.	Norwegen
Hiller	2012a	Englisch	Zeitschrift für Controlling & Management	Praxisbericht (Interview)	-	-	Deutschland

Autor/Interviewer	Jahr	Sprache	Zeitschrift	Methode	Theorien/Konzepte	Unternehmensbezug	Tätigkeitsland der Autoren/Interviewer
Hiller	2012b	Deutsch	Zeitschrift für Controlling & Management	Praxisbericht (Interview)	-	CTcon GmbH	Deutschland
Hiller/Malz	2010	Deutsch	Zeitschrift für Controlling & Management	Praxisbericht (Interview)		CWS-boco GmbH	Deutschland (2x)
Holmgren Caicedo/Mårtensson/Tamm Hallström	2018	Englisch	Financial Accountability & Management	Interview	Rolle	Swedish Social Insurance Agency	Schweden (3x)
Horton/Wanderley	2018	Englisch	Management Accounting Research	Konzeptionell	Soziale Identitätstheorie	-	Brasilien (2x), Niederlande (1x, doppelte Institutsangehörigkeit)
Indjejikian/Matejk	2006	Englisch	The Accounting Review	Großzahlige empirische Erhebung	Prinzipal Agenten Theorie	-	USA (2x)
Jakobsen et al.	2019	Englisch	Qualitative Research in Accounting & Management	Konzeptionell, Fallstudie	Pragmatischer Konstruktivismus	-	Dänemark (3x), UK
Janin	2017	Englisch	Management Accounting Research	Interview	Pragmatische Soziologie der Kritik (Boltanski)	Fußballklub	Frankreich
Järvenpää	2001	Englisch	Finnish Journal of Business Economics	Fallstudie	Mintzbergs "Framework of the manager's job", Kompetenztheorie nach Väärälä, Managertypentheorie nach Pihlanto	Anonymisiertes Unternehmen	Finnland
Järvenpää	2007	Englisch	European Accounting Review	Interview	Grounded Theory, Aspekte organisationaler Kultur	Blueco (anonymisiert)	Finnland
Kaplan	1995	Englisch	Journal of Cost Management	Konzeptionell	-	-	USA
Karlsson/Hersinger/Kurkkio	2019	Englisch	Journal of Management Control	Fallstudie	Institutionentheorie		Schweden (3x)

Autor/Interviewer	Jahr	Sprache	Zeitschrift	Methode	Theorien/Konzepte	Unternehmensbezug	Tätigkeitsland der Autoren/Interviewer
Kennedy/Sorensen	2006	Englisch	Journal of Accounting Education	Konzeptionell	-	-	USA (2x)
Kirschmann/Fehrling	2018	Deutsch	Controlling – Zeitschrift für erfolgsorientierte Unternehmenssteuerung	Praxisbericht	-	Robert Bosch GmbH	Deutschland (2x)
Lambert/Pezet	2010	Englisch	Accounting, Organizations and Society	Interview	Wissensentstehung und Subjektivierung nach Foucault	Equipauto (anonymisiert)	Frankreich (2x)
Lambert/Sponem	2012	Englisch	European Accounting Review	Dokumentenanalyse, nicht-teilnehmende Beobachtung, Interview	Rolle	-	Frankreich, Kanada
Laval	2015	Englisch	Timisoara Journal of Economics and Business	Konzeptionell	-	-	Rumänien
Lawson	2016	Englisch	Strategic Finance	Konzeptionell	-	-	USA
Loo/Verstegen/Swagerman	2011	Englisch	European Business Review	Großzahlige empirische Erhebung	-	-	Niederlande (3x)
Maas/Matejka	2009	Englisch	The Accounting Review	Großzahlige empirische Erhebung	Rollentheorie, Prinzipal Agenten Theorie	-	Niederlande, USA
Malmi/Seppala/Rantanen	2001	Englisch	Finnish Journal of Business Economics	Großzahlige empirische Erhebung	-	-	Finnland (3x)
Mödritscher/Wall	2014	Deutsch	Controlling & Management Review	Konzeptionell	-	-	Österreich (2x)
Möller/Seefried/Wirnsperger	2017	Deutsch	Controlling & Management Review	Praxisbericht	-	Hilti AG	Deutschland (3x)
Morales/Lambert	2013	Englisch	Accounting, Organizations and Society	Fallstudie mittels teilnehmender Beobachtung	Konzept der moralischen Untergliederung von Arbeit nach Everett Hughes	-	Frankreich (2x)

Autor/ Interviewer	Jahr	Sprache	Zeitschrift	Methode	Theorien/Konzepte	Unternehmensbezug	Tätigkeitsland der Autoren/ Interviewer
Morales/Lambert	2019	Englisch	Controlling & Management Review	Exzerpt von Morales/ Lambert (2013)	Konzept der moralischen Untergliederung von Arbeit nach Everett Hughes	-	Frankreich (2x)
Nobach/Immel	2017	Deutsch	Controlling & Management Review	Großzahlige empirische Erhebung, Interviews	-	Robert Bosch GmbH	Deutschland (2x)
o. A.	2012	Deutsch	Zeitschrift für Controlling & Management	Praxisbericht (Interview)	-	Merz Group	Deutschland
Oesterreich et al.	2019	Englisch	International Journal of Accounting Information Systems	Literaturanalyse, Stellenausschreibungsanalyse, Auswertung sozialer Medien	-	-	Deutschland (4x)
Oliver	1991	Englisch	Management Accounting	Konzeptionell	-	-	Puerto Rico
Pasch	2019	Englisch	Journal of Management Control	Großzahlige empirische Erhebung	Porters Konzept der Wettbewerbsstrategien	-	Niederlande
Paulsson	2012	Englisch	Financial Accountability & Management	Fragebogen, Interview, Diskussionsrunde	-	-	Schweden
Plag	2017	Deutsch	Controlling & Management Review	Konzeptionell	-	-	Deutschland
Puyou	2018	Englisch	Management Accounting Research	Interview	Simmels Ausführungen zu Geheimnissen und Geheimgesellschaften	Elevator Group	Großbritannien
Quinn	2014	Englisch	Controlling & Management Review	Konzeptionell		-	Irland
Ramli et al.	2013	Englisch	International Journal of Finance and Accounting	Großzahlige empirische Erhebung	-	-	Malaysia (4x)

Autor/Interviewer	Jahr	Sprache	Zeitschrift	Methode	Theorien/Konzepte	Unternehmensbezug	Tätigkeitsland der Autoren/Interviewer
Reißig-Thust	2018	Deutsch	Controlling & Management Review	Großzahlige empirische Erhebung	-	-	Deutschland
Rieg	2018	Englisch	Journal of Management Control	Konzeptionell	Kontingenztheorie, Rollentheorie	-	Deutschland
Robalo/Costa	2017	Englisch	Tékhne – Review of Applied Management Studies	Interview, Beobachtung	-	Portugiesische Firma	Portugal (2x)
Scapens/Jazayeri	2003	Englisch	European Accounting Review	Interview	-	-	GB (2x)
Schäfer	2014	Deutsch	Controlling & Management Review	Praxisbericht (Interview)	-	BASF SF	Deutschland
Schäfer/Erhart	2013	Deutsch	Controlling & Management Review	Panel Studie	-	-	Deutschland (2x)
Schäfer/Margolin	2015	Deutsch	Controlling & Management Review	Panel Studie	-	-	Deutschland (2x)
Schäfer/Weber	2012	Deutsch	Controlling – Zeitschrift für erfolgsorientierte Unternehmenssteuerung	Delphi-Studie, großzahlige empirische Erhebung	-	-	Deutschland (2x)
Schäfer/Weber	2015	Deutsch	Controlling – Zeitschrift für erfolgsorientierte Unternehmenssteuerung	Vorstudie mittels Interviews, großzahlige empirische Erhebung	-	-	Deutschland (2x)
Schäfer/Weber/Strauß	2012	Deutsch	Zeitschrift für Controlling & Management	Vorstudie mittels Interviews, großzahlige empirische Erhebung	-	-	Deutschland (3x)
Schäfer/Goretzki/Meyer	2012	Deutsch	Zeitschrift für Controlling & Management	Delphi-Studie, großzahlige empirische Erhebung	-	-	Deutschland (2x), Österreich

Autor/ Interviewer	Jahr	Sprache	Zeitschrift	Methode	Theorien/Konzepte	Unternehmensbezug	Tätigkeitsland der Autoren/ Interviewer
Schmelting/Hoffjan	2016	Deutsch	Controlling – Zeitschrift für erfolgsorientierte Unternehmensteuerung	Konzeptionell	-	-	Deutschland (2x)
Schwarz et al.	2012	Deutsch	Zeitschrift für Controlling & Management	Praxisbericht		Bayer AG	Deutschland (4x)
Seefried et al.	2015	Deutsch	Controlling – Zeitschrift für erfolgsorientierte Unternehmensteuerung	Praxisbericht		Hilti AG	Deutschland (4x)
Seufert/Oehler	2016	Deutsch	Controlling & Management Review	Konzeptionell	-		Deutschland (2x)
Seufert/Heinen/Muth	2014	Deutsch	Controlling & Management Review	Großzahlige empirische Erhebung	-	-	Deutschland (3x)
Siegel	1999	Englisch	Strategic Finance	Interview	-	-	USA
Siegel	2000	Englisch	Strategic Finance	Interview	-	-	USA
Siegel/Sorensen/ Richtermeyer	2003a	Englisch	Strategic Finance	Interview		-	USA (3x)
Siegel/Sorensen/ Richtermeyer	2003b	Englisch	Strategic Finance	Interview, konzeptionell	-	-	USA (3x)
Simbeck	2016	Deutsch	Controlling & Management Review	Großzahlige empirische Erhebung	-	-	Deutschland
Steinhübel	2014	Deutsch	Controlling & Management Review	Konzeptionell	-	-	Deutschland
Tillman/Goddard	2008	Englisch	Management Accounting Research	Dokumentenanalyse, Beobachtungen, Interview	Sense-making, Grounded Theory	In Deutschland ansässiges, multinational agierendes Unternehmen	Großbritannien (2x)

Autor/Interviewer	Jahr	Sprache	Zeitschrift	Methode	Theorien/Konzepte	Unternehmensbezug	Tätigkeitsland der Autoren/Interviewer
Traxler/Greiling	2014	Deutsch	Controlling & Management Review	Stellenausschreibungsanalyse	-	-	Österreich (2x)
Tretbar/Wiegmann/Strauß	2013	Deutsch	Controlling & Management Review	Großzahlige empirische Erhebung, Interview	-	-	Deutschland (3x)
Vaivio/Kokko	2006	Englisch	Finnish Journal of Business Economics	Interview	-	-	Finnland (2x)
Weber	2011	Englisch	Journal of Management Control	Konzeptionell, Theorieentwicklung	-	-	Deutschland
Weber	2013a	Deutsch	Controlling & Management Review	Praxisbericht (Interview)	-	-	Deutschland
Weber	2013b	Deutsch	Controlling & Management Review	Praxisbericht (Interview)	-	Henkel AG & Co. KGaA	Deutschland
Weber	2017	Deutsch	Controlling & Management Review	Praxisbericht (Interview)	-	Metro AG	Deutschland
Weise/Winter	2014	Deutsch	Controlling & Management Review	Praxisbericht	-	Bundesagentur für Arbeit	Deutschland (2x)
Weißenberger	2014	Deutsch	Controlling – Zeitschrift für erfolgsorientierte Unternehmenssteuerung	Konzeptionell	-	-	Deutschland
Weißenberger et al.	2012	Deutsch	Zeitschrift für Controlling & Management	Großzahlige empirische Erhebung	-	CTcon GmbH	Deutschland (4x)
Wiegmann/Tretbar/Strauß	2014	Deutsch	Controlling – Zeitschrift für erfolgsorientierte Unternehmenssteuerung	Interview	-	-	Deutschland (3x)

Autor/ Interviewer	Jahr	Sprache	Zeitschrift	Methode	Theorien/Konzepte	Unternehmensbezug	Tätigkeitsland der Autoren/ Interviewer
Wiegmann/Schäffer/ Weber	2016	Deutsch	Controlling & Management Review	Großzahlige empirische Erhebung, Interview	-	-	Deutschland (3x)
Willmes/Hess/ Gschmack	2015	Deutsch	Controlling – Zeitschrift für erfolgsorientierte Unternehmenssteuerung	Großzahlige empirische Studie	-	-	Deutschland (3x)
Windeck/Weber/ Strauss	2015	Englisch	Journal of Management & Governance	Interview	Akteur-Netzwerk-Theorie	Aquarius AG	Deutschland (3x)
Wolf et al.	2015	Englisch	Journal of Accounting & Organizational Change	Großzahlige empirische Erhebung	Theorie des überlegten Handelns	-	Deutschland (4x)
Yazdifar/Tsamenyi	2005	Englisch	Journal of Accounting & Organizational Change	Großzahlige empirische Erhebung	Neue Institutionensoziologie	-	GB (2x)
Zoni/Merchant	2007	Englisch	Journal of Accounting & Organizational Change	Großzahlige empirische Erhebung	-	-	Italien, USA

Tabelle 4: Überblick über die ausgewählten Artikel

Zur Beantwortung der in der Einleitung gestellten Frage wurde die Literatur analysiert und eine Konzeptmatrix erstellt, aus der hervorgeht, zu welchen der in der Einleitung genannten Aspekte die Artikel einen Beitrag leisten. Die Matrix findet sich in Tabelle 5. In den folgenden Kapiteln wird auf diese Themenbereiche detaillierter eingegangen.

Autor	Jahr	Grundsätzliche Ausrichtung	Treiber des Wandels zum Business Partner	Abgrenzung zu anderen Rollen, Rollenkonflikt und Hybridisierung	Umsetzung des Business Partnerings in der Praxis
Bhimani/Keshtvarz	1999		X		
Boettger	2012	X		X	X
Brands/Holtzblatt	2015	X			
Burns/Baldvinsdotti	2005		X	X	
Burns/Warren/Oliveira	2014	X		X	
Byrne/Pierce	2007	X	X		X
Cadez/Guilding	2008		X	X	
Caglio	2003		X	X	
Claassen/Hohorst	2015				X
Colton	2001	X			
Crasselt/Heitmann/Maier	2015	X			
Daum	2008				X
Drerup/Suprano/Wömpener	2018	X			
El-Sayed/Youssef	2015		X		
Emsley	2005	X			
Endenich	2014		X		
Erhart et al.	2017	X		X	
Ernst et al.	2008				X
Gänßlen et al.	2014	X			X
Gaupp et al.	2018				X
Gibson	2002			X	
Goretzki	2012		X		
Goretzki/Messner	2014	X	X		
Goretzki/Messner	2019				X
Goretzki/Weber	2010				X
Goretzki/Weber	2012	X			
Goretzki/Strauss/Weber	2013		X		

Autor	Jahr	Grundsätzliche Ausrichtung	Treiber des Wandels zum Business Partner	Abgrenzung zu anderen Rollen, Rollenkonflikt und Hybridisierung	Umsetzung des Business Partnerings in der Praxis
Graham/Davey-Evans/Toon	2012			X	
Granlund/Lukka	1997		X		
Granlund/Lukka	1998		X		
Hagemann	2016				X
Hartmann/Maas	2010			X	
Hartmann/Maas	2011		X		
Hebeler/Ortelbach	2013	X			X
Heinzelmann	2018		X		X
Hiller	2012a	X			X
Hiller	2012b	X			
Hiller/Malz	2010				X
Holmgren Caicedo/Mårtensson/Tamm Hallström	2018				X
Horton/Wanderley	2018		X		
Indjejikian/Matejk	2006			X	
Jakobsen et al.	2019				X
Janin	2017	X			
Järvenpää	2001		X	X	X
Järvenpää	2007	X	X		X
Kaplan	1995		X		
Karlsson/Hersinger/Kurkkio	2019			X	
Kennedy/Sorensen	2006	X			
Kirschmann/Fehrling	2018				X
Lambert/Pezet	2010	X			
Lambert/Sponem	2012			X	
Laval	2015				X
Lawson	2016	X			
Loo/Verstegen/Swagerman	2011			X	
Maas/Matejka	2009			X	
Malmi/Seppala/Rantanen	2001	X	X	X	
Mödritscher/Wall	2014			X	
Möller/Seefried/Wirnsperger	2017	X		X	X

Autor	Jahr	Grundsätzliche Ausrichtung	Treiber des Wandels zum Business Partner	Abgrenzung zu anderen Rollen, Rollenkonflikt und Hybridisierung	Umsetzung des Business Partnerings in der Praxis
Morales/Lambert	2013			X	
Morales/Lambert	2019			X	
Nobach/Immel	2017		X		X
o. A.	2012				X
Oesterreich et al.	2019		X	X	
Oliver	1991				X
Pasch	2019				X
Paulsson	2012	X	X		
Plag	2017	X			
Puyou	2018			X	
Quinn	2014	X			X
Ramli et al.	2013	X		X	
Reißig-Thust	2018	X			
Rieg	2018		X	X	
Robalo/Costa	2017			X	
Scapens/Jazayeri	2003	X	X		
Schäffer	2014				X
Schäffer/Erhart	2013			X	
Schäffer/Margolin	2015	X			
Schäffer/Weber	2012	X	X		
Schäffer/Weber	2015		X		
Schäffer/Weber/Strauß	2012		X		
Schäffer/Goretzki/Meyer	2012	X			
Schmelting/Hoffjan	2016	X	X		
Schwarz et al.	2012				X
Seefried et al.	2015	X		X	X
Seufert/Oehler	2016	X	X		
Seufert/Heinen/Muth	2014		X		
Siegel	1999			X	
Siegel	2000			X	
Siegel/Sorensen/Richtermeyer	2003a	X			

Autor	Jahr	Grundsätzliche Ausrichtung	Treiber des Wandels zum Business Partner	Abgrenzung zu anderen Rollen, Rollenkonflikt und Hybridisierung	Umsetzung des Business Partnerings in der Praxis
Siegel/Sorensen/Richtermeyer	2003b				X
Simbeck	2016				X
Steinhübel	2014	X	X	X	
Tillman/Goddard	2008	X			
Traxler/Greiling	2014	X			
Tretbar/Wiegmann/Strauß	2013		X		
Vaivio/Kokko	2006			X	
Weber	2011	X	–	X	
Weber	2013a				X
Weber	2013b	X			
Weber	2017			X	
Weise/Winter	2014				X
Weißenberger	2014		X		
Weißenberger et al.	2012		X		X
Wiegmann/Tretbar/Strauß	2014	X	X		
Wiegmann/Schäffer/Weber	2016		X		
Willmes/Hess/Gschmack	2015	X	X		
Windeck/Weber/Strauss	2015				X
Wolf et al.	2015		X		X
Yazdifa/Tsamenyi	2005			X	
Zoni/Merchant	2007		X		X

Tabelle 5: Konzeptmatrix der ausgewählten Artikel

4.4 Inhaltliche Auswertung der Literatur

4.4.1 Grundsätzliche Ausrichtung

Im Hinblick auf die *Definition und Ausrichtung* der Business Partner-Rolle zeigen die Artikel ein relativ einheitliches Bild, d. h. man kann von einem übereinstimmenden Verständnis innerhalb der Literatur ausgehen. Die Business Partner-Rolle wurzelt in den klassischen Aufgaben des Controllers als Informationslieferant und Kontrollinstanz, hat sich aber darüber hinaus erweitert.[55] Beispielsweise fokussiert *Colton*

---

[55] Vgl. *Weber* (2011), S. 42–44; *Goretzki/Weber* (2012), S. 22–23.

(2001) bei seiner Betrachtung einer veränderten Rolle auf unterschiedliche Informationstypen, die durch den Controller aufbereitet und kommuniziert werden. Durch die differenzierte Vorgehensweise in diesem Bereich kann der Controller sich zu einem wertgeschätzten Mitglied des Management Teams entwickeln,[56] was letztlich die Business Partner-Rolle vorbereitet. So bedeutet Business Partnering im Kern: „Der Controller ist Business Partner, wenn er mit dem Management ‚auf Augenhöhe' diskutiert und zusammenarbeitet."[57] Er sollte sich nicht auf die Erarbeitung von Zahlen oder die Betreuung von IT-Systemen alleine konzentrieren, sondern eine aktive Rolle bei Diskussionen mit dem Management einnehmen.[58] In diesem Kontext wird er auch als „Sparringspartner" des Managements bezeichnet.[59] Zudem sollte er bestrebt sein, proaktiv wichtige Themen im Unternehmen zu identifizieren und voranzutreiben.[60] Insgesamt erfolgt damit eine aktive Beteiligung der Controller an der Unternehmenssteuerung.[61] So zeigen *Schäffer/Margolin* (2015) auch, dass sich bei den Controllern in der Business Partner-Rolle die Aufgaben hin zu Projektarbeit und Managementberatung verschieben.[62] *Erhart* et al. (2017) untersuchen bidirektionale Effekte zwischen der Wahrnehmung der Business Partner-Rolle und Strategiefindungsprozessen. Die Autoren weisen eine aktive Rolle der Controller in diesem Kontext nach.[63] Zudem führt das Business Partnering gemäß *Emsley* (2005) zu einer größeren Offenheit für Innovationen im Controllingbereich im Vergleich zur klassischen Rolle des Zahlenlieferanten. *Lambert/Pezet* (2011) diskutieren auf Basis einer Fallstudie den Prozess, wie Controller sich als Wissensträger etablieren können und dadurch ihre Position im Unternehmen festigen. Daneben steht die Business Partner-Rolle aber auch in einem Zusammenhang mit einer engeren Einbindung von Führungspersonen in Controllingprozesse. Beispielsweise diskutieren *Crasselt/Heitmann/Maier* (2015) mit der Controller-Rolle in Krankenhäusern ein selten betrachtetes Berufsfeld für Controller und zeigen u. a. auf, dass die Wahrnehmung der Business Partner-Rolle von Controllern einen Einfluss auf die Einbindung von ärztlichen Führungskräften in Planungsprozesse hat.[64] Ergänzend beobachtet *Janin* (2017), dass die Controllerrolle als Business Partner nicht nur eine stärkere Interaktion mit internen Partnern, sondern auch mit der Umwelt umfassen kann, und damit die Möglichkeit bietet, Einfluss auf die externen Anforderungen an Unternehmen zu nehmen.

Um als Business Partner agieren zu können, bedarf es gemäß der identifizierten Literatur unterschiedlicher *Kompetenzen*. Dabei zeigt sie ein sehr weites Kompetenzprofil auf, deutet auf die hohe Bedeutung eines veränderten Personal- und Weiterbildungsmanagements hin und liefert erste Hinweise, welche Methoden den Controller bei seiner Arbeit als Business Partner unterstützen können.[65] Fachlich stehen

---

56 Vgl. *Colton* (2001), S. 10.
57 *Gänßlen* et al. (2014), S. 29.
58 Vgl. *Gänßlen* et al. (2014), S. 29.
59 Vgl. *Plag* (2017), S. 52.
60 Vgl. z. B. *Gänßlen* et al. (2014), S. 33.
61 Vgl. *Siegel/Sorensen/Richtermeyer* (2003a), S. 39–41; *Järvenpää* (2007), S. 99–101; *Goretzki/Weber* (2012), S. 22–23; *Goretzki/Messner* (2014), S. 9; *Quinn* (2014), S. 24.
62 Vgl. *Schäffer/Margolin* (2015), S. 43.
63 Vgl. *Erhart* et al. (2017), S. 37.
64 Vgl. *Crasselt/Heitmann/Maier* (2015), S. 14.
65 Vgl. *Kennedy/Sorensen* (2006); *Byrne/Pierce* (2007), S. 480–482; *Boettger* (2012); *Goretzki/Messner* (2014), S. 12–13; *Lawson* (2016).

betriebswirtschaftliche, methodische und IT-Kenntnisse im Fokus.[66] Zudem betonen *Tillmann/Goddard* (2008), dass gerade Controller, die in strategische Prozesse eingebunden sind und damit als Business Partner agieren, über die grundlegenden controllingspezifischen Kenntnisse hinausgehendes interdisziplinäres Fachwissen benötigen.[67] Zum anderen werden kognitive Fähigkeiten, Persönlichkeitseigenschaften und das Auftreten diskutiert.[68]

4.4.2 Treiber des Wandels zum Business Partner

Die identifizierte Literatur deutet auf viele Einflussfaktoren hinter der Entwicklung zum Business Partner.[69] Insbesondere werden Digitalisierung[70], Umweltveränderungen[71], neue Controllinginstrumente[72], organisationale Veränderungen[73], strategische Ausrichtung[74] und der Einsatz der Controller selbst[75] genannt. *Byrne/Pierce* (2007) erwähnen als Einflussfaktoren externe (*Unternehmenseigentümer, Geschäftsumfeld und Regulation*), interne (*Größe, Struktur, Kultur, Technologie, Management, Geschäftsausrichtung, Unternehmensumstände, Standort und Performance System*) und individuelle (*Orientierung und Hintergrund des Controllers*) Voraussetzungen. Der Fokus auf die einzelnen Treiber variiert dabei zwischen den Autoren: *Rieg* (2018) formuliert ansetzend an *Byrne/Pierce* (2007) acht Faktoren, die Einfluss auf die Rolle des Controllers nehmen,[76] identifiziert als die wichtigsten Einflussfaktoren aber die Position des Controllers, die Hierarchieebene der Controllerfunktion, die Konzernzugehörigkeit und die Kapitalmarktorientierung des Unternehmens. *Nobach/Immel* (2017) gewichten die von ihnen genannten Treiber nicht. Andere Autoren betonen dagegen, dass es am Controller liegt, den Wandel voranzutreiben.[77] *Weißenberger* et al. (2012) und *Wolf* et al. (2015) deuten eher auf die Erwartungshaltung des Managements als Treiber der Transformation.[78] Manche Autoren sehen sowohl Management

---

66 Vgl. *Malmi/Seppala/Rantanen* (2001), S. 489–491; *Siegel/Sorensen/Richtermeyer* (2003a), S. 43; *Boettger* (2012), S. 31; *Goretzki/Weber* (2012), S. 25; *Hiller* (2012a), S. 19–20; *Hiller* (2012b), S. 40–42; *Paulsson* (2012), S. 390; *Schäffer/Weber* (2012), S. 80–82; *Hebeler/Ortelbach* (2013), S. 86–87; *Weber* (2013b), S. 71; *Steinhübel* (2014), S. 46; *Traxler/Greiling* (2014), S. 59; *Wiegmann/Tretbar/Strauß* (2014), S. 199–200; *Brands/Holtzblatt* (2015); *Willmes/Hess/Gschmack* (2015), S. 261; *Seufert/Oehler* (2016), S. 78–80; *Möller/Seefried/Wirnsperger* (2017), S. 66; *Drerup/Suprano/Wömpener* (2018), S. 58–62; *Reißig-Thust* (2018), S. 23–24.
67 Vgl. *Tillmann/Goddard* (2008), S. 96–97.
68 Vgl. *Scapens/Jazayeri* (2003), S. 224; *Siegel/Sorensen/Richtermeyer* (2003a), S. 43; *Byrne/Pierce* (2007), S. 488–490; *Boettger* (2012), S. 31; *Schäffer/Goretzki/Meyer* (2012), S. 316–318; *Ramli* et al. (2013), S. 92; *Weber* (2013b), S. 70–72; *Burns/Warren/Oliveira* (2014), S. 40–41; *Steinhübel* (2014), S. 44–49; *Traxler/Greiling* (2014), S. 58–60; *Seefried* et al. (2015), S. 559–563; *Schmelting/Hoffjan* (2016), S. 377–378; *Drerup/Suprano/Wömpener* (2018), S. 62; *Reißig-Thust* (2018), S. 24–26.
69 Vgl. z. B. *Zoni/Merchant* (2007).
70 Vgl. z. B. *Schäffer/Weber* (2015), S. 187; *Oesterreich* et al. (2019), S. 1.
71 Vgl. *Granlund/Lukka* (1997), S. 213; *Granlund/Lukka* (1998), S. 185; *Järvenpää* (2001), S. 442–445; *Burns/Baldvinsdottir* (2005), S. 732–735; *Nobach/Immel* (2017), S. 78.
72 Vgl. *Kaplan* (1995), S. 13; *Weißenberger* (2014), S. 443.
73 Vgl. *Byrne/Pierce* (2007), S. 473–475; *Järvenpää* (2007), S. 99–101; *El-Sayed/Youssef* (2015), S. 220–225.
74 Vgl. *Cadez/Guilding* (2008).
75 Vgl. *Goretzki/Messner* (2014), S. 9–10; *Nobach/Immel* (2017), S. 78–80.
76 Vgl. *Rieg* (2018), S. 188–190.
77 Vgl. *Malmi/Seppala/Rantanen* (2001), S. 499–500.
78 Vgl. *Weißenberger* et al. (2012), S. 332–335; *Wolf* et al. (2015), S. 29–32.

als auch Controller als Treiber an.[79] *Goretzki* (2012) weist zudem darauf hin, dass der Rollenwandel ein Prozess ist, der eine ganze Organisation betrifft und nicht nur das Controlling und daher umfassend betrachtet werden muss, also nicht nur einzelne Treiber berücksichtig werden sollten.[80]

Die genannten Einflussfaktoren können mit drei übergeordneten Treibern in Verbindung gebracht werden: Erstens eröffnen neue Technologien und Instrumente sowie organisationale Veränderungen die *Möglichkeit* als Business Partner zu agieren. So werden durch die Digitalisierung Informationen zunehmend als strategische Ressource angesehen, was für den Controller als Informationsexperten Weiterentwicklungsmöglichkeiten bietet.[81] Darüber hinaus setzen Standardisierung und Automatisierung bei Controllern Ressourcen frei, z. B. durch Self-Service-Auswertungen,[82] die es ihnen ermöglichen, die Rolle des Business Partners tatsächlich auch wahrzunehmen.[83] Ergänzend hierzu kann auch der Einfluss von neu eingestellten Akteuren im Kontext des Controllings, insbesondere CFOs, in Unternehmen gesehen werden, die eine treibende Kraft bei der Entwicklung hin zum Business Partner spielen können.[84] Ähnliches gilt auch für bestimmte Systeme. So finden *Hartmann/Maas* (2011) einen komplexen Zusammenhang zwischen Budgetierungssystem und Controllerrolle: Sie beobachten einen positiven Zusammenhang zwischen befähigenden Budgetierungssystemen und sowohl der Business Partner- als auch der Unternehmenspolizisten-Rolle.[85]

Zweitens dienen IT-Systeme Controllern auch als *Orientierungspunkte* für die eigene Identitätsarbeit und die Erarbeitung eines Rollenverständnisses.[86] Sie stehen selbst unter Effizienzdruck.[87] Zur Kostenreduktion und Effizienzsteigerung werden beispielsweise ihre Standardleistungen zunehmend in Shared Service Centers verlagert.[88] Dies verändert ihr Arbeitsumfeld erheblich und schafft Unsicherheit über ihre zukünftigen Tätigkeiten.[89] Zur Sicherung und Legitimierung der eigenen Position erscheint daher eine Hinwendung zur Business Partner-Rolle sinnvoll. Hierbei kann es unabhängig von den genannten Technologien zu verstärkenden Effekten kommen. So argumentieren *Horton/Wanderley* (2018) auf konzeptioneller Basis, dass eine stärkere Einbindung von Controllern in Entscheidungsprozesse zu einer vermehrten kollektiven Arbeitsgestaltung („job crafting") und Identitätsarbeit führt, während Controller in einer Zahlenlieferantenrolle hier eher individuell vorgehen.[90] Zudem streben Controller von sich aus auch selbst in diese Rolle. So stellen *Bhimani/Keshtvarz* (1999) in einer empirischen Erhebung fest, dass Controller sich eine stärkere Einbindung in das strategische Management wünschen.

---

79 Vgl. *Byrne/Pierce* (2007), S. 469–472; *Schäffer/Weber* (2012), S. 83.
80 Vgl. *Goretzki* (2012), S. 66.
81 Vgl. *Seufert/Heinen/Muth* (2014), S. 17; *Seufert/Oehler* (2016), S. 75–77.
82 Vgl. *Tretbar/Wiegmann/Strauß* (2013), S. 13–16; *Wiegmann/Tretbar/Strauß* (2014), S. 197–198; *Schmelting/Hoffjan* (2016), S. 379–380.
83 Vgl. *Caglio* (2003), S. 124; *Scapens/Jazayeri* (2003), S. 223–225; *Wiegmann/Schäffer/Weber* (2016), S. 36.
84 Vgl. *Goretzki/Strauss/Weber* (2013).
85 Vgl. *Hartmann/Maas* (2011), S. 453.
86 Vgl. *Heinzelmann* (2018).
87 Vgl. *Schäffer/Weber/Strauß* (2012), S. 12–14.
88 Vgl. *Goretzki/Messner* (2014), S. 10.
89 Vgl. *Steinhübel* (2014), S. 43.
90 Vgl. *Horton/Wanderley* (2018), S. 46.

Drittens *erfordern* aber auch externe Gegebenheiten die Hinwendung zur Business Partner-Rolle. So hängen Umweltveränderungen mit steigendem Wettbewerbsdruck und Compliance-Anforderungen zusammen, welche die Erwartungen an das Management erhöhen mit der Folge, dass die Unterstützung durch Controller vonseiten des Managements zunehmend eingefordert wird.[91] *Endenich* (2014) nennt in diesem Kontext zudem ökonomische Krisen, durch die die Controllerarbeit bedeutsamer wird.[92] Die Digitalisierung erfordert darüber hinaus ebenfalls diese Rolle, z. B. durch die Nutzung von Big Data Anwendungen und die Weiterentwicklung von Reportingsystemen, da es einen verstärkten Bedarf an Interpretationsleistung durch Controller gibt.[93] Und auch die wachsende Komplexität von Steuerungsprozessen im Unternehmen erfordert immer mehr die Einbindung des Controllers als Berater in Entscheidungssituationen.[94] Zudem zeigt *Paulsson* (2012), dass im spezifischen Kontext öffentlicher Organisationen die Entwicklung hin zum New Public Management in diesen Organisationen ebenfalls die Entwicklung hin zum Business Partner fördert.

Somit deutet die Literatur darauf hin, dass die Business Partner-Rolle nicht nur aus Unternehmen selbst heraus entstanden ist, sondern sich auch als eine Reaktion auf unternehmensexterne Herausforderungen entwickelt hat.

4.4.3 Abgrenzung zu anderen Rollen, Rollenkonflikt und Hybridisierung

In der Literatur zeigt sich eine große Begriffsvielfalt bezüglich der Benennung von Controllerrollen,[95] beispielsweise finden sich neben dem Business Partner der technische Experte, der Reporter, der Navigator oder der strategische Management Accountant.[96] *Lambert/Sponem* (2012) unterscheiden dagegen auf Basis einer qualitativen Untersuchung in zehn multinationalen Unternehmen vier Rollen in Verbindung mit Kontrolle (*discrete control of managerial behaviour*), Sozialisation (*socialisation of managers*), Entscheidungsunterstützung (*facilitation of decision-making*) und Machtzentralisierung (*centralisation of power*).[97] *Weber* (2011) differenziert nach der Art und Weise, wie der Controller das Management unterstützt, und legt dar, wie sich die Zusammenarbeit von Manager und Controller Schritt für Schritt verändern kann.[98] Sie entwickelt sich von einer reinen Bereitstellung von Instrumenten, über eine reaktive Entlastung und Ergänzung des Managements, hin zu einem inhaltlichen Beitrag zu Entscheidungsprozessen und schließlich zur proaktiven Bereitstellung von Informationen und unabhängigen Vorschlägen für die Weiterentwicklung des Unternehmens. Die letzte Stufe entspricht dem Business Partner. Die in der Literatur genannten Rollen lassen sich trotz ihrer Unterschiede im Detail grundsätzlich einer mehr oder weniger starken Ausrichtung als Zahlenlieferant und Kontrollinstanz (objektive Bereitstellung von Informationen ohne Einbindung in Entscheidungen und Überwachungsfunktion) oder als Business Partner (Unterstützung der Interpretation von Zahlen und starke Einbindung in Entscheidungen) zuordnen. Dabei

---

91 Vgl. *Schäffer/Weber* (2012), S. 78; *Nobach/Immel* (2017), S. 78–79.
92 Vgl. *Endenich* (2014), S. 132.
93 Vgl. *Willmes/Hess/Gschmack* (2015), S. 261; *Wiegmann/Schäffer/Weber* (2016), S. 37.
94 Vgl. *Nobach/Immel* (2017), S. 78–79.
95 Vgl. für die unterschiedlichen Bezeichnungen *Boettger* (2012), S. 30–32; *Mödritscher/Wall* (2014); *Weber* (2017); *Rieg* (2018), S. 194–196.
96 Vgl. *Cadez/Guilding* (2008); *Seefried* et al. (2015), S. 558–560; *Möller/Seefried/Wirnsperger* (2017), S. 64–65.
97 Vgl. *Lambert/Sponem* (2012), S. 565.
98 Vgl. *Weber* (2011), S. 41–44.

ist gemäß *Steinhübel* (2014) die Positionierung als Business Partner im Vergleich zu den anderen genannten Rollen der „Versuch, eine optimale Positionierung des Controllers innerhalb seines Anforderungsspektrums zu erreichen."[99]

Die Wahrnehmung unterschiedlicher Rollen stellt dabei aber nicht nur eine freiwählbare Positionierung innerhalb eines Portfolios unabhängiger Rollenprofile dar. Bereits *Hopper* (1980) diskutiert einen Rollenkonflikt, der durch eine verstärkte Einbindung von Controllern in dezentrale Einheiten resultieren kann, ohne explizit auf die Business Partner-Rolle Bezug zu nehmen. Er unterscheidet zwischen „Book-keeper" Rolle und „Service-aid" Rolle. Erstere konzentriert sich auf die Informationsbereitstellung und Betreuung des Rechnungswesens und interagiert kaum mit dem Management, während letztere die Informationsvermittlung durch eine viel stärkere Kommunikation und Interaktion insbesondere mit dem mittleren Management ergänzt.[100] *Hopper* (1980) betont, dass gerade die Service-aid Rolle dazu verleiten kann, der Kontrollfunktion nicht mehr gerecht zu werden,[101] indem beispielsweise im Sinn des Managements Zahlen manipuliert werden. Die Service-aid entspricht in ihrer Ausprägung zwar noch nicht dem modernen Bild eines Business Partners, daher ist dieser Artikel auch nicht Teil der in der systematischen Literaturanalyse identifizierten Beiträge. In ihm sind aber bestimmte Grundaussagen bereits angelegt, die auch in der Literatur zum Business Partner aufgegriffen werden. *Puyou* (2018) weist nach, dass Controller diesem Konflikt begegnen, indem sie Geheimhaltung und Gossip strategisch nutzen. Andere Autoren sehen eher Probleme: So deuten die Ergebnisse von *Indjejikian/Matejka* (2006) darauf hin, dass eine stärkere Einbindung von Controllern in dezentrale Geschäftseinheiten und damit die verstärkte Übernahme einer Business Partner-Rolle zu einem Anstieg des organisationalen „Slack", also einer über den eigentlichen Bedarf hinausgehenden Ressourcenansammlung in der dezentralen Einheit, beiträgt. Um die genannten Rollenkonflikte und ihren Effekt auf Slack besser zu verstehen, analysieren *Hartmann/Maas* (2010) im Rahmen eines Experiments den gemeinsamen Effekt von sozialem Druck, Machiavellismus und einer starken Integration eines Bereichscontrollers in Bereichsentscheidungen auf seine Bereitschaft Budget Slack zu fördern. Sie beobachten eine komplexe Beziehung und Hinweise, dass unter bestimmten Voraussetzungen Slack gefördert werden kann. *Maas/Matejka* (2009) finden Hinweise, dass eine verstärkte Wahrnehmung der Business Partner-Rolle zu einem Rollenkonflikt führen kann, mit der Folge, dass der Controller seine Funktion als Aufsichtsinstitution vernachlässigt und Datenmanipulationen toleriert. *Burns/Warren/Oliveira* (2014) diskutieren, inwiefern die Hinwendung zur Business Partner-Rolle die Gefahr birgt, weniger „interessante" aber dennoch wichtige Aufgaben eines klassischen Controllers zu vernachlässigen. Sie liefern hierzu aber keine empirischen Belege. *Morales/Lambert* (2013, 2019) können zeigen, wie die Differenz zwischen dem angestrebten Ideal eines Business Partners und der tatsächlichen Arbeit von Controllern zu Bestrebungen führt, bestimmte Tätigkeiten zu delegieren, die dem angestrebten Ideal zuwiderlaufen. Auch dies birgt die Gefahr, wichtige, aber unliebsame Aufgaben nicht mehr durchzuführen.

Gleichzeitig legt die Literatur keine klare Entwicklung hin zum reinen Business Partner nahe. Zwar konnten *Vaivio/Kokko* (2006) in ihrer Analyse von finnischen Controllern die Rolle des Zahlenlieferanten nicht mehr identifizieren,[102] eine Reihe weiterer

---

99 *Steinhübel* (2014), S. 44.
100 Vgl. *Hopper* (1980), S. 402.
101 Vgl. *Hopper* (1980), S. 402.
102 Vgl. *Vaivio/Kokko* (2006), S. 69–70.

Studien deutet aber länder- und zeitübergreifend eher auf eine Hybridisierung zwischen Business Partner einerseits und klassischer Controllerrolle, Unternehmenspolizist oder Data Scientist andererseits hin.[103] *Karlsson/Hersinger/Kurkkio* (2019) analysieren auf Basis einer Fallstudie Faktoren im organisationalen Kontext, die zu einer hybriden Controllerrolle führen. Die Studie zeigt, dass konträre organisationale Treiber die Entwicklung zum reinen Business Partner behindern können und dadurch eine hybride Rolle begünstigen.[104] *Gibson* (2002) identifiziert für die von ihm analysierten Controller in Hotels in Hongkong sogar weder die Rolle als Zahlenlieferant noch als Business Partner als hervorstechend, sondern die Rolle als Unternehmenspolizist.[105] Auch ist die Wahrnehmung der Business Partner-Rolle kontextabhängig. So deuten die Ergebnisse von *Yazdifar/Tsamenyi* (2005) auf eine verstärkte Fokussierung von Controllern auf die Rolle des Zahlenlieferanten in Tochterunternehmen im Vergleich zu unabhängigen Unternehmen hin, während die Umsetzung der Business Partner-Rolle eher in unabhängigen Unternehmen vorzufinden ist. Zudem verweisen einige Autoren auf eine Verschiebung der Schwerpunktsetzung über die Zeit: *Ramli* et al. (2013) finden im Zuge einer empirischen Erhebung in Malaysia, dass die Probanden für die Zukunft (2013 bis 2017) eine verstärkte Hinwendung zur Wertgenerierung sehen, während bei den zum Zeitpunkt der Erhebung erfassten Tätigkeiten noch die klassischen Aufgaben des Zahlenlieferanten im Vordergrund standen.[106] *Siegel* (1999) beobachtet eine solche Entwicklung in U.S.-amerikanischen Unternehmen bereits von 1989 zu 1999.[107] Auch *Schäffer/Erhart* (2013) stellen im Rahmen einer Panelstudie fest, dass Controller im Zeitverlauf verstärkt als strategische Partner angesehen werden und im Strategieprozess unterschiedliche Aufgaben übernehmen, z. B. indem sie an der Zielfestlegung aber auch an der Implementierung von Strategien beteiligt werden. Somit kann im Zeitablauf in unterschiedlichen Kulturräumen eine Entwicklung hin zum Business Partner beobachtet werden, es findet aber keine umfassende Transformation statt, d. h. die anderen Rollen finden sich nach wie vor in Unternehmen.

4.4.4 Umsetzung des Business Partnerings in der Praxis

Zur Umsetzung des Business Partnerings in der Praxis werden in der identifizierten Literatur sehr viele Praxisbeispiele und grundsätzliche Empfehlungen, wie Projektpläne und die Bedeutung der Akzeptanz durch das Management, diskutiert,[108] die einen hohen Ressourceneinsatz zur nachhaltigen Implementierung der Business

---

103 Vgl. *Siegel* (2000); *Järvenpää* (2001), S. 446–448; *Malmi/Seppala/Rantanen* (2001), S. 485; *Caglio* (2003), S. 140–143; *Burns/Baldvinsdottir* (2005), S. 738–740; *Loo/Verstegen/Swagerman* (2011), S. 302; *Graham/Davey-Evans/Toon* (2012), S. 78–85; *Robalo/Costa* (2017); *Rieg* (2018); *Oesterreich* et al. (2019), S. 17.
104 Vgl. *Karlsson/Hersinger/Kurkkio* (2019), S. 204–205.
105 Vgl. *Gibson* (2002), S. 17.
106 Vgl. *Ramli* et al. (2013), S. 91.
107 Vgl. *Siegel* (1999), S. 20.
108 Vgl. *Järvenpää* (2001), S. 453; *Daum* (2008), S. 387–390; *Ernst* et al. (2008); *Goretzki/Weber* (2010); *Hiller/Malz* (2010); *Boettger* (2012), S. 33–36; *o. A.* (2012); *Schwarz* et al. (2012); *Weißenberger* et al. (2012), S. 332–334; *Weise/Winter* (2014), S. 47–50; *Schäffer* (2014), S. 19–21; *Claassen/Hohorst* (2015), S. 38–41; *Laval* (2015); *Seefried* et al. (2015), S. 560–563; *Windeck/Weber/Strauss* (2015), S. 643–645; *Möller/Seefried/Wirnsperger* (2017), S. 65–67; *Nobach/Immel* (2017); *Holmgren Caicedo/Mårtensson/Tamm Hallström* (2018); vgl. für Henkel auch *Hebeler/Ortelbach* (2013); *Weber* (2013a); vgl. für Hilti auch *Gaupp* et al. (2018).

Partner-Rolle offenlegen. Beispielsweise wurde bei der BASF eigens ein Leitbild für die Rolle des Controllers erarbeitet und anschließend insbesondere durch Trainings umgesetzt.[109] Auch andere Autoren heben die Bedeutung von Trainings hervor[110] und benennen gerade das sehr umfassende Kompetenzprofil als Problem bei der praktischen Umsetzung.[111] Im Kontext dieser notwendigen Weiterbildung betonen *Oliver* (1991) und *Siegel/Sorensen/Richtermeyer* (2003b) zudem die hohe Relevanz der Erarbeitung eines umfassenden Geschäftsverständnisses und des Nachvollziehens der Bedürfnisse von Entscheidern, auch wenn diese Probleme haben, sie zu äußern.[112] Darüber hinaus betonen einige Autoren um eine nachhaltige Verankerung in Unternehmen zu erreichen „Storytelling" und Identitätsarbeit[113] sowie die Einführung von Expertennetzwerken, ausgereifte Informationssysteme und die Auslagerung bestimmter Aufgaben an Shared Services als Möglichkeit zur Neugestaltung der Controlling-Bereiche.[114] *Simbeck* (2016) gehen explizit auf eine stärkere Anbindung an einen anderen Bereich ein. Sie heben hervor, dass durch eine enge Zusammenarbeit zwischen Marketing und Controlling gerade Marketing-Controller zum Business Partnering befähigt werden.[115] Ergänzend dazu werden Kompetenz, Perspektive und Leistungsmotivation als wesentliche Hebel genannt, die für die Umsetzung des Business Partnerings relevant sind.[116] Auch die Bedeutung von Organisationsstruktur[117] und -kultur[118] werden diskutiert.

Die genannten Empfehlungen und die Praxisbeispiele zeigen die hohe Bedeutung einer festen organisatorischen Einbettung im Unternehmen und der Notwendigkeit, hierfür ausreichend Ressourcen zur Verfügung zu stellen. Diese Investitionen führen zu einer gewissen Irreversibilität der durchgeführten Veränderungen der Controllerarbeit und zu einer großflächigen Anpassung bestehender Routinen und Prozesse. Die Umsetzung des Business Partnerings im Controlling ist somit an einen hohen Ressourceneinsatz gekoppelt.

Einige Studien deuten darauf hin, dass sich dieser grundsätzlich für das Unternehmen lohnt. So finden *Weißenberger* et al. (2012) und *Wolf* et al. (2015) auf Basis einer großzahligen empirischen Erhebung einen positiven Beitrag der Ausübung der Business Partner-Rolle auf den Unternehmenserfolg, insbesondere im Hinblick auf die Kosteneffizienz und prozessuale Verbesserungen.[119] Auch *Byrne/Pierce* (2007) identifizieren im Rahmen ihrer Interviewstudie Hinweise darauf, dass Controller als Business Partner Entscheidungsprozesse verbessern, zur frühzeitigen Erkennung von Problemen beitragen und eine Verbesserung der Planung und Kontrolle mit sich bringen.[120] *Zoni/Merchant* (2007) können ebenfalls im Rahmen einer großzahligen Erhebung unter italienischen Unternehmen einen positiven Effekt auf den Unter-

---

109 Vgl. *Boettger* (2012), S. 33–36; *Schäffer* (2014), S. 19–21.
110 Vgl. *Järvenpää* (2007), S. 126–132; *Weißenberger* et al. (2012), S. 332–334; *Kirschmann/Fehrling* (2018), S. 38–40.
111 Vgl. *Gänßlen* et al. (2014), S. 29–31; *Quinn* (2014), S. 24–25.
112 Vgl. *Oliver* (1991), S. 42; *Siegel/Sorensen/Richtermeyer* (2003b), S. 40.
113 Vgl. *Järvenpää* (2007), S. 126–133; aber auch *Weißenberger* et al. (2012), S. 332–335; *Goretzki/Messner* (2019), S. 3–6; *Heinzelmann* (2018), S. 468–470.
114 Vgl. *Weißenberger* et al. (2012), S. 334; *Hagemann* (2016), S. 31–33; *Nobach/Immel* (2017), S. 81–85.
115 Vgl. *Simbeck* (2016), S. 54–56.
116 Vgl. *Hiller* (2012a), S. 19–20; *Weißenberger* et al. (2012), S. 333–335.
117 Vgl. *Gänßlen* et al. (2014), S. 29–31; *Quinn* (2014), S. 24.
118 Vgl. *Siegel* et al. (2003b), S. 41; *Jakobsen* et al. (2019).
119 Vgl. *Weißenberger* et al. (2012), S. 332; *Wolf* et al. (2015), S. 35–37.
120 Vgl. *Byrne/Pierce* (2007), S. 484.

nehmenserfolg nachweisen.[121] *Pasch* (2019) zeigt einen positiven Zusammenhang zwischen der Verfolgung einer Differenzierungsstrategie und der Business Partner-Rolle.[122] *Simbeck* (2016) diskutiert den Mehrwert, den Controller durch ein verstärktes Mitwirken im Marketing für ein Unternehmen schaffen können. Die genannten Ergebnisse deuten somit einen grundsätzlich positiven Effekt des Business Partnerings auf den Unternehmenserfolg an.

5 Diskussion

Im Zuge der vorangehenden Analyse wurden die methodischen und theoretischen Schwerpunkte der bisherigen Forschung zum Controller als Business Partner herausgearbeitet und entlang von vier Dimensionen ihre inhaltliche Ausrichtung eruiert. Im vorliegenden Abschnitt werden diese Ergebnisse nun zu den in Abschnitt 2.2 herausgearbeiteten Komponenten organisationaler Resilienz, d. h. Widerstandsfähigkeit, Anpassungsfähigkeit, soziale und materielle Ressourcen sowie komplexitätsabsorbierende und -reduzierende Prozesse, in Beziehung gesetzt.

Die identifizierte Literatur deutet darauf hin, dass die Business Partner-Rolle insbesondere mit der Anpassungsfähigkeit und weniger mit der Widerstandsfähigkeit in Zusammenhang steht. Bei der Analyse der Treiber hinter der Business Partner-Rolle zeigt sich, dass Business Partner dabei helfen sollen, flexibel auf die Herausforderungen von Globalisierung, Umweltveränderungen und Krisen zu reagieren und bei der optimalen Nutzung neuer digitaler Informationstechnologien zu unterstützen. Gleichzeitig steht das Controlling selbst unter permanentem Veränderungsdruck und muss somit ein hohes Maß an Anpassungsfähigkeit, z. B. im Umgang mit neuen Technologien im Zuge der Digitalisierung, an den Tag legen. In diesem Kontext ist auch die Beobachtung von *Emsley* (2005) bezüglich des Zusammenhangs zwischen Business Partnering und Innovationen im Controlling zu sehen: Gemäß dieser Studie zeigen Controller, die stärker in Managementprozesse eingebunden sind und damit vermehrt Business Partnering betreiben, eine größere Offenheit für Innovationen im Controllingbereich als Controller, die die klassische Rolle des Zahlenlieferanten verfolgen. *Erhart* et al. (2017) untersuchen bidirektionale Effekte zwischen der Wahrnehmung der Business Partner-Rolle und Strategiefindungsprozessen. Die Autoren weisen eine aktive Rolle der Controller in diesem Kontext nach.[123] Insgesamt ist die Business Partner-Rolle darauf ausgerichtet, flexibles Entscheiden und Handeln zu unterstützen und unerwartete Ereignisse frühzeitig zu erkennen. Sie steht somit in einem engen Zusammenhang mit den in Abschnitt 2.2 genannten komplexitätsabsorbierenden Routinen und Prozessen, die zu einer flexiblen Anpassung an neue Situationen und damit zur Anpassungsfähigkeit beitragen. Demgegenüber tragen die klassischen Rollen als Zahlenlieferant und Kontrollinstanz eher zu stabilisierenden Interaktionen und zu klar regulierenden und damit komplexitätsreduzierenden Routinen bei und stützen damit die Widerstandsfähigkeit. Das parallele Auftreten beider Rollen und die festgestellte Hybridisierung der Controllerrolle in Unternehmen deutet somit darauf hin, dass die betroffenen Organisationen bestrebt sind, beide Fähigkeitsbereiche aufrechtzuerhalten und somit nicht, wie von *Buliga/Scheiner/Voigt* (2016) argumentiert, eher nur einem Pol zustreben. Ergänzend dazu ist zu vermerken, dass das Business Partnering gemäß *Burns/Warren/Oliveira* (2014)

---

121 Vgl. *Zoni/Merchant* (2007), S. 39.
122 Vgl. *Pasch* (2019), S. 232.
123 Vgl. *Erhart* et al. (2017), S. 37.

oder *Morales/Lambert* (2013, 2019) dazu führen kann, dass Controller bestimmten Aufgaben, die mit der Rolle als Zahlenlieferant und Kontrollinstanz im Zusammenhang stehen, nicht mehr gerecht werden. Dies deutet darauf hin, dass zur Ausschöpfung des vollen Potenzials, die die Business Partner-Rolle im Hinblick auf die Resilienz bietet, eine personelle Trennung zwischen den Rollen implementiert werden sollte, um Rollenkonflikte zu vermeiden.

Die vorangegangene Diskussion legt zudem offen, dass die Business Partner-Rolle wesentlich stärker auf die Einbindung der Controller in Managementprozesse und damit grundsätzlich auf die Interaktionen mit dem Management ausgerichtet ist als die Rolle als Zahlenlieferant und Kontrollinstanz. Erst durch diese verstärkte Interaktion kann der Controller sein betriebswirtschaftliches Hintergrundwissen besser einbringen und gleichzeitig als Diskussionspartner Entscheidungen hinterfragen helfen. Die Literatur betont in diesem Kontext explizit die Notwendigkeit des Aufbaus von Kompetenzen, wie Kommunikations- und Teamfähigkeit, um dieser Aufgabe gerecht zu werden. Auch das inhaltliche Wissen eines Business Partners muss breiter gefasst sein als das von Zahlenlieferanten und Kontrollinstanzen. So zeigen die Ergebnisse von *Tillmann/Goddard* (2008) eine große Bedeutung gerade interdisziplinärer Kenntnisse. Damit ist ein Business Partner wesentlich besser in der Lage, die von *Gittell* et al. (2006) und *Lengnick-Hall/Beck/Lengnick-Hall* (2011) geforderten kollegialen Beziehungen, die gemeinsamen Werte, die Identitätsbildung und das Sensemaking sowie die soziale Einbettung mitzugestalten als der Zahlenlieferant und der Kontrolleur. Zahlenlieferanten sind auf Grund ihres Aufgabenspektrums wesentlich weniger in Interaktionen mit dem Management eingebunden und der Controller als Kontrollinstanz muss einen gewissen Abstand wahren, um seiner Aufgabe gerecht zu werden. Bezogen auf die für die organisationale Resilienz relevante Ausgestaltung der sozialen Ressourcen kann dem Business Partner somit eine vergleichsweise positive Wirkung zugesprochen werden.

Neben den sozialen Ressourcen sind gemäß *Gittell* et al. (2006) auch der Zugriff auf ausreichend finanzielle Mittel in Kombination mit einem auf das Wettbewerbsumfeld angepassten Geschäftsmodell zur Stärkung der organisationalen Resilienz bedeutsam. Nun zeigen die Ergebnisse von *Indjejikian/Matejka* (2006) einen positiven Zusammenhang zwischen der Business Partner-Rolle und organisationalem „Slack", der von *Hartmann/Maas* (2010) unter bestimmten Umständen bestätigt wird. Solch ein Slack wird allgemeinhin und damit auch von den genannten Autoren als negativ bewertet. Vor dem Hintergrund organisationaler Resilienz kann aber gerade ein solcher Puffer sowohl die Anpassungsfähigkeit einer Einheit als auch ihre Widerstandsfähigkeit erhöhen, da er im Zusammenhang mit komplexitätsabsorbierenden und -reduzierenden Strukturen steht. Dies wird erreicht, da Slack eine Einheit dazu befähigt, schnell und flexibel Ressourcen bereitzustellen, um mit ungeplanten Ereignissen umzugehen (Anpassungsfähigkeit), und sie dies tun kann, ohne zusätzliche Abstimmungsrunden mit übergeordneten Einheiten durchführen zu müssen (Widerstandsfähigkeit). Daher ist die Tendenz zum Aufbau von organisationalem Slack vor dem Hintergrund der organisationalen Resilienz anders zu bewerten, als dies bis dato in der Controlling-Literatur geschehen ist.

Dagegen ist die von *Maas/Matejka* (2009) beobachtete Tendenz zur Datenmanipulation bei starker Einbindung von Controllern auch aus der Perspektive der organisationalen Resilienz kritisch, da diese eine zügige Anpassung des Geschäftsmodells verhindert. Die Nähe von Controllern als Business Partner zum Management hat somit nicht uneingeschränkt positive Effekte auf die Resilienz. Wenn diese zu einer zu starken Identifizierung mit Entscheidern führt und dadurch die Ausgabe von Fehlinformationen, um sie zu schützen, fördert, wird die organisationale Resilienz vermindert.

Die Literatur zeigt, dass die Implementierung der Business Partner-Rolle einen hohen Ressourcenaufwand mit sich bringt. Dies hat einen entsprechend negativen Effekt auf die frei verfügbaren materiellen Ressourcen, da ein Teil von ihnen in der Umstrukturierung gebunden wird. Andererseits können *Wolf* et al. (2015) und *Byrne/Pierce* (2007) zeigen, dass das Business Partnering die Kosteneffizienz sowie organisationale Routinen und Entscheidungsprozesse verbessern kann, wodurch wiederum Ressourcen freigesetzt werden. Aus der identifizierten Literatur geht allerdings nicht hervor, in welchem Zeitraum die gewonnenen Ressourcen die eingesetzten Ressourcen decken, aber zumindest kann das Business Partnering zu Effizienzsteigerungen beitragen und damit Ressourcen langfristig freisetzen, die zur Stärkung der Resilienz eingesetzt werden können.

Zusammenfassend kann der Business Partner-Rolle eine hohe Bedeutung für die Anpassungsfähigkeit zugesprochen werden. Darüber hinaus hat sie insbesondere im Hinblick auf die für die organisationale Resilienz relevanten sozialen Ressourcen großes Potenzial. Bezüglich der materiellen Ressourcen kann die Business Partner-Rolle ebenfalls positiv wirken, durch mögliche Rollenkonflikte bei gleichzeitiger Bekleidung unterschiedlicher Rollen kann es hier aber zu Einschränkungen kommen. Zudem spielen die klassischen Controllerrollen Zahlenlieferant und Kontrollinstanz eine wichtige Rolle zur Stärkung der Widerstandsfähigkeit. Letztere ist auch bedeutsam, um dysfunktionales Verhalten wie Datenmanipulation, das sich durch eine zu starke Einbindung und damit Verbundenheit des Controllers als Business Partner mit der von ihm betreuten Einheit ergeben kann, zu unterbinden. Somit ist auch aus Sicht der organisationalen Resilienz für eine klare Aufgabenteilung zu plädieren, um Rollenkonflikte zu reduzieren. Die Analyseergebnisse stehen damit in Einklang mit der herrschenden Literatur.[124]

Hieraus folgt für die Praxis, dass das Business Partnering auch als eine Möglichkeit zur Stärkung der organisationalen Resilienz angesehen werden und entsprechend positioniert werden sollte. Der notwendige Ressourceneinsatz zu seiner Umsetzung erscheint lohnend, muss aber zielgerichtet erfolgen, damit das Business Partnering seine volle Wirkung entfalten kann. Zudem bestätigt die Analyse, dass diese Rolle von eigens dafür ausgebildeten Beschäftigten übernommen werden sollte, während die klassischen Controllerrollen davon losgelöst von anderen Personen bekleidet werden sollten, um Rollenkonflikte und die daraus resultierenden dysfunktionalen Verhaltensweisen zu vermeiden.

Neben dieser inhaltlichen Auswertung kann die identifizierte Literatur auch entlang weiterer Dimensionen analysiert werden. Besonders hervorstechend ist die hohe Anzahl an Beiträgen aus dem europäischen und insbesondere deutschsprachigen Raum. Die Bedeutung kultureller Aspekte für die Ausgestaltung der Controllerrolle wurde bereits in der Literatur diskutiert:[125] Während die wissenschaftliche Beschäftigung mit und die akademische Ausbildung zum Controller beispielsweise in Brasilien noch eine eher neue Erscheinung darstellt, ist das Controlling in Forschung und Ausbildung im deutschsprachigen Raum bereits seit vielen Jahrzehnten etabliert. Darüber hinaus zeigten sich beispielsweise schon in einer Studie von *Stoffel* aus dem Jahr 1995 große Unterschiede zwischen deutschen und U.S.-amerikanischen Con-

---

124 Vgl. *Puyou* (2018), S. 16.
125 Vgl. z. B. *Goretzki/Strauss* (2018).

trollern. *Schäffer/Weber* (2018) leiten hieraus ab, dass bereits damals Controller in beiden Ländern sehr unterschiedlich aufgestellt waren. Während der deutsche Controller nicht nur auf das Rechnungswesen spezialisiert war, sondern eine große Nähe zum Management aufwies, hatte der U.S.-amerikanische Controller ein wesentlich ausgeprägteres, aber auch spezialisierteres Profil im Bereich Rechnungswesen und Finanzen.[126] Aufsetzend auf neueren Studien argumentieren die Autoren, dass diese Unterschiede – auch zu Controllern in anderen Ländern – nach wie vor bestehen.[127] Diese lange etablierte Nähe der Controller zum Management erlaubt in der Praxis eine einfachere Entwicklung hin zum Business Partner im deutschsprachigen Raum. Dies erklärt auch die hohe Zahl an in der Literatur vorgefundenen Praxisbeispielen, die die Etablierung dieser Rolle in deutschen Unternehmen thematisieren. Vor diesem Hintergrund ist die Bedeutung der Business Partner-Rolle für Unternehmen zusätzlich zu bewerten. Wie die vorangehende Analyse zeigt, liegt ihre Stärke insbesondere im Bereich der sozialen Ressourcen durch die vermehrte Einbettung in Interaktionen. Eine solche Einbettung kann aber nur gelingen, wenn im Unternehmen bereits geeignete Ausgangsbedingungen vorliegen. Das Business Partnering ist damit nicht nur eine Entwicklung, die sich aus bestimmten kontextbezogenen Anfangsbedingungen mehr oder weniger automatisch entwickeln konnte. Es stellt vielmehr einen Wettbewerbsvorteil dar, da es zum einen nicht leicht herstellbarer, teilweise kulturell bedingter Anfangsbedingungen bedarf und gleichzeitig einen positiven Effekt auf einen für das Unternehmen wichtigen Bereich, nämlich die Resilienz, hat. Dies ist auch für die Unternehmenspraxis bedeutsam, da dieses Ergebnis die Perspektive auf die Entwicklung der Business Partner-Rolle in der Praxis und die hierzu getätigten Investitionen verändert. Business Partnering stellt eine wichtige interne strategische Ressource für solche Unternehmen dar, die die notwendigen, teilweise kulturell bedingten, Voraussetzungen mitbringen.

Zudem ist zu beobachten, dass die Werthaltigkeit der Business Partner-Rolle für den Unternehmenserfolg empirisch belegt wird.[128] Allerdings ist auffallend, dass sich nur ein sehr kleiner Anteil der identifizierten Artikel tatsächlich mit der empirischen Analyse des Wertbeitrags von Business Partnern beschäftigt. Damit zeigt sich hier ein erheblicher Forschungsbedarf. Die Weiterentwicklung von Controllern zu Business Partnern ist, wie die identifizierten Praxisbeispiele in der Literatur belegen, mit einem erheblichen Ressourcenaufwand verbunden. Beispielsweise stellen *Kirschmann/Fehrling* (2018) eine eigens geschaffene innerbetriebliche Akademie (die Finance Controlling Accounting Academy) bei Bosch vor, die diese Entwicklung vorantreiben soll. In anderen Unternehmen werden ähnlich hohe Ressourceneinsätze getätigt.[129] Solche Aktivitäten sind betriebswirtschaftlich nur gerechtfertigt, wenn sie einen entsprechenden Nutzen für Unternehmen stiften. Die vorangehende Analyse legt offen, dass das Business Partnering nicht nur für die in den empirischen Studien geprüften Komponenten des Unternehmenserfolges bedeutsam ist, sondern auch einen grundsätzlichen Beitrag zur organisationalen Resilienz leisten kann. Es empfiehlt sich, diese auf Basis der bestehenden Literatur abgeleitete Aussage durch weitere empirische Forschung, die sich gezielt mit der organisationalen Resilienz beschäftigt, zu untermauern. Konkret ist zu eruieren, wie Business Partnering im Zuge der Interaktionen mit dem Management die sozialen Ressourcen stär-

---

126 Vgl. *Schäffer/Weber* (2018), S. 76.
127 Vgl. *Schäffer/Weber* (2018), S. 76–78.
128 Vgl. z. B. *Weißenberger* et al. (2012); *Wolf* et al. (2015).
129 Vgl. z. B. *Gaupp* et al. (2018) im Hinblick auf die Hilti AG.

ken kann, welche Form des durch Business Partnering geförderten Slacks tatsächlich nützlich für die Resilienz ist und wie das Wechselspiel zwischen Business Partnering und Zahlenlieferant bzw. Kontrollinstanz gestaltet sein sollte, damit ein optimales Zusammenspiel zwischen Anpassungsfähigkeit und Widerstandsfähigkeit erreicht wird. Darüber hinaus deutet die Studie von *Hartmann/Maas* (2010) auch darauf hin, dass es Randbedingungen gibt, die zu einem eher komplexen Zusammenhang zwischen Business Partner-Rolle, Resilienz und Unternehmenserfolg führen können. Entsprechend gilt es, diese Randbedingungen zu identifizieren.

Schließlich ist auch zu vermerken, dass sich die bestehende Literatur stark auf die Perspektive der Controller fokussiert. Die Artikel, die eine theoretische Untermauerung aufweisen, greifen meist auf Theorien aus dem Bereich der Sozialpsychologie und der Soziologie zurück und fokussieren auf die Veränderung von Rollen und Identitäten. Eine betriebswirtschaftliche Betrachtungsweise tritt dabei in den Hintergrund. Dies spiegelt sich auch in dem bereits erwähnten geringen Interesse an der Messung des Erfolgsbeitrags eines Business Partners wider. Insgesamt entwickelt sich dieser Bereich der Controllingforschung daher eher in eine soziologische als eine betriebswirtschaftliche Richtung. Entsprechend werden bis dato auch Fragen, die aus betriebswirtschaftlicher Sichtweise von großer Relevanz sind, vernachlässigt. Eine zentrale Frage in diesem Kontext ist die nach der Verantwortlichkeit in durch Business Partner begleiteten Entscheidungsprozessen. Der Business Partner soll proaktiv agieren und Veränderungen anstoßen. Damit übernimmt er aber teilweise die Rolle von Entscheidungsträgern, wodurch die Grenze zwischen Management und Controllern verschwimmt und damit auch die Zuweisung klarer Verantwortlichkeiten erschwert wird. Es ist zu klären, wie sich dies auf Entscheidungsprozesse und die Übernahme von Verantwortung für deren Konsequenzen auswirkt und welche Bedeutung dies für die organisationale Resilienz hat. Als theoretische Ausgangspunkte für Forschungen in diese Richtung bieten sich insbesondere folgende Bereiche an: An erster Stelle ist hier die Upper Echelon Theorie zu nennen. Sie geht davon aus, dass "[i]f we want to understand why organizations do the things they do, or why they perform the way they do, we must consider the biases and dispositions of their most powerful actors – their top executives"[130]. Wenn sich aber nun die Entscheidungsprozesse durch die Entwicklung eines starken Counterparts in Form eines Business Partners verändern, ist ein Fokus auf die Entscheidungsträger auf der obersten Ebene zum Verständnis organisationaler Entwicklungen nicht mehr ausreichend. Es ist zu klären, welche Effekte Business Partnering hier hat. Ergänzend hierzu liefert auch die Literatur zu den Konsequenzen der so genannten Managerial Overconfidence, d. h. der starken Selbstüberschätzung von Entscheidungsträgern, Anknüpfungspunkte. Diese Literatur belegt eine erhebliche Ressourcenverschwendung durch die von dieser Persönlichkeitseigenschaft betroffenen Entscheider.[131] Entsprechend ist zu fragen, ob Business Partner auf Grund ihrer relativ starken Position an dieser Stelle Verbesserungen herbeiführen können und wie sich dieses konkret ausgestalten lässt. Darüber hinaus wird in der Literatur insbesondere das Escalation of Commitment als ein prominentes Beispiel für dysfunktionale Entscheidungsprozesse diskutiert.[132] Auch diese Diskussion bietet Ansatzpunkte, um den Wertbeitrag von Business Partnern tiefergehend zu analysieren,

---

[130] *Hambrick* (2007), S. 334.
[131] Vgl. *Malmendier/Tate* (2015); *McManus* (2018).
[132] Vgl. *Staw* (1976), (1981); *Sleesman* et al. (2012); *Sleesman* et al. (2018).

da sie durch die Eindämmung dieses Phänomens einer erheblichen Ressourcenverschwendung in Unternehmen entgegentreten können.

Die vorangehende Analyse ist nicht ohne Einschränkungen. So wurde durch die sprachliche und publikationstechnische Einschränkung nur ein Teil der weltweit vorzufindenden Literatur zur Business Partner-Rolle einbezogen. Damit kann kein abschließendes Urteil über den tatsächlichen Stand der Literatur gefällt werden. Aufgrund der relativ hohen Anzahl an betrachteten Beiträgen und der hohen Bandbreite der Autoren (Tabelle 5 zeigt das Tätigkeitsland der Autoren) ist aber davon auszugehen, dass die vorliegende Analyse durchaus ein adäquates Bild der herrschenden Literatur widerspiegelt. Darüber hinaus erlaubt die Begrenzung dieses Beitrags nur eine relativ oberflächliche Diskussion der Artikel und es konnte nicht im Detail auf jeden einzelnen Beitrag eingegangen werden, was die Diskussion in der Literatur notwendigerweise verkürzt darstellt. Durch die Nutzung entsprechend aufbereiteter Tabellen wurde aber versucht, ein möglichst breites Bild über die Beiträge zu liefern.

Insgesamt liefert der vorliegende Beitrag damit einen fundierten Überblick über die herrschende Literatur, diskutiert sie vor dem Hintergrund der relevanten Komponenten organisationaler Resilienz und zeigt die, bis dato noch nicht analysierte, Bedeutung der Business Partner-Rolle in diesem Kontext auf.

Literaturverzeichnis

Baldvinsdottir, G./Burns, J./Nørreklit, H./Scapens, R. W. (2009), The image of accountants: from bean counters to extreme accountants, Accounting, Auditing & Accountability Journal, 22. Jg., Nr. 6, S. 858–882.

Becker, S. D./Mahlendorf, M. D. (2018), The influence of the economic crisis on the tasks and roles of management accountants, in: *Goretzki, L./Strauss, E.* (Hrsg.), The Role of the Management Accountant. Local Variations and Global Influences, New York, S. 292–304.

Bhimani, A./Keshtvarz, M. (1999), British management accountants: strategically oriented?, Journal of Cost Management, 13. Jg., Nr. 2, S. 25–31.

Boettger, U. (2012), Business Partnering im Controlling bei der BASF, Controlling & Management, 56. Jg., Nr. 1, S. 30–36.

Boisot, M./Child, J. (1999), Organizations as Adaptive Systems in Complex Environments: The Case of China, Organization Science, 10. Jg., Nr. 3, S. 237–252.

Brands, K./Holtzblatt, M. (2015), Business Analytics: Transforming the Role of Management Accountants, Management Accounting Quarterly, 16. Jg., Nr. 3.

Buliga, O./Scheiner, C. W./Voigt, K.-I. (2016), Business model innovation and organizational resilience: towards an integrated conceptual framework, Journal of Business Economics, 86. Jg., Nr. 6, S. 647–670.

Bunderson, J. S./Sutcliffe, K. M. (2002), Comparing alternative conceptualizations of functional diversity in management teams: Process and performance effects, Academy of Management Journal, 45. Jg., Nr. 5, S. 875–893.

Burns, J./Baldvinsdottir, G. (2005), An institutional perspective of accountants' new roles – the interplay of contradictions and praxis, European Accounting Review, 14. Jg., Nr. 4, S. 725–757.

Burns, J./Warren, L./Oliveira, J. (2014), Business Partnering: Is It All That Good?, Controlling & Management Review, 58. Jg., Nr. 2, S. 36–41.

Byrne, S./Pierce, B. (2007), Towards a More Comprehensive Understanding of the Roles of Management Accountants, European Accounting Review, 16. Jg., Nr. 3, S. 469–498.

Cadez, S./Guilding, C. (2008), An exploratory investigation of an integrated contingency model of strategic management accounting, Accounting, Organizations and Society, 33. Jg., 7-8, S. 836–863.

Caglio, A. (2003), Enterprise Resource Planning systems and accountants: towards hybridization?, European Accounting Review, 12. Jg., Nr. 1, S. 123–153.

Claassen, F./Hohorst, S. (2015), Den Finanzbereich neu denken, Controlling & Management Review, 59. Jg., Nr. 2, S. 34–42.

Colton, S. D. (2001), The changing role of the controller, Journal of Cost Management, 15. Jg., Nr. 6, S. 5–16.

Crasselt, N./Heitmann, C./Maier, B. (2015), Der deutsche Krankenhaus-Controller in Zahlen, Controlling & Management Review, S3, S. 8–14.

Daum, J. H. (2008), Die Entwicklung der Rolle des CFO in europäischen Unternehmen, Controlling & Management, 52. Jg., Nr. 6, S. 387–393.

Drerup, B./Suprano, F./Wömpener, A. (2018), Controller 4.0: Anforderungsprofil des Controllers im digitalen Zeitalter, Controlling – Zeitschrift für erfolgsorientierte Unternehmenssteuerung, 30. Jg., Nr. 1, S. 57–63.

Edmondson, A. (1999), Psychological Safety and Learning Behavior in Work Teams, Administrative Science Quarterly, 44. Jg., Nr. 2, S. 350–383.

El-Sayed, H./Youssef, M. A. E.-A. (2015), "Modes of mediation" for conceptualizing how different roles for accountants are made present, Qualitative Research in Accounting & Management, 12. Jg., Nr. 3, S. 202–229.

Emsley, D. (2005), Restructuring the management accounting function: A note on the effect of role involvement on innovativeness, Management Accounting Research, 16. Jg., Nr. 2, S. 157–177.

Endenich, C. (2014), Economic crisis as a driver of management accounting change, Journal of Applied Accounting Research, 15. Jg., Nr. 1, S. 123–149.

Erhart, R./Mahlendorf, M. D./Reimer, M./Schäffer, U. (2017), Theorizing and testing bidirectional effects: The relationship between strategy formation and involvement of controllers, Accounting, Organizations and Society, 61. Jg., S. 36–52.

Ernst, E./Vater, H./Reinhard, H./Poschmann, S. (2008), Veränderungen im Rollenbild des Controllers, Die Betriebswirtschaft, 68. Jg., Nr. 6, S. 729.

Gänßlen, S./Losbichler, H./Simons, P./Michels-Kim, N./Radtke, B./Schmitz, M./Kölzer, C./Willmes, C. (2014), Was bedeutet Business Partnering im Controlling?, Controlling & Management Review, 58. Jg., Nr. 2, S. 28–35.

Gaupp, C./Caliz, S./Haussmann, P.-O./Wirnsperger, F./Möller, K. (2018), Der Lernende im Mittelpunkt – die Hilti Finance Academy, Controlling – Zeitschrift für erfolgsorientierte Unternehmenssteuerung, 30. Jg., Nr. 2, S. 45–51.

Gibson, D. A. (2002), On-property hotel financial controllers: a discourse analysis approach to characterizing behavioural roles, International Journal of Hospitality Management, 21. Jg., Nr. 1, S. 5–23.

Gittell, J. H./Cameron, K./Lim, S./Rivas, V. (2006), Relationships, Layoffs, and Organizational Resilience, The Journal of Applied Behavioral Science, 42. Jg., Nr. 3, S. 300–329.

Goretzki, L. (2012), Rollenwandel der Controller zum Business Partner – Erkenntnisse aus der qualitativen Controllerforschung, Controlling & Management, 56. Jg., Nr. 2012, S. 64–66.

Goretzki, L./Messner, M. (2014), Business Partnering in der Praxis etablieren, Controlling & Management Review, 58. Jg., Nr. 2, S. 7–15.

Goretzki, L./Messner, M. (2019), Backstage and frontstage interactions in management accountants' identity work, Accounting, Organizations and Society, 74. Jg., S. 1–20.

Goretzki, L./Strauss, E. (2018), Introduction, in: *Goretzki, L./Strauss, E.* (Hrsg.), The Role of the Management Accountant. Local Variations and Global Influences, New York, S. 1–5.

Goretzki, L./Strauss, E./Weber, J. (2013), An institutional perspective on the changes in management accountants' professional role, Management Accounting Research, 24. Jg., Nr. 1, S. 41–63.

Goretzki, L./Weber, J. (2010), Der Wandel der Controller – Eine rollentheoretische Betrachtung am Beispiel der Hansgrohe AG, Controlling & Management, 54. Jg., Nr. 3, S. 163–169.

Goretzki, L./Weber, J. (2012), Die Zukunft des Business Partners – Ergebnisse einer empirischen Studie zur Zukunft des Controllings, Controlling & Management, 56. Jg., Nr. 1, S. 22–29.

Graham, A./Davey-Evans, S./Toon, I. (2012), The developing role of the financial controller: evidence from the UK, Journal of Applied Accounting Research, 13. Jg., Nr. 1, S. 71–88.

Granlund, M./Lukka, K. (1997), From bean-counters to change agents: the Finnish management accounting culture in transition, Liiketaloudellinen aikakauskirja – Finnish Journal of Business Economics, 3. Jg., Nr. 97, S. 213–255.

Granlund, M./Lukka, K. (1998), Towards increasing business orientation: Finnish management accountants in a changing cultural context, Management Accounting Research, 9. Jg., Nr. 2, S. 185–211.

Hambrick, D. C. (2007), Upper Echelons Theory: An Update, The Academy of Management Review, 32. Jg., Nr. 2, S. 334–343.

Hartmann, F. G. H./Maas, V. S. (2010), Why business unit controllers create budget slack: involvement in management, social pressure, and machiavellianism, Behavioral Research in Accounting, 22. Jg., Nr. 2, S. 27–49.

Hartmann, F. G. H./Maas, V. S. (2011), The effects of uncertainty on the roles of controllers and budgets: an exploratory study, Accounting and Business Research, 41. Jg., Nr. 5, S. 439–458.

Hebeler, C./Ortelbach, B. (2013), Personalentwicklung und Qualifizierung der Controller bei Henkel, Controlling & Management Review, 57. Jg., Nr. 7, S. 82–88.

Heinzelmann, R. (2018), Occupational identities of management accountants: the role of the IT system, Journal of Applied Accounting Research, 19. Jg., Nr. 4, S. 465–482.

Hiller, K. (2012a), „Für die lebendige Verankerung von Business Partnering im Controlling bedarf es mehr als nur eines Hochglanz-Leitbilds ...", Controlling & Management, 56. Jg., Nr. 1, S. 18–21.

Hiller, K. (2012b), "Management accountants must learn to speak in the language of the business to be better business partners.", Controlling & Management, 56. Jg., Nr. 1, S. 39–43.

Hiller, K./Malz, S. (2010), „Die Stellung [als Business Partner] müssen Sie sich immer wieder neu verdienen.", Controlling & Management, 54. Jg., Nr. 3, S. 159–162.

Holling, C. S. (1973), Resilience and Stability of Ecological Systems, Annual Review of Ecology and Systematics, 4. Jg., Nr. 1, S. 1–23.

Holmgren Caicedo, M./Mårtensson, M./Tamm Hallström, K. (2018), The development of the management accountant's role revisited: An example from the Swedish Social Insurance Agency, Financial Accountability & Management, 34. Jg., Nr. 3, S. 240–251.

Hopper, T. M. (1980), Role conflicts of management accountants and their position within organisation structures, Accounting, Organizations and Society, 5. Jg., Nr. 4, S. 401–411.

Horton, K. E./Wanderley, C. d. A. (2018), Identity conflict and the paradox of embedded agency in the management accounting profession: Adding a new piece to the theoretical jigsaw, Management Accounting Research, 38. Jg., S. 39–50.

Horváth, P./Gleich, R./Seiter, M. (2015), Controlling, 13. Aufl., München.

Indjejikian, R. J./Matejka, M. (2006), Organizational Slack in Decentralized Firms: The Role of Business Unit Controllers, The Accounting Review, 81. Jg., Nr. 4, S. 849–872.

Jakobsen, M./Mitchell, F./Nørreklit, H./Trenca, M. (2019), Educating management accountants as business partners: Pragmatic constructivism as an alternative pedagogical paradigm for teaching management accounting at master's level, Qualitative Research in Accounting & Management, 16. Jg., Nr. 4, S. 517–541.

Janin, F. (2017), When being a partner means more: The external role of football club management accountants, Management Accounting Research, 35. Jg., S. 5–19.

Järvenpää, M. (2001), Connecting management accountants' changing roles, competencies and personalities into the wider managerial discussion-A longitudinal case evidence from the modern business environment, Liiketaloudellinen aikakauskirja – Finnish Journal of Business Economics, S. 431–458.

Järvenpää, M. (2007), Making Business Partners: A Case Study on how Management Accounting Culture was Changed, European Accounting Review, 16. Jg., Nr. 1, S. 99–142.

Kaplan, R. S. (1995), New Roles for Management Accountants, Journal of Cost Management, 9. Jg., Nr. 3, S. 6–13.

Karlsson, B./Hersinger, A./Kurkkio, M. (2019), Hybrid accountants in the age of the business partner: exploring institutional drivers in a mining company, Journal of Management Control, 30. Jg., Nr. 2, S. 185–211.

Kennedy, F. A./Sorensen, J. E. (2006), Enabling the management accountant to become a business partner: Organizational and verbal analysis toolkit, Journal of Accounting Education, 24. Jg., 2-3, S. 149–171.

Kirschmann, D./Fehrling, N. (2018), Die Finance Controlling Accounting Academy bei Bosch, Controlling – Zeitschrift für erfolgsorientierte Unternehmenssteuerung, 30. Jg., Nr. 2, S. 36–44.

Kunz, J./May, S./Schmidt, H. J. (2020), Sustainable luxury: current status and perspectives for future research, Business Research, 13. Jg., Nr. 2, S. 541–601.

Kunz, J./Sonnenholzner, L. (2022), Managerial overconfidence: promotor of or obstacle to organizational resilience?, Review of Managerial Science, doi.org/10.1007/s11846-022-00530-y.

Lambert, C./Pezet, E. (2011), The making of the management accountant – Becoming the producer of truthful knowledge, Accounting, Organizations and Society, 36. Jg., Nr. 1, S. 10–30.

Lambert, C./Sponem, S. (2012), Roles, Authority and Involvement of the Management Accounting Function: A Multiple Case-study Perspective, European Accounting Review, Nr. 21, S. 565–589.

Laval, V. (2015), Improving the controlling function with a structured optimization project, Timisoara Journal of Economics and Business, 8. Jg., Nr. 2, S. 203–219.
Lawson, R. (2016), How controllers become business partners, Strategic Finance, 98. Jg., Nr. 1, S. 24.
Lengnick-Hall, C. A./Beck, T. E. (2005), Adaptive Fit Versus Robust Transformation: How Organizations Respond to Environmental Change, Journal of Management, 31. Jg., Nr. 5, S. 738–757.
Lengnick-Hall, C. A./Beck, T. E./Lengnick-Hall, M. L. (2011), Developing a capacity for organizational resilience through strategic human resource management, Human Resource Management Review, 21. Jg., Nr. 3, S. 243–255.
Linnenluecke, M. K. (2017), Resilience in Business and Management Research: A Review of Influential Publications and a Research Agenda, International Journal of Management Reviews, 19. Jg., Nr. 1, S. 4–30.
Loo, I. de/Verstegen, B./Swagerman, D. (2011), Understanding the roles of management accountants, European Business Review, 23. Jg., Nr. 3, S. 287–313.
Maas, V. S./Matejka, M. (2009), Balancing the Dual Responsibilities of Business Unit Controllers: Field and Survey Evidence, The Accounting Review, 84. Jg., Nr. 4, S. 1233–1253.
Malmendier, U./Tate, G. (2015), Behavioral CEOs: The role of managerial overconfidence, Journal of Economic Perspectives, 29. Jg., Nr. 4, S. 37–60.
Malmi, T./Seppala, T./Rantanen, M. (2001), The Practice of Management Accounting in Finland – A Change?, Liiketaloudellinen aikakauskirja – Finnish Journal of Business Economics, Nr. 4, S. 480–501.
McManus, J. (2018), Hubris and unethical decision making: The tragedy of the uncommon, Journal of Business Ethics, 149. Jg., Nr. 1, S. 169–185.
Mödritscher, G./Wall, F. (2014), Der Schlüssel zur erfolgreichen Umsetzung der Strategie, Controlling & Management Review, 58. Jg., S8, S. 14–19.
Möller, K./Seefried, J./Wirnsperger, F. (2017), Wie Controller zu Business-Partnern werden, Controlling & Management Review, 61. Jg., Nr. 2, S. 64–67.
Morales, J./Lambert, C. (2013), Dirty work and the construction of identity. An ethnographic study of management accounting practices, Accounting, Organizations and Society, 38. Jg., Nr. 3, S. 228–244.
Morales, J./Lambert, C. (2019), The Limits of the Business Partner: Controllers' Dirty Work, Controlling & Management Review, 63. Jg., Nr. 5, S. 8–13.
Nobach, K./Immel, C. (2017), Vom Controller zum Business-Partner bei Bosch, Controlling & Management Review, 61. Jg., Nr. 3, S. 78–85.
o. A. (2012), Effizienz und Business Partnering im Controlling der Merz Group, Controlling & Management, 56. Jg., S3, S. 37–39.
Oesterreich, T. D./Teuteberg, F./Bensberg, F./Buscher, G. (2019), The controlling profession in the digital age: Understanding the impact of digitisation on the controller's job roles, skills and competences, International Journal of Accounting Information Systems, 35. Jg., C.
Oliver, L. (1991), Accountants as business partners, Management Accounting, 72. Jg., Nr. 12, S. 40.
Pasch, T. (2019), Strategy and innovation: the mediating role of management accountants and management accounting systems' use, Journal of Management Control, 30. Jg., Nr. 2, S. 213–246.
Paulsson, G. (2012), The Role of Management Accountants in New Public Management, Financial Accountability & Management, 28. Jg., Nr. 4, S. 378–394.
Plag, M. (2017), Die Macht des Business-Partners, Controlling & Management Review, 61. Jg., Nr. 7, S. 50–58.
Preißler, P. R. (1995), Controlling-Lexikon, München.
Puyou, F.-R. (2018), Systems of secrecy: Confidences and gossip in management accountants' handling of dual role expectations and MCS limitations, Management Accounting Research, 40. Jg., S. 15–26.
Quinn, M. (2014), The Elusive Business Partner Controller, Controlling & Management Review, 58. Jg., Nr. 2, S. 22–27.
Ramli, A./Zainuddin, Z. N./Sulaiman, S./Muda, R. (2013), Changing roles of management accountants in Malaysian companies: a preliminary study, International Journal of Finance and Accounting, 2. Jg., Nr. 2, S. 89–93.
Reißig-Thust, S. (2018), Controller-Kompetenzen in Praxis und Lehre, Controlling & Management Review, 62. Jg., Nr. 6, S. 20–31.
Rieg, R. (2018), Tasks, interaction and role perception of management accountants: evidence from Germany, Journal of Management Control, 29. Jg., Nr. 2, S. 183–220.

Robalo, R./Costa, A. P. (2017), The roles of accountants in a medium-sized company, Tékhne – Review of Applied Management Studies, 15. Jg., Nr. 1, S. 35–41.
Sathe, V. (1982), Controller involvement in management, Upper Saddle River.
Scapens, R. W./Jazayeri, M. (2003), ERP systems and management accounting change: opportunities or impacts? A research note, European Accounting Review, 12. Jg., Nr. 1, S. 201–233.
Schäffer, U. (2014), „Moving minds. Creating value.", Controlling & Management Review, 58. Jg., Nr. 2, S. 16–21.
Schäffer, U./Erhart, R. (2013), Das Glas ist halb voll – Der Controller auf dem Weg zum strategischen Partner, Controlling & Management Review, 57. Jg., Nr. 8, S. 54–61.
Schäffer, U./Goretzki, L./Meyer, T. (2012), Beteiligung des Controllings an der strategischen Planung – Ergebnisse der WHU-Zukunftsstudie, Controlling & Management, 56. Jg., Nr. 5, S. 312–319.
Schäffer, U./Margolin, M. (2015), Die Schere geht auf, Controlling & Management Review, 59. Jg., Nr. 6, S. 40–49.
Schäffer, U./Weber, J. (2012), Zukunftsthemen des Controllings, Controlling – Zeitschrift für erfolgsorientierte Unternehmenssteuerung, 24. Jg., Nr. 2, S. 78–84.
Schäffer, U./Weber, J. (2015), Controlling im Wandel – Die Veränderung eines Berufsbilds im Spiegel der zweiten WHU-Zukunftsstudie, Controlling – Zeitschrift für erfolgsorientierte Unternehmenssteuerung, 27. Jg., Nr. 3, S. 185–191.
Schäffer, U./Weber, J. (2018), The role of the controller in Germany, in: *Goretzki, L./Strauss, E.* (Hrsg.), The Role of the Management Accountant. Local Variations and Global Influences, New York, S. 73–78.
Schäffer, U./Weber, J./Strauß, E. (2012), Controlling und Effizienz – Auch ein Controller muss sich rechnen!, Controlling & Management, 56. Jg., S3, S. 12–17.
Schmelting, J./Hoffjan, A. (2016), Die Kundenlandschaft des Controllers – Ein Kartierungsversuch, Controlling – Zeitschrift für erfolgsorientierte Unternehmenssteuerung, 28. Jg., Nr. 7, S. 374–380.
Schmidt, J./Drews, P. (2016), Auswirkungen der Digitalisierung auf die Geschäftsmodelle der Finanzindustrie – Eine strukturierte Literaturanalyse auf der Grundlage des Business Model Canvas, Multikonferenz Wirtschaftsinformatik, S. 967–978.
Schwarz, R./Zellerhoff, W./Unruh, A./Brönstrup, A. (2012), Effizienz des Controllings im Bayer Konzern, Controlling & Management, 56. Jg., S3, S. 6–11.
Seefried, J./Wirnsperger, F./Schulte, J./Möller, K. (2015), Business Partnering durch individuelles Kompetenzmanagement – Ausgestaltung der Rolle des Performance Managements am Beispiel von Hilti, Controlling – Zeitschrift für erfolgsorientierte Unternehmenssteuerung, 27. Jg., Nr. 10, S. 558–564.
Seufert, A./Heinen, M./Muth, A. (2014), Information Rules: Die neue Anatomie der Entscheidung, Controlling & Management Review, 58. Jg., Nr. 7, S. 16–25.
Seufert, A./Oehler, K. (2016), Controlling und Big Data: Anforderungen an die Methodenkompetenz, Controlling & Management Review, S1, S. 74–81.
Siegel, G. (1999), Counting more, counting less: The new role of management accountants, Strategic Finance, 81. Jg., Nr. 5, 20-22.
Siegel, G. (2000), Business partner and corporate cop: Do the roles conflict?, Strategic Finance, 82. Jg., Nr. 3, S. 89.
Siegel, G./Sorensen, J. E./Richtermeyer, S. B. (2003a), Part 1: Are you a business partner?, Strategic Finance, 85. Jg., Nr. 3, S. 38.
Siegel, G./Sorensen, J. E./Richtermeyer, S. B. (2003b), Part 2: Becoming a business partner, Strategic Finance, 85. Jg., Nr. 4, S. 37.
Simbeck, K. (2016), Marketing braucht mehr Controlling, Controlling & Management Review, 60. Jg., Nr. 2, S. 54–58.
Sleesman, D. J./Conlon, D. E./McNamara, G./Miles, J. E. (2012), Cleaning up the big muddy: A meta-analytic review of the determinants of escalation of commitment, Academy of Management Journal, 55. Jg., Nr. 3, S. 541–562.
Sleesman, D. J./Lennard, A. C./McNamara, G./Conlon, D. E. (2018), Putting escalation of commitment in context: A multilevel review and analysis, Academy of Management Annals, 12. Jg., Nr. 1, S. 178–207.
Staw, B. M. (1976), Knee-deep in the big muddy: A study of escalating commitment to a chosen course of action, Organizational Behavior and Human Performance, 16. Jg., Nr. 1, S. 27–44.
Staw, B. M. (1981), The escalation of commitment to a course of action, The Academy of Management Review, 6. Jg., Nr. 4, S. 577–587.

Steinhübel, V. (2014), Kompetenz als Erfolgsgarant, Controlling & Management Review, 58. Jg., Nr. 2, S. 42–50.
Stoffel, K. (1995), Controllership im internationalen Vergleich, Wiesbaden.
Sutcliffe, K. M./Vogus, T. J. (2003), Organizing for resilience, in: *Cameron, K./Dutton, J./Quinn, R. E.* (Hrsg.), Positive organizational scholarship: Foundations of a new discipline, San Francisco, S. 94–110.
Tillmann, K./Goddard, A. (2008), Strategic management accounting and sense-making in a multinational company, Management Accounting Research, 19. Jg., Nr. 1, S. 80–102.
Tranfield, D./Denyer, D./Smart, P. (2003), Towards a methodology for developing evidence-informed management knowledge by means of systematic review, British Journal of Management, 14. Jg., Nr. 3, S. 207–222.
Traxler, A. A./Greiling, D. (2014), Wie sich Stellenprofile von Controllern gewandelt haben, Controlling & Management Review, 58. Jg., Nr. 3, S. 56–64.
Tretbar, T./Wiegmann, L./Strauß, E. (2013), Controlling & IT – Hype oder nachhaltige Entwicklung?, Controlling & Management Review, 57. Jg., Nr. 8, S. 12–19.
Vaivio, J./Kokko, T. (2006), Counting big: re-examining the concept of the bean counter controller, Liiketaloudellinen aikakauskirja – Finnish Journal of Business Economics, 1. Jg., S. 49.
Weber, J. (2011), The development of controller tasks: explaining the nature of controllership and its changes, Journal of Management Control, 22. Jg., Nr. 1, S. 25–46.
Weber, J. (2013a), „Business Partnering heißt nicht, die Unabhängigkeit der Controller einzuschränken.", Controlling & Management Review, 57. Jg., Nr. 2, S. 6–11.
Weber, J. (2013b), Die Evolution des Controllers – Konzepte zur erfolgreichen Entwicklung von Controlling-Personal, Controlling & Management Review, 57. Jg., Nr. 7, S. 68–75.
Weber, J. (2017), „Wir brauchen Menschen, die Spaß daran haben, zu gestalten", Controlling & Management Review, 61. Jg., Nr. 8, S. 18–23.
Weber, J./Schäffer, U. (2016), Einführung in das Controlling, 15. Aufl., Stuttgart.
Webster, J./Watson, R. T. (2002), Analyzing the Past to Prepare for the Future: Writing a Literature Review, Management Information Systems Quarterly, 26. Jg., Nr. 2, S. 13–23.
Weick, K. E./Sutcliffe, K. M./Obstfeld, D. (1999), Organizing for high reliability: processes of collective mindfulness, Research in Organizational Behavior, Nr. 21, Greenwich, S. 81–124.
Weise, F.-J./Winter, R. (2014), Fit für Controlling 2020, Controlling & Management Review, 58. Jg., Nr. 9, S. 44–51.
Weißenberger, B. E. (2014), Integrated Reporting: Fragen (und Antworten) aus der Diskussion um die integrierte Rechnungslegung, Controlling – Zeitschrift für erfolgsorientierte Unternehmenssteuerung, 26. Jg., 8-9, S. 440–446.
Weißenberger, B. E./Wolf, S./Neumann-Giesen, A./Elbers, G. (2012), Controller als Business Partner: Ansatzpunkte für eine erfolgreiche Umsetzung des Rollenwandels, Controlling & Management, 56. Jg., Nr. 5, S. 330–335.
Wiegmann, L./Schäffer, U./Weber, J. (2016), IT plus Interaktion!, Controlling & Management Review, 60. Jg., Nr. 4, S. 34–43.
Wiegmann, L./Tretbar, T./Strauß, E. (2014), Business Partner 2.0. Wie IT-Trends die Rolle des Controllers verändern, Controlling – Zeitschrift für erfolgsorientierte Unternehmenssteuerung, 26. Jg., Nr. 3, S. 197–201.
Willmes, C./Hess, T./Gschmack, S. (2015), Die Bedeutung von Big Data im Controlling, Controlling – Zeitschrift für erfolgsorientierte Unternehmenssteuerung, 27. Jg., 4–5, S. 256–262.
Windeck, D./Weber, J./Strauss, E. (2015), Enrolling managers to accept the business partner: the role of boundary objects, Journal of Management & Governance, 19. Jg., Nr. 3, S. 617–653.
Wolf, S./Weißenberger, B. E./Claus Wehner, M./Kabst, R. (2015), Controllers as business partners in managerial decision-making, Journal of Accounting & Organizational Change, 11. Jg., Nr. 1, S. 24–46.
Worline, M. C./Dutton, J. E./Frost, P. J./Janov, J./Lilius, J./Maitlis, S. (2004), Creating fertile soil: The organizing dynamics of resilience (Working paper), Ann Arbor: University of Michigan School of Business.
Yazdifar, H./Tsamenyi, M. (2005), Management accounting change and the changing roles of management accountants: a comparative analysis between dependent and independent organizations, Journal of Accounting & Organizational Change, 1. Jg., Nr. 2, S. 180–198.
Zoni, L./Merchant, K. A. (2007), Controller involvement in management: an empirical study in large Italian corporations, Journal of Accounting & Organizational Change, 3. Jg., Nr. 1, S. 29–43.

Controlling as Business Partnering – An Important Building Block of Organizational Resilience?!

This article is dedicated to the question of how the development of the management accountant into a business partner, which is emerging in theory and practice, can contribute to an improvement in organizational resilience in the form of companies' ability to adapt and resist negative, unforeseeable events. Based on a systematic literature review, the article shows that business partnering can contribute to adaptability by promoting complexity absorbing processes, while robustness is additionally strengthened by the classical roles of the bean-counter and the controlling authority. Furthermore, the analysis suggests that business partnering can be implemented particularly well in Europe, and especially in the German-speaking countries, due to structural conditions. Since it also has a positive effect on organizational resilience, it thus can be seen as a strategic resource for building competitive advantages.

JEL-Kennziffern: M10, M40, M41, M48

Buchbesprechung

Moosmayer, Klaus: Compliance – Praxisleitfaden für Unternehmen, 4. Aufl., Verlag C. H. Beck, München 2021, 125 S., 39,00 €, ISBN: 978-3-406-72670-5.

Die gesellschaftliche Bedeutung der Compliance in Unternehmen und Behörden steigt von Jahr zu Jahr. Der Compliance-Begriff bedeutet das Einhalten aller bindenden Verpflichtungen einer Organisation nach der DIN ISO 19600 (vgl. *Makowicz,* Einführung ins werteorientierte Compliance-Management, in: *Bartosch/Makowicz* (Hrsg.), Praxishandbuch Compliance Management – Entwicklung und Umsetzung von Systemen zur Regeleinhaltung in Unternehmen und Organisationen im In- und Ausland, Band 1, Köln 2019, S. 1–78). Compliance-Management basiert auf bestimmten Normen, z. B. auf die „Compliance-Managementsysteme-Leitlinie (ISO 19600:2014)" (vgl. *Kark,* Compliance Risikomanagement – Gefährdungslagen erkennen und steuern, 2. Aufl., München 2019, S. 185 ff.).

Moosmayer ist Autor zahlreicher Publikationen zum Thema Compliance. Sein bereits in 4. Auflage erschienener fundierter Leitfaden in sechs Kapiteln ist ein systematisch und kurz bzw. kompakt geschriebenes Werk und besonders Personalabteilungen sowie Managern in Unternehmen zu empfehlen. Aber auch Nonprofit-Organisationen können daraus viel lernen.

Zu Beginn verweist *Moosmayer* darauf, dass eine Compliance Organisation bis zur „Aussurance-Funktion", also Sicherstellung (vgl. S. VII) einer ständigen Fortentwicklung bedarf. Organisation und Funktion der Compliance im Unternehmen basieren auf drei Aufgaben: der Prävention, der Aufdeckung und der Reaktion auf ein eventuelles Fehlverhalten. Zur Orientierung dienen zwei Grundmodelle: Erstens „Autonome Organisation" in der Weise, dass die Compliance-Abteilung selbst alle Aufgaben übernimmt (das erfordert einen hohen Einsatz der Ressourcen (vgl. S. 36)); zweitens „Matrix Organisation", d. h. die Compliance-Abteilung beschränkt sich auf Prävention und Koordination, die restlichen Aufgaben werden von anderen Abteilungen, z. B. der Finanzabteilung, durchgeführt (vgl. S. 36–37). Unternehmen, die sich der Compliance-Organisation bedienen möchten, benötigen u. a. einen Compliance Officer (vgl. S. 39). Dieser muss eine Führungspersönlichkeit sein: Er muss eine Vorbildfunktion haben und Erfahrungen im Projekt- und Risikomanagement besitzen (vgl. S. 40). Das Compliance-Programm wird in einem Unternehmen vom Regelwerk und mit dem Ethik-Kodex als relevantem Instrument der Compliance begleitet (vgl. S. 50). Neben der Compliance-Profilaxe gehört das Hinweisgebersystem – oft als Whistleblowing-System bekannt – zu den wesentlichen Compliance-Funktionen im Unternehmen (vgl. S. 56 ff.). Der Ombudsmann ist der „Klassiker" im Hinweisgebersystem sowohl in Unternehmen als auch bei Behörden (vgl. S. 59). Er ist von der Ausbildung her Rechtsanwalt und für Hinweisgeber autorisiert. Die Rolle des Betriebsrates ist bezüglich der Compliance so geklärt, dass der Betriebsrat über das Compliance-Programm im Unternehmen informiert ist (vgl. S. 65), aber nur hinsichtlich des Ordnungsverhaltens der Mitarbeiter, andere Aspekte beruhen auf bestimmten gesetzlichen Regelungen (vgl. S. 64). Der praktische Erfolg einer Compliance wird in einem Unternehmen nur dann gelingen, wenn Compliance kommunikativ in konkrete Prozessabläufe implementiert wird (vgl. S. 65). Eine Risikoanalyse soll sowohl die formale Beziehung eines Geschäftspartners als auch die nicht-formalen Kontakte analysieren, z. B. bezüglich der eventuellen Käuflichkeit im Amt bei den Vergabestellen oder anderen Formen der Korruption mithilfe sog. „Mittler", also Dritter, die sich illegal an den Geschäftsprozessen beteiligen (vgl. S.72). Die Übernahme eines Compliance-Programms in einem Unternehmen beinhaltet die Verpflichtung, sich einer Risikoanalyse und Kontrollen zu unterziehen, um die Effizienz zu überprüfen (vgl. S. 84 ff.). Die Rolle der Compliance-Organisation bei Untersuchungen bezieht sich grundsätzlich auf folgende Schwerpunkte: „arbeitsrechtliche Maßnahmen", „zivilrechtliche Ansprüche" und „erkannte Defizite". Diese können z. B. koordiniert werden durch die Personal- und Rechtsabteilung (vgl. Abbildung 6, S. 99). Ob eine Pflicht zur Offenlegung von Compliance-Verstößen „fernliegend" (S. 103) ist, ist nicht eindeutig geregelt. Abschließend diskutiert das Buch Sachthemen über Compliance und Unternehmen hinaus. Die strukturelle Integritätsvereinbarung betont u. a. die Notwendigkeit des ethischen Verhaltens der Unternehmen in einem Bieterverfahren (vgl. S. 105). Gesetzeskonformes Verhalten wird ebenso bezüglich des „Compliance Pact" wie auch im Bereich der Langzeitinitiativen von allen Beteiligten erwartet.

Fazit: Die USA gelten als „Mutterland der Compliance". Davon können z. B. europäische Firmen profitieren, um die Globalisierung der Wirtschaft zu beschleunigen.

Eine Compliance-Risikoanalyse ist z. B. für mittelständische Betriebe leichter zu organisieren, aufgrund der besseren Kenntnis der internen Kommunikation.

Relevant für das Compliance ist das Inkrafttreten des Gesetzes zur Bekämpfung der Internationalen Bestechung (IntBestG) vom 15.2.1999. Es muss betont werden, dass Bestechung ausländischer Amtsträger in ihrem Heimatland bis zu diesem Datum strafrechtlich geahndet werden konnte. Compliance ist nach wie vor verpflichtende Aufgabe und Verantwortung der Unternehmensleitung hinsichtlich Organisation, Kontrolle und Untersuchung.

Dr. *Siegmund Pisarczyk,*
Hamburg

Aufruf zur Beteiligung an kommenden Themenheften

Zukünftig sind folgende Heftthemen vorgesehen:

- **Rechnungswesen**
- **Entrepreneurship und Unternehmensnachfolge**
- **Betriebswirtschaftliche Steuerlehre**
- **Prüfungswesen**
- **Risikomanagement**
- **Betriebliche Finanzwirtschaft**

Die BFuP veröffentlicht Beiträge aus allen Zweigen der Betriebswirtschaftslehre, wobei Schwerpunktthemen das Rechnungs- und Finanzwesen, das Prüfungs- und Steuerwesen sowie die Unternehmensbewertung sind.

Die Herausgeber rufen dazu auf, Beiträge zu den oben genannten Themen einzureichen.

Zur formalen Gestaltung der Manuskripte bitten wir um Beachtung der im Internet (www.bfup.de) verfügbaren Autorenhinweise.

Die Manuskripte sind zu schicken an den verantwortlichen Herausgeber:

> Prof. Dr. Th. Hering
> FernUniversität in Hagen
> Lehrstuhl für Betriebswirtschaftslehre, insbesondere Investitionstheorie und Unternehmensbewertung
> Postfach 940
> 58084 Hagen
> E-Post: BFuP@fernuni-hagen.de

Facetten einer Schlüsseldisziplin

Wer ein einzigartiges Kaleidoskop zur Betriebswirtschaftlichen Steuerlehre sucht, wird in diesem erstklassigen **Band zu Ehren von Univ.-Prof. Dr. Heinz Kußmaul** fündig. Der hochkarätige Autorenkreis aus Wissenschaft und Praxis bietet in 40 Beiträgen einen differenzierten Überblick über die wichtigsten aktuellen Herausforderungen, insbesondere in den Bereichen:

- Externes/internes Rechnungswesen und Unternehmensbesteuerung
- Steuerarten und Unternehmensbesteuerung
- Rechtsformwahl und Rechtsformbesteuerung
- Internationale Besteuerung und Standortfragen

Neben grundlegenden Anwendungsfragen werden auch weitreichende **neue Entwicklungen und Schwerpunkte** wie negative Zinsen, die Corona-Pandemie, Steuer-Compliance oder die Digitalisierung aufgegriffen.

Online informieren und versandkostenfrei bestellen:
www.ESV.info/20587

Anwendungsorientierte steuerliche Betriebswirtschaftslehre

Rechnungswesen – Steuerarten – Unternehmensstruktur

Festschrift zum 65. Geburtstag von Heinz Kußmaul

Herausgegeben von **Prof. Dr. Lutz Richter**, **Prof. Dr. Stephan Meyering** und **Prof. Dr. Karina Sopp**

2022, 824 Seiten, fester Einband, € 149,–. ISBN 978-3-503-20587-5
eBook: € 135,90. ISBN 978-3-503-20588-2

Bestellungen bitte an den Buchhandel oder:
Erich Schmidt Verlag GmbH & Co. KG
Genthiner Str. 30 G · 10785 Berlin
Tel. (030) 25 00 85-265
Fax (030) 25 00 85-275
ESV@ESVmedien.de · www.ESV.info

Auf Wissen vertrauen

Durchblick behalten – rechtssicher handeln

Wegweiser zur steuerlichen FuE-Förderung nach dem FZulG

Sie möchten sich aktuell über die Möglichkeiten der steuerlichen Förderung von FuE-Investitionen informieren?

Der neue NWB Brennpunkt gibt einen praxisgerechten Überblick zum geltenden Forschungszulagengesetz. Dabei erklären die renommierten Autoren die komplexe Materie Schritt für Schritt und beantworten die zentralen Fragen – von den Förderungs-Voraussetzungen über das Antrags- und Bewilligungsverfahren bis zum Einfluss des europäischen Beihilferechts auf die Förderung. Beispielfälle aus der Praxis runden den Inhalt ab.

Ein idealer Wegweiser vor allem auch für kleine und mittelständische Unternehmen, die in Forschung & Entwicklung investieren und dabei Steuern sparen möchten.

Alles Wichtige zur FuE-Förderung – rechtssicher und aktuell

Mit Forschung und Entwicklung Steuern senken
Mohaupt · Uhlmann
2022 · Broschur · 230 Seiten · € 69,90
ISBN 978-3-482-**68061**-8
@ Online-Version inklusive

Bestellen Sie jetzt unter **shop.nwb.de**
Bestellungen über unseren Online-Shop:
Lieferung auf Rechnung, Bücher versandkostenfrei.
NWB versendet Bücher, Zeitschriften und Briefe CO₂-neutral.
Mehr über unseren Beitrag zum Umweltschutz unter **www.nwb.de/go/nachhaltigkeit**

▶ **nwb** GUTE ANTWORT